U0524464

唐朝往事系列

耿元骊 主编

狄仁杰
辅周复唐真功臣

原康 著

辽宁人民出版社

© 原康　2025

图书在版编目（CIP）数据

狄仁杰：辅周复唐真功臣 / 原康著. —沈阳：辽宁人民出版社，2025.1
（唐朝往事系列 / 耿元骊主编）
ISBN 978-7-205-11109-0

Ⅰ.①狄… Ⅱ.①原… Ⅲ.①狄仁杰（607-700）—传记—通俗读物 Ⅳ.① K827=42

中国国家版本馆 CIP 数据核字（2024）第 078385 号

出版发行：辽宁人民出版社
　　　　　地址：沈阳市和平区十一纬路 25 号　邮编：110003
　　　　　电话：024-23284191（发行部）　024-23284304（办公室）
　　　　　http：//www.lnpph.com.cn
印　　刷：天津光之彩印刷有限公司
幅面尺寸：145mm×210mm
印　　张：10
字　　数：179 千字
出版时间：2025 年 1 月第 1 版
印刷时间：2025 年 1 月第 1 次印刷
责任编辑：赵维宁
助理编辑：姚　远
封面设计：乐　翁
版式设计：一诺设计
责任校对：吴艳杰
书　　号：ISBN 978-7-205-11109-0
定　　价：78.00 元

总 序

盛唐：中华文明的辉煌时代

唐朝有自己独特的气质。当我们提起唐朝，经过长达千年集体记忆形塑，大概每一个华人都会立刻呈现一幅宏大画卷萦绕脑海，泱泱大国典范形象勃现眼前，甚至还会莫名有一种自豪感油然而生。三百年波澜壮阔（实289年），四千位杰出人物（两《唐书》有姓名者约数），五千万烝民百姓（开元载簿约数，累计过亿），共同在欧亚大陆东端上演了一出雄浑壮丽、辉煌灿烂的人间大剧。

唐朝在中国历史上有着巍然的地位。它海纳百川，汲取万方长处；自信宏达，几无狭隘自闭之风。日本学者外山军治以域外之眼，推崇隋唐时代是"世界性的帝国"，自有其独到眼光。唐代在数百年乱世基础上，在经历多次民族大融合之后，引入周边各族之精英及其文化，融合再造生机勃勃的新一代文化，从而使

狄仁杰：辅周复唐真功臣

以华夏文明为中心的中原文明再次焕发出生机与活力。唐朝，也成为中华文明辉煌的时代。如果在朝代之间进行比赛，唐代在大多数项目上都能取得前几名，"唐"也与"汉"共同成为中华代称。

唐朝有着空前辽阔的疆域。其开疆拓土之勇猛气概与精细作业之高超能力，一时无双。皇帝的"天可汗"称号，使唐成为周边各区域政权名义共主。这是一个大有为的豪迈时代，自张骞通西域以来，再次大规模稳定沟通西域，所谓"是时中国盛强，自安远门西尽唐境凡万二千里，闾阎相望，桑麻翳野"。在南方则形成了稳定通畅的广州通海夷道，大概是同时代世界上最远的航路。杜环、杨良瑶在中亚游历，促进了东西方海路沟通，大批波斯、大食商人来到广州，唐代和中亚、西方直接往来越来越密切，唐帝国是世界舞台上的优胜者。

大唐独有气质、巍然历史地位、空前辽阔疆域，共同形成了"盛唐气象"。"盛唐气象"也从最初描绘诗文格调的形容词，逐渐转变为唐代整个社会风范的代名词。"盛唐"逐步成为描绘唐朝基本面貌最常用词语，一个典范概括。唐朝各个方面，都呈现出进取有为和气质昂扬的面貌，无论是精神、文化还是生活上，都展现了独特时代风貌，其格局气势恢宏，境界深远，深深体现

总 序 盛唐：中华文明的辉煌时代

在盛唐精神、文化、生活等各个方面。

盛唐的精神

大唐精神体现在何处？首先是开放的心态，其次是大规模的制度建设。没有开放心态，就不会建成这些制度。唐朝有传统时代最开放的万丈雄心，不自卑，也不保守，更没有"文化本位主义"的抱残守缺。上层统治群体胡人血统很深，胡汉通婚情况很普遍，社会氛围基本不强调排外。唐高祖母独孤氏，太宗母窦氏、皇后长孙氏，这些都是鲜卑人。"胡客留长安久者，或四十余年"，来华的日本人很多在唐娶妻生子，大食国李彦、朝鲜半岛崔致远等，都考中进士，日本人阿倍仲麻吕进士及第后还当过官员。华夷观念上，没有鲜明对抗。唐朝人不自限天地，也不坐井观天。

在制度建设方面，唐朝延续了隋朝之初创，多方面建立了模板标杆，后代仿而行之，千年而未改，是盛唐精神最佳外在表现。在中央行政体制上，建立了完善的三省六部制，其体制健全，运行相对其他制度较为顺畅。结束了家国一体、门阀政治局面，以皇帝为核心，建立官僚政治制度，以严密官僚体系，分门别类推动行政运作，这个基本框架和运行模式历经改良在后世得到了长期沿用。在法律上，唐代创建了律令格式体系，形成了中华法系。特别是唐律，不仅仅在中国，在东亚历史上都有着重要地位，得到了长期沿用。在科举体制上，进一步完善科举模式，也得到了长期沿用。科举公平考试最受益者无疑是寒素出身者，推动并加快了社会阶层流动速度。在礼制这个社会等级秩序最鲜明标志物的建设上，唐代也有着最大贡献，形成了最早的国家礼典，在东亚文化体系当中影响巨大。

盛唐时期昂扬向上，走在各方面都开创事功的道路上，能出现贞观之治、开元盛世新局面，也就不足为奇。虽然安史之乱打破了原有局势，但是它并没有颠覆已经形成的大格局，所以唐朝仍能继续维系百年以上。

盛唐的文化

唐朝是文化的时代，各种艺术形式都让人有如臻化境之感。大唐是诗之国度，唐诗是诗之顶峰，唐诗至今仍是我们中国人日常最爱古典文化，谁不能脱口而出一两句唐诗呢！唐诗厚重与灵巧并重，对现实、人生总是充满着昂扬奋发的精气神，所体现出的时代精神是那么刚健、自豪！读李白诗，不由得让人有意气风发之感。读杜甫诗，不由得起家国之深思。才气纵横如李白，勤思苦练如杜甫，是唐诗当中最亮的双子星。读边塞诗，似亲行塞上，悲壮深沉。读田园诗，则宁静致远，平和悠适。即使安史之

总　序　盛唐：中华文明的辉煌时代

乱以后，大唐仍然有元稹、白居易、韩愈、柳宗元等诸多诗文大家。韩、柳更是开启古文运动，兴起一代文体新风。无论是诗还是文，大唐诗人都已长领风骚千年之久。即使到了白话文广泛通行的今日，唐诗、古文又有哪个华夏子孙不读之一二呢？

而绘画、书法、舞蹈与音乐、史学等都在中国历史上具有重要意义，是前此千年的总结，又是后此千年的开创。吴道子是唐代最有名的天才画家，"吴带当风"，被称颂为"气韵生动"，自成一派；而山水画也开始兴起，出现了文人画，两派画风都深深影响了宋朝人审美趣味，流风余韵至今日。书法在本质上已经脱离了记录符号，其实也是一种绘画，是绘画和文字本身含义的结合体。唐代书法大盛，书法理论自成一格。前期尊崇王羲之书法，盛唐之后形成了张旭草书新体，书风飘逸；又形成了颜真卿楷书，端庄正大，成为至今通行常用字体，其影响可谓远矣。舞蹈与音乐更是传统时代的顶峰，太宗时形成"十部乐"，广泛引入了域外曲调。盛唐时代，更是从玄宗到乐工，都精于音律，《秦王破阵乐》《霓裳羽衣曲》大名流传至今。唐代史学承前启后，《隋书·经籍志》确定了史部领先子、集的地位，一直沿用到《四库全书》。纪传体成为正史唯一体裁，也是在唐代得以确立，"二十四史"由唐朝修成有8部之多。设史馆，修实录，撰国史，成为持续千年的国家规定动作，影响之大，自不必言。

文化是盛唐精神的最佳展示，是大唐时代风貌的具象化展示，表达了全社会的心理和情绪。

盛唐的生活

盛唐时代经济富庶，生活安定，杜甫有一首脍炙人口之史诗可为证："忆昔开元全盛日，小邑犹藏万家室。稻米流脂粟米白，公私仓廪俱丰实。"这就是唐代经济社会繁盛的形象化表述。盛唐时代，"天下大稔，流散者咸归乡里，……东至于海，南及五岭，皆外户不闭，行旅不赍粮，取给于道路"，几乎是到当时为止农业经济条件下，所能取得的最高峰。南方特别是江南得到了广泛开发，开元、天宝之时，长江三角洲开发已经取得了显著成绩，工商业更加发达，经济水平在全国取得了领先性地位。

盛唐时代，也是宗教繁荣时代。高宗建大慈恩寺，请玄奘译经。武则天更是深度利用佛教，在全国广建大云寺，推动了佛教大发展。玄宗尊崇密宗，行灌顶仪式，成为佛弟子。除唐武宗灭佛之外，唐代其他皇帝基本是扶持利用佛教。在中国历史上，唐代是佛教全盛时代，整个社会笼罩在佛教影子之下。唐朝也崇信道教，高祖自称老子后裔，高度推崇道教，借道教提高李氏地位，建设了一大批道教宫观。太宗规定道士地位在僧人之前，高

总　序　盛唐：中华文明的辉煌时代

宗追封老子，睿宗两个女儿出家入道。玄宗对老子思想高度赞赏，尊《老子》为《道德真经》，并亲自为其注释，颁行全国。

在唐代社会生活中，婚姻、丧葬、教育、养老是最重要的内容。盛唐时代，婚姻仍然非常看重门第，观察对方家族的社会名望和地位，对等才能让子女结合，基本实行一夫一妻多妾制。丧礼是社会关系确认重要标志，唐代有厚葬之风。在丧葬仪式方面，朝廷出台了官方规定，形成了系统化、程序化仪式。教育在盛唐时代也被高度关注，中央设立六学二馆，地方上设置了郡学和县学，开元时期全国各州县普遍设学。唐朝强调以"孝"治国，唐玄宗亲自为《孝经》作注，提高了老人地位，对老人提供各种礼节性待遇。

盛唐时代，虽然围绕最高权力争夺不断，但是百姓生活尚称安乐。然而，"渔阳鼙鼓动地来，惊破霓裳羽衣曲"，大唐转折来得也很猛烈，安史之乱对盛唐造成了重大伤害。另外，在我们对大唐赞叹有加的同时，不得不说，唐代短板也很多，特别是原创思想开拓性不足，微有遗憾。在传统时代唐朝所具有的开放性足以为傲，但是对其相对的封闭性也要有明确认识，值得思考。唐朝社会精英可以对外开放，但是普通百姓必须遵守牢笼规则，遍布长安的高墙和里坊就是佐证。大唐女性，看起来可以袒胸露

狄仁杰：辅周复唐真功臣

乳，气质昂扬，独立自主，但只是少部分贵族妇女。大部分普通女性，还是生活在枷锁之中，虽然还没有裹脚这种身体残害，但是被禁锢的附属品命运还是传统时代所常见。

总之，唐朝个性鲜明，"大一统"最终成为定局。在唐朝之前，只有汉朝在一个较长时期内落实了大一统。隋朝虽然恢复了大一统体制，但是流星般的命运让它没有时间稳固大一统。唐朝立国稳定，最终把大一统定局为中华政体的深层底蕴结构，从此，大一统有了稳定轨道和天然正义性，延续千年，成为中华民族社会心理的共同基本。

如此唐朝，谁又不爱，谁又不想了解呢？然而时代变迁，让每个人都从史籍读起，显然不可能。虽然坊间关于唐代的读物已有不少，其中品质高超者也为数甚多，但是在文史百花园当中，自当要百花齐放，因此即使关于唐朝的普及性读物已经汗牛充栋，我们还是要在这著述之海当中，继续增加一些新鲜气息，与读者共赏唐朝之美！我们曾表达过，孟浩然"人事有代谢，往来成古今"最能代表我们的心声。没有人，没有事，也就没有历史。见人，见事，方见历史。所以，我们愿意努力在更多维度上为读者提供思考和探寻唐代历史的基础，与已经完成的"宋朝往事"略有不同，在人和事两方面基础上，增加了典制内容。大唐

总　序　盛唐：中华文明的辉煌时代

三百年历程，人事繁杂，典制丰富。我们采中国传统史学模式当中的纪事本末、列传、典制体裁之意，并略有调整，选十事、五人、五专题进行定向描绘，各书文字流畅，线索清晰，分析准确精当，且可快速读完。希望读者能和我们一起从更多维度观察唐、了解唐、思考唐，回首"唐朝往事"。

公元617年，留守晋阳（今山西太原）的唐国公李渊起兵，拉开了大唐王朝序幕，攻势如破竹，一年不到就改换了天地。虽然正史当中塑造了一个平庸的李渊形象，但是实情是没有李渊的方略和能力，就不会建成大唐。玄武门之变，兄弟刀兵相见，血流成河；父子反目，无奈老皇退位。从玄武门之变到出现贞观之治，二十多年时光，选贤任能、开疆拓土、建章立制，李世民留给世界一段值得长期探讨、反复思考的"贞观"长歌。太宗才人武媚，与高宗李治一场姐弟恋，却开创了大唐一段新故事。武周霸业，建神都洛阳，成就武则天唯一女皇。神龙元年（705），李武势力默认，朝臣积极推动，"五王"主导政变成功，女皇被迫退位，重新成为李家儿媳。此后十年间，四次政变，四次皇位更迭，大唐核心圈就没有停止过刀光剑影，但是尚未伤到帝国根本。玄宗稳定了政局，"贞观之风，一朝复振"，再开新局，开放又自由，包容又豁达，恢宏壮丽的极盛大唐就体现在开元时代。

狄仁杰：辅周复唐真功臣

"开元盛世"四字，至今脍炙人口。

盛极而衰，自然之理。盛世接着就是天宝危机，酿成安史之乱。这场大变乱，改变了中国历史走向，时间长，范围广，破坏大，影响深。战乱过后，元气大伤。河朔藩镇只是名义上屈服，导致朝廷也只能屯兵防备。彼此呼应，武人势力极度膨胀，群雄争霸，朝廷无力。唐宪宗元和时代，重新形成了短暂振兴局面，这也是唯一一位能控制藩镇的皇帝，再次构建了由中央统领的政治秩序。元和中兴也成为继开元盛世后，大唐王朝最后一次短暂辉煌。宪宗身后，朝廷局势一天不如一天，穆宗、敬宗毫无能力，醉生梦死。文宗时代，具体操办政务运行的朝臣，以李德裕、牛僧孺各自为首的政治集团党争不断，势同水火，"去河北贼易，去朝中朋党难"。宦官权重，杀二帝，立七君，势力凌驾皇权之上。导致皇帝也难以忍受，文宗试图利用"甘露之变"诛杀宦官，但是皇帝亲自发动政变向身边人夺权功败垂成，朝臣一扫而光，大唐也就踏上了不归路。

大唐功勋卓著的名人辈出，自不能逐一详细介绍，只好有所选择。狄仁杰，我们心目中的"神探"，实是辅周复唐大功臣，两次为相，为君分忧，为民解难。特别是劝说武则天迎回李显，又提拔张柬之等复唐主力人物。生前得到同时代人赞誉，死后获

总　序　盛唐：中华文明的辉煌时代

得了后世敬仰。郭子仪在战乱中显露英雄本色，平安史，击仆固，退回纥，是力挽狂澜的武将代表。长期位极人臣，生活在权力核心地带，谨慎经营，屹立不倒，"完名高节，福禄永终"，可谓文武双全，政治智慧超群。上官婉儿是唐朝著名女性代表，有着出色的文字能力，是可以撰拟诏敕的"巾帼宰相"，还可以参与军国权谋，但命运多舛，未有善终。近年来墓志出土，形成了一波婉儿话题。韩愈，千古文宗第一人。谏迎佛骨，显示了韩愈风骨。一代文化巨人，"匹夫而为百世师，一言而为天下法"，努力振兴儒学，文起八代之衰，推动"古文"运动，千年之后，仍然能够感受到他的影响。陆羽，唐代文人的代表，撰写了世界上第一部茶叶专著——《茶经》，号为"茶圣"，影响千年，成为古今中外吟咏不已、怀念不止的人物。

　　大唐创业垂统，建章立制。三省六部，成为中国古代官僚行政的典范。三省六部是决策机构，九寺五监是执行机构。虽然三省屡经变迁，但是所确立的中枢体制模式，却是千年如一。六部分科管理行政，其行政原理至今还在运行。九寺五监，今日"参公""事业"单位名目仍可见其遗意。唐代法律完善，律令格式体系齐备，是中华古典法系的杰出代表，对东亚影响可谓广泛。大唐生活，千姿百态。衣食住行，是维系每个大唐人生存的基

狄仁杰：辅周复唐真功臣

本，婚丧学老，是每个大唐人成长所必有的经历。八件大事，又都和等级制度挂钩，是观察唐朝日常的最佳窗口。古都长安，是东亚中心，也是当时"世界"之都，是经济中心，是文化交流中心，是思想和学术的高地。巍巍长安，是盛唐气象直接承载体，长安风华引领着世界风潮，展示着盛唐文明所达到的高度。吐鲁番地处丝绸之路要地，是中外文明交汇融通之处。多元人口组成，多元文化集结地，是大唐开拓西域的关键节点，具有重要的军政和战略地位。凡此种种，理当书之。

以上，就是"唐朝往事"的总体设计。我们希望以明晰的框架，建设具有整体感的书系。既有主线，又可分立；有清晰流畅语言，有足够的事实信息，也有核心脉络可以掌握。提供给读者既不烧脑又不低俗的"讲史"，以学术为基础，但是又不是满满脚注的学究文。专业学者用相对轻松的笔调来记录和阐释，提供一点不一样的阅读感受。这个目标能否实现还很难说，但是我们正在向此努力。我们21人以一年时光，共同打造的20部小书，请读者诸君阅后评判！

感谢鲍丹琼（陕西师范大学）、侯晓晨（新疆大学）、靳小龙（厦门大学）、李航（洛阳师范学院）、李瑞华（西北大学）、李效杰（鲁东大学）、李永（福建师范大学）、刘喆（北京师范大学）、

总　序　盛唐：中华文明的辉煌时代

罗亮（中山大学）、雒晓辉（中国社会科学院古代史研究所）、孟献志（首都经济贸易大学）、孙宁（山西师范大学）、王培峰（山东师范大学）、许超雄（上海师范大学）、原康（淮北师范大学）、张春兰（河北大学）、张明（陕西师范大学）、赵龙（上海师范大学）、赵耀文（重庆大学）、朱成实（上海电机学院）等学界友朋（按姓名拼音为序）接受邀请，给予大力支持，参加"唐朝往事"的撰写工作，更要感谢他们能在一年多的时间内不停忍受我的絮叨和催促，谢谢大家！感谢辽宁人民出版社蔡伟先生及其所带领的编辑团队，是他们的耐心细致，才使得本书以这样优美的状态呈现出来。

现在，亲爱的读者，请您展卷领略"唐朝往事"，与我们一起走进大唐，思考大唐！

耿元骊

2024年3月26日于唐之汴州

目录

总　序　盛唐：中华文明的辉煌时代　　001

引　言　　001

第一章　州郡良佐　　006
　　一、少年仁杰　　007
　　二、初登官场　　011
　　三、孝友无双　　017

第二章　公正法官　　024
　　一、勤勉断案　　025
　　二、犯颜直谏　　029
　　三、弹劾权佞　　034

第三章　干练使臣	042
一、出使岐州	043
二、不避鬼神	060
三、抚和戎夏	063
四、焚毁淫祠	067

第四章　仁爱刺史	073
一、女主临朝	074
二、扬州烽火	087
三、李氏起兵	099
四、平反百姓	110

目 录

第五章 阶下之囚 123
一、初登台阁 124
二、银铛入狱 131
三、惊险逃脱 146

第六章 辅周国公 155
一、安抚河朔 156
二、利国大谋 182
三、荐贤无遗 200

第七章 复唐功臣 215
一、智谏女皇 216
二、迎立庐陵 226
三、复唐成功 233

第八章　身后哀荣	249
一、荣誉满身	249
二、子孙事迹	259
三、形象演变	271

| 尾　声 | 292 |

| 后　记 | 297 |

引 言

"元芳,你怎么看?"2012年,这句话突然在网络上流行起来,风靡一时,以致年轻人在现实生活中也用它来相互调侃,甚至还成功入选了2012年十大网络流行语。这句话的突然爆火,与电视剧《神探狄仁杰》有关。有趣的是,大家都认为这句台词是电视剧中狄仁杰的口头禅,然而经过编剧的查证后,发现电视剧中狄仁杰其实并没有说过这句台词,也不知道这句话是从哪冒出来的。

一句话能够在互联网上广泛流传,以致影响到现实生活,足以证明这句话的流行程度,也足以说明电视剧《神探狄仁杰》深

狄仁杰：辅周复唐真功臣

受人们的喜爱。从 2004 年《神探狄仁杰》第一部播出，到 2011 年《神探狄仁杰》第四部《神断狄仁杰》播出，再加上这句网络语的风行，狄仁杰的名字响彻中华大地，狄仁杰也成为妇孺皆知的一代神探。

虽说《神探狄仁杰》中关于狄仁杰的事迹大多数都是假的，但是电视剧里对狄仁杰性格、品性的刻画，如正直无私、刚正不阿、心系百姓，甚至幽默风趣的一面，确实与历史上的狄仁杰有很高的符合度。这样一个优秀的人，无怪乎人们都喜欢。

那么历史上真实的狄仁杰又经历过什么样的事呢？他又是怎样与"神探"联系在一起的呢？

狄仁杰，字怀英，并州太原（今山西太原）人，唐高宗、武则天时期著名的政治家。狄仁杰出生于官宦世家，幼时曾随父宦游各地。他少好读书，除儒家经典之外，于医学亦有涉猎。高宗显庆（656—660）年间，狄仁杰以明经中举，被任命为汴州判佐，开启了自己的宦海生涯。武周天授二年（691），狄仁杰成为宰相。不久后，狄仁杰被酷吏来俊臣等人诬陷"谋反"，锒铛入狱。随后，狄仁杰使用计谋得以面见武则天，陈述冤屈，从而逃脱牢笼，但还是难免被贬为彭泽令的命运。狄仁杰没有怨天尤人，而是继续兢兢业业地工作。神功元年（697），又一次当上了宰相，继续为国分忧解难。久视元年（700），病逝于洛阳，结束

引　言

了他辉煌灿烂的一生。

狄仁杰任官期间，尽心为君分忧，全力为民解难。身为大理丞，不辞辛劳，力清陈年旧案，1.7万余人，竟无一人诉冤；官居侍御史，敢于直面君威，犯颜直谏，不畏强权，弹劾奸佞，朝野为之肃然；任职地方，哪怕被贬偏远，他也无曾顾及个人得失，而是以民为本，缓赋宽役，勉农劝桑，牢守社稷之基。更重要的是，他身为宰相，力主迎回庐陵王李显，又为国家推荐了张柬之、敬晖、姚崇等日后反周复唐的主力，为复唐事业奠定了坚实基础。尽管狄仁杰仕途并非一帆风顺，但他始终不以物喜，不以己悲、坚守本心、以民为本，是当之无愧的良臣贤相。

狄仁杰忠孝仁义、不畏权贵、刚毅正直、清正廉明、爱民如子的品格赢得了时人的赞誉，如阎立本称赞："足下可谓海曲之明珠，东南之遗宝"；蔺仁基说："狄公之贤，北斗以南一人而已"；唐高宗说："仁杰为善才正朕，岂不能为朕正天下耶"；武则天更是赐其"敷政术，守清勤，升显位，励相臣"十二字紫袍，不无尊敬地称他为"国老"。除了同时代人的盛誉，狄仁杰还获得了后世人的敬仰，如杜甫、范仲淹、王夫之等人都曾高度称赞。

在唐宋时期，狄仁杰一直都以忠臣良相的形象出现于诗人文士的笔下。元朝时，随着俗文学的逐渐发展，狄仁杰开始在元杂

狄仁杰：辅周复唐真功臣

剧中担当主人公。著名文学家关汉卿创作过《风雪狄梁公》，可惜其剧本已经散佚，我们无从得知该剧中狄仁杰到底是什么形象。明清时期，随着通俗演义小说的兴盛，一些作品中也有了对狄仁杰的描写。《隋唐演义》《薛刚反唐》等小说中都刻画了忠心耿耿、为国为民的狄仁杰形象。清末，无名氏所撰的《狄公案》影响很大，与《包公案》《施公案》《刘公案》一起被并称为四大公案小说。《狄公案》是第一部以狄仁杰为主人公的断案小说，把"狄仁杰"与"断案"牢牢地绑定在一起。

在民国年间，一位荷兰汉学家高罗佩将狄仁杰作为主人公，创作了一系列的侦探小说，汇总为《大唐狄仁杰断案传奇》。《大唐狄仁杰断案传奇》在世界上的风靡，带动了更多的人认识狄仁杰、了解狄仁杰。改革开放后，诸多影视作品开始将狄仁杰搬上荧幕，创造了诸如《神探狄仁杰》等优秀作品，"神探"与"狄仁杰"深度绑定，也让狄仁杰的名声达到了家喻户晓的地步。

观看影视剧早已成为老少皆宜的娱乐方式，相应地，对于多数人来说，他们心目中的狄仁杰，就是自己最爱看的那部影视剧中的狄仁杰的形象。一方面，影视剧扩大了狄仁杰的影响，让更多的人知道了狄仁杰，也影响了一批人开始主动地寻找真实的狄仁杰；另一方面，影视剧为了提高收视率，自然要在狄仁杰身上加上许多的噱头，造成了人们对狄仁杰的认知有许多错误，或是

引 言

只停留在影视剧里。

让更多想要了解狄仁杰的人们,增加一条了解历史上真实狄仁杰的途径,图书是最为便捷的方式。与影视作品的高热度相比,图书市场中的"狄仁杰"则显得相当寂寥,二者形成了鲜明的对比。目前,市场上关于狄仁杰的作品,多是侦探小说或通俗演义类,学术著作则有杜文玉《狄仁杰传》。对于历史爱好者等普通读者而言,学术作品较为枯燥,通俗演义类则流于范式、囿于空假。写一本关于狄仁杰的历史通俗读物,可谓是正当其时。

本书以时间线为轴,以史书记载为主要材料,不演义、不戏说,详细记述狄仁杰波澜壮阔的一生。文中重点突出狄仁杰"辅周复唐"的光辉事迹和他人生中的重要经历,如替友出使、犯颜直谏、弹劾权臣、捣毁淫祠、平反百姓、安抚河北、推荐贤臣、辅翼李氏,同时还尽量挖掘狄仁杰的其他侧面,如精于医术、不畏鬼神、幽默诙谐,等等,尽量全面而深刻地描绘出狄仁杰的多面形象,还原一个活生生的人,而不仅是史书中完美的"神"的形象。由于笔者的水平有限,可供借鉴与参考的史料与著述又太少,故本书势必会有这样那样的不足,希望读者朋友能提出宝贵的批评意见。

第一章
州郡良佐

高宗显庆元年（656），早已长大成人且学有所成的狄仁杰从河阳（今河南孟州东南）出发进京赶考，奔驰的骏马背负着一个优秀青年对未来的美好展望、对理想的无限憧憬，朝着京师疾驰而去。赶考途中，看着祖国的大好河山，他的心也跟着怒吼的黄河在奔腾，久久不能平静。他相信，在这美丽壮阔的天地间，自己一定会有所作为，为这天增一片云，为这河加一瓢水，一定会的！

第一章 州郡良佐

一、少年仁杰

狄仁杰,字怀英,并州太原(今山西太原)人,贞观四年(630)出生于官宦人家。狄仁杰祖父名叫狄孝绪,贞观年间曾任尚书左丞,父亲狄知逊,曾任夔州长史。狄仁杰生逢盛世,加之父祖都是为官之人,家境富裕,所以狄仁杰度过了一个安稳愉快的童年。身为家中长子,父亲狄知逊自然注重对他的培养和教导。跟大多数学而优则仕的读书人一样,除了闲暇时的玩耍娱乐之外,狄仁杰幼时也是在日复一日的寒窗苦读中度过的。

狄仁杰小时候,有一次家里的门人不知道是什么原因被人杀了。很快,县里派来侦查案子的衙差就到了,家里上上下下都笼罩在一片惊慌失措的阴云之中。虽为官宦世家,但摊上人命那也非同小可。差役刚到正堂,家里所有人就悉数到场,积极配合问话。衙差仔细勘查案发现场,又询问了诸人,但还是一无所获。一筹莫展之际,衙差只能在狄宅里四处溜达,看看有没有什么遗漏的线索。

衙差走着走着,突然发现有一个房间的窗户底下似乎坐着一个人,走近一看,一个小孩正端坐书桌前在认真读书。看到此种情景,官差感觉非常奇怪,家里发生这么大的事情,所有人都在大堂接受问话，这个孩子怎么还会有闲情雅致读书呢？思及此，衙差厉声问道："有人被杀，别人都前来答话，你为什么不来？"面对陌生成年男子，又是官差，一般的小孩估计早就被吓得哇哇大哭了。没承想，小小的狄仁杰却一脸不屑地回答说："书中的圣贤人物有很多，我跟圣贤们对话都来不及，又哪有多余的时间与你这等俗吏来交谈呢？"衙差一下被噎得说不出话来，正准备发作，但看到对方只是一个小孩子，又不能用强，只好独自离开了。

俗话说："三岁看老。"家里发生人命案，小狄仁杰却仍能泰然自若地畅游书海，这足以表明他对书籍、知识的热爱。小小年纪，面对官差苛责，能机智勇敢地反驳，更是令人惊叹。从这件小事中，我们不难看出，幼年时期的狄仁杰能坚持做自己热爱的事情，不为俗事所扰，其小小身躯里蕴含着大气魄。狄仁杰从小就有如此胆量、有如此热爱、有如此品质，又怎么会做不成一番大事业呢？

更难能可贵的是，狄仁杰除了研读科举考试所需的儒家经典之外，还涉猎了医学书籍。医学既不在考试范围内，又与治国安邦关系不大，所以少有读书人去专门研习。但在狄仁杰看来，儒家经典中的救国救世之道与医学典籍中的救死扶伤之术，同样都是为人服务，无论是让一个人从病痛中痊愈，还是让很多人安居

第一章　州郡良佐

乐业，都是值得的。因此，一旦有些许闲暇时光，狄仁杰总是抱着医书刻苦钻研。相传他虽是自学成才，医术却很高超，尤其是针灸之术更是一绝。

时间如白驹过隙，那个小小的狄仁杰一转眼就已经到了能进京赶考的年纪了。这么多年的寒窗苦读，这一天，他已期盼许久。到了该启程的日子，狄仁杰辞别家人，带着沉甸甸的期望与嘱托，奔向属于他的锦绣前程。狄仁杰一路走一路看，在路过华州（今陕西渭南华州区内及周边）时，看见好多人熙熙攘攘围成一堆，不知道在议论什么，好不热闹。他翻身下马，前去一探究竟。稍微走近一些，看见一个巨大的牌子竖在人群中间，上面写着几个大字："能疗此儿，酬绢千匹"。绢在唐代基本相当于货币，商人们外出经商，因为同样价值的绢要比铜钱轻得多，所以都是带着绢帛去做生意。原来是有人在此悬赏求医，1000匹绢相当值钱了。

被勾起兴趣的狄仁杰，在人群中仔细查看，发现有一个十四五岁、衣着华丽的孩子正躺在求医的牌子下。由于距离还是有点儿远，看不真切，狄仁杰费了好大的劲，才拨开人群挤到孩子身边。这一看之下，他不由得倒吸了一口凉气，原来孩子的鼻子附近长了一个跟成人拳头差不多大小的肉瘤子，几乎快把整张脸都给遮住了。硕大的肉球垂吊下来，根部和鼻子连接的地方竟和筷子一样粗。由于脸上的皮肤承载不了瘤子的重量，两只眼睛也都被牵扯得向外翻起。为了更好地辨别肉瘤的属性，狄仁杰上手轻轻一碰，小孩立刻疼得呻吟起来，脸色惨白，气息奄奄，似乎随时都有可能撒手人寰。

看着眼前这个遭受煎熬的孩子，又看了看旁边眼睛都已哭肿的孩子父母，狄仁杰在字牌前站了很久。是的，他陷入了矛盾之中，因为尽管他饱读医书，也在医书中见到过治疗此病的方法，但他毕竟不是医生，平时没有什么机会给人治病抓药，没有实践操作经验，可以说完全就是"纸上谈兵"。他仔细想了想，如果出手治好了孩子，自然是皆大欢喜；退一步说，如若医治不好，那也不过对自己的名声有点儿影响；但若是给孩子治出个三长两短，那后果可真是不堪设想！狄仁杰被自己的设想吓出了一身冷汗，他轻轻摇摇头，又陷入了沉思。

"狄仁杰啊，狄仁杰，你研读医书是为了什么？不正是为了治病救人吗？难道你要当一个懦夫？永远当一个只读医书而不敢出手治病的人吗？"经过艰难的思想斗争后，狄仁杰决定出手救人。他大声说道："我能救他！"

孩子父母在听到这句话后，稍一愣神，立马迎上前来，辅助狄仁杰把孩子扶着坐起来。狄仁杰从随身的包裹中取出长针来，拿起一根就往孩子脑后扎去，长针缓慢地扎进穴位中。过了一会儿，狄仁杰问道："孩子，你感觉针气到了肉瘤那了吗？"小孩轻轻地点了点头。狄仁杰闻言，快速把长针往出一抽，肉瘤也随之而落下。再一细看，孩子的眼睛、脸都已经恢复原状了。

围观的人群中爆发出热烈的叫好声，有好事者甚至已经开始叫嚷着要孩子父母去兑现重赏了。孩子父母走南闯北，延医问药好多年，多少名医圣手都束手无策，早已不敢有所奢望，只能出此下策在闹市悬赏求医。谁承想，眼前这个年纪轻轻的读书人，竟然手到病除，一下就治好了孩子的顽疾。孩子父母又惊又喜，脑子里一片空白，根本不知道该干什么！在周围人的提醒下他们才回过神来，又是哭又是笑地连忙跪下，不停地对着狄仁杰磕头，感谢狄仁杰的救命之恩，还要把先前承诺的1000匹绢帛给他。如释重负的狄仁杰，忙着拉起孩子父母，笑着说："我本身并不靠行医谋生，今天只是可怜孩子小小年纪就遭此病痛，情急之下，这才贸然决定行针。幸老天保佑，孩子无恙！此小事一桩，不足挂齿。"狄仁杰说完，就挤出人群，骑马而去。

二、初登官场

唐高宗李治执政初期，勤政爱民、轻徭薄赋、广开言路，在大臣李勣、长孙无忌等人的尽心辅佐下，坚定不移地继续实施唐

狄仁杰：辅周复唐真功臣

太宗时期制定的各项方针政策。当时社会安定，百姓安居乐业，颇有贞观之遗风，史称"永徽之治"。显庆五年（660）十月，李治得了风眩病，整日头晕目眩，无力顾及政事，有时候一些不甚紧要的小事就不得不让皇后武则天来负责处理。武则天天性聪慧且饱读史书，凡是由她经手处理的事情基本都能做到让李治满意。因此，李治越来越多地把政事交给武则天来处理，这也使得武则天迈出了通往权力高峰的第一步。

至唐朝初年，经过隋朝及之前很长一段时间的萌芽和发展，科举制度已经形成并粗具规模。尽管此时还有大量的官员是通过门荫入仕，在整个国家的取士中占比很重，但通过科举做官也早被人们视为正途。当时科举常设的科目有秀才、明经、进士、明法、明书、明算等科。顾名思义，明法、明书、明算主要用以选拔精通法律、书法、算术的专业技术人才，其中除明法出身者有可能做到高官，明书、明算都不能高升，所以士子们一般都不愿参加这几科的考试。明经科主要考察举子对《礼记》《左传》等儒家经典的记忆和理解情况，考试难度比进士科要低。当时有"三十老明经，五十少进士"的说法，意思就是说一个人30岁明经科登第也算是岁数大的，50岁进士登科也算是年轻的，可见经进士科入仕是很难的。在这样的大环境下，跟多数读书人一样，狄仁杰也选择了明经科。

第一章 州郡良佐

入京之后，狄仁杰凭借自己深厚的学识，一考即中，被分到汴州（今开封）当判佐。这个判佐当得怎么样，虽然史书上并没有太多记载，但兢兢业业、一丝不苟地完成分内工作肯定是没有任何问题的。现在的狄仁杰，年轻气盛、坚守原则、刚正不阿、不畏强权都是刻在他身上的标签。这样的品质，于国于民而言绝对是一件好事，但是对于那些习惯于潜规则的官场老油条，对初来乍到的狄仁杰则怎么看都不顺眼了。

这不，就在他刚上任不久，立马就有人在背后使绊子了。恰逢河南道黜陟使阎立本来河南巡查，就有人将举报狄仁杰的信给递了上去。"黜"即罢免，"陟"即升迁，顾名思义，黜陟使就是负责对地方官员进行考察，并将其在职期间的相关情况进行综合评估，附上赏罚建议上报上级部门的官员处理，职能大致相当于今天的中央巡视组的组长。唐初，每隔几年中央都会派一部分官吏下到地方从事监察工作，虽原则上是大事上报，但如果遇有较为严重紧急的情况还是有一定的应急处置权的。狄仁杰偏偏在这样一个被各地地方官视为风口浪尖的时候被举报，肯定是因为得罪了人，已经成了某些人的眼中钉、肉中刺，虽然具体因何事被人诬陷已不可知。

河南道黜陟使阎立本收到举报信后，并没有直接相信举报信中所说的内容，而是来到汴州进行实地考察。在经过多方调查、走访，询问了众多当事人后，得出了一个结论：狄仁杰是一个认真负责、踏实肯干，有想法、有志向、有作为的好官。

阎立本立刻召见了狄仁杰。会客室里，阎、狄二人一见如故，颇有相见恨晚之感。他们那天探讨了很多话题，从被举报的事情，到狄仁杰的理想，再到对治国理政的看法，阎立本再次被眼前的年轻人惊艳了。他毫不吝啬地对狄仁杰赞美道："孔子有云：'观过知仁矣'，你真的可以称得上是海曲之明珠，东南之遗宝呀！""沧海遗珠"这个成语就是阎立本首次用来形容狄仁杰的。回朝以后，阎立本立刻奏明皇上，推荐这个比自己小20多岁的知己为并州（今山西太原）都督府法曹参军。

呜呼！"世有伯乐，然后有千里马。千里马常有，而伯乐不常有。"狄仁杰就是一匹精神抖擞向前奔腾的千里马，而阎立本就是那位知马的伯乐。阎立本，雍州万年（今陕西西安临潼区）人，高宗朝宰相。阎立本的宰相身份很少有人知晓，大家更耳熟能详的是他的艺术家身份，《步辇图》《历代帝王图》等闻名于世的作品都出自他之手，可以说他是一个被艺术才华所耽误的政治家。

阎立本出身高门显贵之族，他的父亲是隋朝殿内少监阎毗，外公是北周武帝宇文邕。因家族显赫，隋朝时阎立本以门荫做官，显庆年间被任命为将作大匠，随后代替他的哥哥阎立德升任

第一章 州郡良佐

工部尚书。由于父亲阎毗擅长建筑、绘画等工艺,浓厚的艺术氛围使阎立德、阎立本兄弟二人都成为此中的佼佼者。本来是人人称羡的技艺,对阎立本来说却成了一种负担,其实不仅是后世人对他政治家的身份不是很了解,就连唐朝当时的人也是如此。

曾经有一次,唐太宗与一众臣子在园林里泛舟赏春,微风和煦,碧波荡漾,两岸郁郁葱葱,桃红柳绿,好一幅生气活泼的艳丽春景。唐太宗雅兴大起,就命群臣作诗诵咏。作诗完毕,唐太宗还觉不够尽兴,随即又下令召阎立本前来,要将此情此景画下来保存。唐太宗这边刚下令,就听见那边有传话的宫人喊道:"传画师阎立本。"当时已任主爵郎中的阎立本臊了个大红脸,一边流着汗一边往前跑,到了以后就赶紧俯下身子挥笔画了起来,只见他一边画着,一边极不自然地偷偷打量着众人的神色,恨不得立马找个地洞钻进去。这件事情给了想有所作为的阎立本很大的刺激,以至于他一从宴会上回到家就郑重地告诫他的儿子说:"大丈夫行走天地间,就是要在这世间有所作为。因此为父自幼苦读,所幸也不算是那种蠢笨的人,故有如今的一官半职也不算欺世盗名。如今为父却以绘画闻名于天下,还要受这如奴仆一样任人驱遣之辱。由此看来,学习绘画并不是一件好事,你应当引以为戒,切勿学习此技,务必志存高远!"

从阎立本的这件事情其实不难看出,无论人们如何夸赞阎立本，夸赞他的绘画技艺有多高超，但在他心里，这份荣誉始终是一个既让他骄傲又让他难堪的存在。在当时的很多人，包括阎立本自己，都认为绘画仅是闲暇时的娱乐而已，非君子安身立命之业。阎立本在政治上的表现和名气，肯定不能与其在艺术上的造诣相提并论，但狄仁杰的确是一个优秀的政治家，这是有目共睹的。阎立本能和狄仁杰做知己，二人肯定在一些事情上的想法是有共通之处的。再说阎立本不可能单凭画画好就能官拜宰相，所以他也肯定不是有些人所说的"非宰辅之器也"。

俗语说："祸兮福所倚，福兮祸所伏。"狄仁杰虽为小人所谮，却因缘际会与阎立本成为"忘年交"，又得到了阎立本的推荐，不得不说是因祸得福。狄仁杰原来是汴州判佐，阎立本推荐其为并州法曹参军。其实，法曹参军、兵曹参军、户曹参军等都可统称为判佐，只不过史籍只记载了狄仁杰原先在汴州的时候被任命为判佐，没有说清楚他到底是负责哪方面工作的判佐。法曹参军就很明确，分掌辖区的律令、定罪、盗贼等司法方面的工作。

严格来说，狄仁杰所当的这两个官，均为僚佐，说白了就是听领导指挥，负责具体行政事务的工作人员，区别不大。那既然没什么区别，阎立本又何苦要推荐狄仁杰去并州，难道是害怕有人会继续栽赃陷害吗？当然不是。

判佐和参军虽说没什么太大区别，但要看是哪个地方的判佐，哪个地方的参军。大唐建国后，地方上仍然沿袭前代的州县制，并将其划分成几个等级方便管理。按照唐初地方行政区域的等级划分，州根据所辖人口多少分为上、中、下三个等级，汴州在当时为上州。除了常规所设的州之外，还会在一些比较特殊的地方根据需要设立都督府，都督府则根据所辖州的数量多少又划分为上、中、下三级。隋大业十三年（617），唐高祖李渊出任太原留守，随后起义，建立唐朝。并州作为大唐龙兴之地，再加上地理位置险要，故唐高祖将并州设为大都督府。并、汴二州本身在级别上不一致，所以相应官员的品级也就不一样。汴州判佐为从七品下，而大都督府法曹参军为正七品下，所以狄仁杰升官了。

三、孝友无双

从一望无际的华北平原到层叠陡峭的太行山脉，狄仁杰朝着并州、朝着治国为民的理想一路攀登向上。虽然从小就跟着父亲宦游各地的狄仁杰对这种四海为家的感觉并不陌生，但他此行还是感慨良多。并州是自己的故乡，虽说从来没有在那儿生活过，但那儿毕竟是自己魂牵梦绕的根之所在呀。可自己究竟能为故乡的百姓做些什么呢？

狄仁杰：辅周复唐真功臣

狄仁杰一边问自己，一边费力地登上了眼前的一座隘口，长时间的山路已将众人的体力消耗殆尽，随行几人只能暂时休息片刻。狄仁杰靠坐在树旁抬头看去，湛蓝的天与远处的山蓝绿相接，茫茫无际的蓝天只有一片云孤零零地飘荡在南边。狄仁杰定定地盯着那片云，若有所思。过了许久，狄仁杰实在难忍内心激荡，站起来对身边的人说道："我亲人所居住的地方，就在那片云的下面。"左右之人看着眼前神情复杂的参军，也不知道该如何回答，索性就干脆什么也不说了。

狄仁杰仍自顾自地沉浸在自己的思绪里，想着此时住在河阳（河南孟州）家里的双亲，身体是不是还好？是不是也像这样牵挂着自己？不知道呆呆地看了多久，直到那片云消失不见，狄仁杰一众这才继续赶路。后来，泽州太守在狄仁杰思念亲人的地方横望镇（今晋城泽州县小口隘），专门刻石以记之。"望云思亲"这个成语也就流传下来了，用来抒发对亲人的思念之情。

于公，狄仁杰一向刚正不阿、讲究原则；于私，他也有一颗柔软善良的心。面对父母，他因不能膝前尽孝而暗自神伤；面对朋友，他也能毅然决然地两肋插刀。按唐制，大都督府设法曹参军二人，所以此时的并州法曹参军狄仁杰是其中之一，还有一个人名叫郑崇质。

狄仁杰到并州工作没多久，上面就派下任务，要郑崇质到西

第一章 州郡良佐

域出差办事。现在出门有飞机、动车,几个小时就能到目的地。以前最快的就是骑马,要是碰到路不好走的情况,也就只能自认倒霉,靠两条腿生生往前走,一年半载回不来也是常有的事。西域偏远,且危险重重,去了能不能回来都很难说呢!

郑崇质倒不是怕危险、怕出远门,而是他家里有一个正在生病的老母亲,毕竟"父母在,不远游"。每天愁眉苦脸的郑崇质,让狄仁杰想起了站在那片云下的自己,于是他对郑崇质说:"太夫人年岁已高,还有病在身,您如果出使外域,谁来照顾太夫人呢?况且,您出使绝域,有万里之遥,又怎么忍心让太夫人日日夜夜为您担忧呢?这次还是让在下替您去吧。"狄仁杰说完,就留下一脸错愕的郑崇质,出门去找领导申请去了。

依唐朝的制度,大都督府的最高行政长官为都督,下设长史、司马、参军等。并州当时的都督是由宗亲遥领,以长史代理其职,也就是说宗亲本人不用来这个地方上班,就在京城待着就可以,他只是名义上的长官,不用处理政事,所以当时并州的实际负责人是长史蔺仁基。狄仁杰不带半点儿犹豫地径直走向蔺仁基的办公室,在敲门得到允许后,就进去了。里面的蔺仁基正低头忙碌着,听见人进来了,抬头一看,是新来的年轻人狄仁杰。蔺仁基心想,这个小伙子可真不错,到任以后能吃苦、肯上进、上手快,最重要的是头脑清醒、执法公正严明,是块干司法的好苗子。但是现在都已经下班了,他这个时候来能有什么事呢?

蔺仁基还没来得及开口,就听见狄仁杰说:"蔺大人,郑大人家有老母亲,还正在生病,这次出使,就让我去吧!"刹那间,蔺仁基还以为自己听错了,他不可置信地再次确认道:"你刚才说什么?"看着蔺大人吃惊的模样,狄仁杰只好又斩钉截铁地说:"此次出使绝域,请让我代替郑大人去吧。"

蔺仁基之所以如此吃惊,就是因为他为官多年,从来没有遇到这种事。谁都知道出使是个苦差事,互相推诿见得多了,没有见过像狄仁杰这样主动请缨的。怕他不知道其中利害,蔺仁基便清了清嗓子,语重心长地给狄仁杰解释道:"这次出使西域,路途遥远,没个一年半载是回不来的。旅途辛苦自不用多言,还十分危险,人身安全都不一定能得到保障,你可千万要想好,不要意气用事。"

狄仁杰听完,立马回答说:"百善孝为先,对郑大人来说现在是忠孝不能两全。既如此,我何不替他出使?如此一来,他既能稍补不能为国尽忠之憾,又能侍养老母亲以报养育之恩,难道不是一件美事吗?况且,我也想为国尽心,做一番事业。"一番话下来,蔺仁基明白眼前这个年轻人都已经想清楚了,他不是不知道舟车劳顿的辛苦,不是不明白旅途的凶险,而是他认为与孝顺父母相比,这些辛苦根本就微不足道。好一个仁义贤良的年轻

第一章　州郡良佐

后生，天地间这样的人实在是太少了呀。沉默良久，蔺仁基终于动容地对狄仁杰说："既然你已经想好了，那你就去吧，我们在并州等着你顺利归来。"

蔺仁基起身送走狄仁杰后，踱步来到窗前，看着狄仁杰渐行渐远的背影，伫立良久。慢慢变暗的天光拉长了窗前人的思绪，蔺仁基想到自己因为一些事和司马李孝廉闹意见，这些年来是针尖对麦芒，谁也看不惯谁。本来没多大的矛盾，可偏偏两个人愣是谁也不搭理谁。其实这么多年来，自己也知道这样做不好，单说手下的这些大小官员，看见这都督府的一把手和二把手公然闹得不愉快，他们又怎么能够安心工作呢？再者，这并州的老百姓要是知道自己的父母官是这副德行，这又让他们怎么信任我们官府、信任我们的朝廷、信任我们的国家呢？一个年纪轻轻，刚步入官场的年轻人尚且能如此真心地为他人着想，而我自己迈入官场多年，又身为一方父母官，这样做着实不应该啊！说实话，今天真是让这后生给自己狠狠地上了一课。想到这，蔺仁基不由得笑出声，轻声嘟囔："这个狄仁杰可真是会给自己找事。不过，这个事找得好！"

罢了，大丈夫能屈能伸，只要是为了工作好，为了朝廷好，没有什么是不能放下的。再说了，堂堂长史又怎么能够将错就错，明知故犯呢？做好心理建设后，蔺仁基好像怕自己明天就会反悔一样，当晚就去找李孝廉了。

听到下人的通报后，李孝廉整个人都愣住了。他赶紧回想这几天有什么大事发生？好像没有。那必然是突发紧急状况了，要不然堂堂长史大人不会连夜登门拜访的，况且他们二人之间还有矛盾。这一思索，李孝廉马上紧张起来了，急忙穿戴整齐，迎出门去。

李孝廉刚走出房门，就看见蔺仁基微笑着走了过来。李大人好生不习惯，暗想这位长史大人葫芦里卖的是什么药，居然满面笑容。这时蔺仁基已经走到跟前了，李孝廉连忙将蔺大人请进正堂。

双方坐定，蔺仁基也没有兜圈子，直截了当地把今天下午发生的事情从头到尾讲了一遍。讲完后，蔺仁基站起身来，走到李孝廉身边，拍着他的肩膀说："以前的事情都是老哥我的错，你别往心里去。咱们老这么僵着也不是那么回事，从今天起，就让以前的那些不愉快都过去吧，也不能让底下这些人总看咱们的笑话。老弟，让我们携起手来为百姓们做一些实实在在的事情，共同创造并州美好的明天吧！"李孝廉听了狄仁杰的事迹，本就有些羞愧，再听到一向不低头的长史大人这么说，哪里还有半点儿平时闹别扭的样子。他赶紧站起身来，握住蔺仁基的手，动情地说道："长史大人今日所言，真是折煞下官了。下官有做得不对

第一章　州郡良佐

的地方，还望您海涵。"就这样，和好如初的二人在灯下又聊了很长时间，直到夜色已深，蔺仁基这才起身告辞。

第二天，并州都督府有人发现，蔺长史和李司马在一起谈事时，居然都春风满面，还不时有欢声笑语，势同水火的两位领导竟然和好了！蔺仁基在处理完公事后，对着众人感慨道："狄公的贤能在全天下都是绝无仅有的。"大家都被这没头没尾的一句话给说蒙了，什么意思？狄仁杰一个参军，又年纪轻轻，怎么就成了狄公了？蔺仁基也没解释太多，只是笑了一下就掉头走了。

众人多方打听才知道，二位长官见狄参军要替郑参军出使西域，感念于狄参军的舍己为人，双方就此捐弃前嫌，重归于好。狄仁杰来都督府的时间虽不长，但大家已经发现，这个汴州来的参军，办起事来一板一眼，铁面无私，似乎不太好相处，万万没想到他竟能为了朋友两肋插刀，如此有情有义，不免对他又高看了一眼。

第二章
公正法官

厚积才能薄发。勤勤恳恳、执法严明的狄仁杰在并州法曹参军任上工作了许多年，直至唐高宗上元二年（675），才被调到中央，出任大理寺丞。这是狄仁杰第一次入京当官，工作性质与原先的法曹参军一样，主要从事的仍是司法方面的工作。正是因为有并州任上扎扎实实的积累，狄仁杰才能在担任大理寺丞后，又快又好地审理完堆积如山的陈年旧案，从而一举成名。大理寺是中国古代掌管刑狱的审判机构，唐时行使中央司法审判权，审理中央百官与京师徒刑以上的案件。按照唐朝职官的相关规定，大理寺中设卿一人、少卿二人、大理正二人、丞六人及主簿等一干人，包括狄仁杰在内的六位大理寺丞分别掌管一部分寺中日常断罪事务。

一、勤勉断案

不惑之年的狄仁杰，沿着长安繁华的街道往前走，街边林立的店铺、卖力吆喝的小贩、摩肩接踵的行人都化作一道道暖流注入了他的心田。几经辗转，狄仁杰终于到了大理寺，看着威严的大门，看着那高高的门槛，狄仁杰知道那是一座里程碑，只要迈过去，自己就踏上了一段崭新的征程。没有片刻迟疑，他低头大步往门里走去。

大理寺丞狄仁杰一上任，就把寺中情况摸了个一清二楚。尽管事先有心理准备，但狄仁杰还是被吓了一大跳，没想到案件已经积压到了令人瞠目结舌的地步。按说大理寺中干事的人不算少，可无奈事情纷繁复杂，人员始终处于不够用的状态。没有时间感叹，狄仁杰果断发扬了他拼命三郎的精神，在一年之内把积压的旧案审理得一清二楚，无一人喊冤，大理寺上上下下都被震惊到了。别看初来乍到，狄仁杰这时已成功获得了大理寺卿张文瓘的认可和喜爱。

张文瓘，贝州武城（今为河北故城县）人，贞观初年，以明

狄仁杰：辅周复唐真功臣

经举授并州参军，因能力出众，深为当时的并州长史英国公李勣所看重。张文瓘为人严格公正，在出任大理寺卿之前历任水部员外郎、东西台舍人、参知政事、东台侍郎、同东西台三品，可谓是青云直上。而且必须要知道的一点就是，出任大理寺卿的张文瓘依旧知政事，或者简单点说，这位张大人可是以宰相之身去大理寺负责相关工作的。虽贵为宰相，但张文瓘事必躬亲，用"工作狂魔"这个词来形容他一点儿也不为过。来大理寺不到半个月，就已经审理处置案件400多件，即使有个别处置不是很合理的地方，人们也都没有任何怨言。工作节奏之快、效率之高令人咂舌。更厉害的是，有一次他生病了，监牢里的囚犯就都啥也不干了，团坐在一起诚心祈祷，希望他能早点儿好起来。等到他要调职的时候，囚犯们知道了，竟悲痛到大哭不已。当时人们都称赞他执法公正严明、宽厚仁慈，可与唐初名臣戴胄比肩。

无论是明经出身、并州参军的过往经历，还是雷厉风行的行事风格都是张文瓘和狄仁杰两个人身上共通的地方。狄仁杰身上的这股拼劲，让张文瓘仿佛看到了自己的影子，在年终的一次官员考核中，张文瓘就表现出了对这位新入职下属的关心和照拂。

唐朝时已经有了非常严密的考课制度，小考每年进行一次，用来评定官员当年的政绩；隔几年组织一次大考对其整个任期内的履职情况作全面鉴定并据此决定职务升降。考核的流程也很简

第二章 公正法官

单,自己先写材料进行自我评定,然后上交所属"单位",由其负责人进行集中认定等级后,再将相关资料统一送往吏部考功司,由考校使、考功郎中等人进行最后的核定。经过考核,官员被划为九等作为奖惩依据,分别为上上、上中、上下、中上、中中、中下、下上、下中、下下。

这一年负责考课的是尚书左仆射刘仁轨,考核材料到了他手里,刘仁轨一看还以为是搞错了,毕竟一个新人根本不可能被评为中上,随即大笔一挥就给否决了。中上虽然为考核的第四等级,但是要知道唐前期考课标准很严格,几乎没有得过上下以上的官员,所以当时被评为中上就已经是相当不错的了,从这一点就足以看出张文瓘对狄仁杰有多欣赏和看重了。

得知狄仁杰的中上被否决了,张文瓘连忙着急上火地去找刘仁轨说理去了。刘仁轨正在家中休息,听到门人来报张相来访,不免心生疑惑,但一时间也想不出个所以然,只好赶紧整理衣冠,快步出门迎客。张丞相一进门,没有寒暄客套,开门见山地说道:"刘仆射,我是无事不登三宝殿。今年考课,我大理寺有一新人名叫狄仁杰,我给评定了中上,您怎么给否决了呢?是有什么问题吗?"知晓来意后,刘仁轨很是惊讶,他没有想到张文瓘竟然会为了一个下属的考课结果而专程跑一趟,这个狄仁杰究竟有什么魔力,能让堂堂宰相这么尽心护着他?尽管知道眼前这位张相不会轻易让步,但刘仁轨还是说:"张大人,狄仁杰的资料我已经看过了,我认为一个新人被评为中上实为不妥。贵寺肯定不乏资历老、能力强的人,如果一个新人被定为中上,那其他人又将作何感想呢?"

不料话音刚落,张文瓘就大笑起来。刘仁轨一脸疑惑地看向张文瓘。张文瓘神秘地说道:"刘大人,您知道狄仁杰刚来了一年,断了多少案子吗?"刘仁轨皱着眉头说道:"狄仁杰一年断了多少案件,我确实不知道,但您半个月处理400多件案子的辉煌战绩,可是无人不知,无人不晓啊,他一个新人,难道还会比张相您更厉害吗?"还没等刘仁轨说完,张文瓘就笑着打断了刘仁轨的话头,连连摆手道:"您有所不知。狄仁杰到京时间虽然才刚满一年,但他任劳任怨、认真负责,在一年内超强度、高负荷地审理了1.78万人,而且还没有一个人喊冤。"看着一脸震惊的刘仁轨,张文瓘急忙继续说:"刘仆射,这样的人难道不值得我们给他一个中上吗?"良久之后,终于回过神来的刘仁轨不放心似的又再次确认道:"这件事情可是真的?您没有骗我吧!"张文瓘连忙说道:"我的刘大人呀,这还能有假吗?狄仁杰的事,整个大理寺都知道,哪能有假!"刘仁轨无限感慨地说道:"如此看来,中上也不很妥当,就给他定成上下吧!"

正是如此,狄仁杰凭借过硬的业务水平、高度的敬业精神在京城官场中迅速打开局面，为以后通达的仕途打下了坚实基础。正当大家都在惊叹，这个刚来一年的新人竟如此能干之时，狄仁杰马上又用自己的另外一面征服了众人。这次他不再是个劳模，而是化身成为一位勇士，他不卑不亢、坚守原则、直面君威，捍卫了国家律法的神圣不可侵犯。

二、犯颜直谏

当时有一位将军名为权善才，与右监门中郎将范怀义一起奉命宿卫昭陵。有一天，这两个人也不知道是怎么回事，竟一时不察，误砍了昭陵的柏树。按说这二人就在这个地方工作，别人不清楚昭陵的范围，他俩不可能不知道呀，居然犯了这种低级错误。要知道，昭陵可是唐高宗李治父母唐太宗李世民与长孙皇后的合葬陵墓，私自砍伐先皇陵墓中的树木可不是闹着玩的，不知死活的二人真真地可以说是在太岁头上动了土。可退一步来说，昭陵那么大，柏树那么多，就只是砍了一两棵，只要不声张，被发现也不是一件容易的事。可事情偏偏就坏在有人走漏了风声，原来是禁军中有一位士兵犯了事被权善才绳之以法。虽然处理得合理合法，但被处罚的士兵却始终怀恨在心。这下好了，两人这边柏木一砍，小辫子就被复仇心切的士兵牢牢地捏在了手心里。

狄仁杰：辅周复唐真功臣

士兵没有立马发难，而是等轮到他在皇宫宿卫的时候，趁机请求陛下召见。千辛万苦之下，终于见了皇上，这个士兵先是啥也没说，戏精附体一样地先哭，哭得就像自己家的祖坟被刨了一样。好不容易止住眼泪，这才哽咽着把事情都说了出来。话说气氛烘托到这儿，就等陛下的雷霆之怒了。果不其然，唐高宗听完，气得吹胡子瞪眼，悲痛不能自已，立马就要严惩二人。

大理寺接手案子后，按照法律的规定给予二人以开除官籍的处分。高宗一看，你大理寺是干什么吃的，这是要将我置于不孝之地，存心让全天下的人看笑话。身为一国之君的李治，又怎么能受得了这般挑衅，于是在恼怒之下，下令大理寺尽快杀了权、范二人。看到圣上亲裁的处罚结果，狄仁杰坐不住了，作为一名法律工作者，他认为自己有这个责任和义务来维护法律的公平与正义，任何人都不能凌驾于律法之上，就算你是万人之上的皇帝也不能例外！

狄仁杰没有闲心顾及周边传来的一些震惊及不赞同的声音，而是顶着巨大的压力替二人喊冤。看到狄仁杰给二人求情的奏章后，李治心想，今天我倒要看看是从哪里冒出来的愣头青，竟胆大包天至此。依诏进宫的路上，狄仁杰知道所为何事，内心当然有些忐忑。常言道"伴君如伴虎"，当众让皇上下不来台的后果可不是他这个小小的大理寺丞能够承担得了的。思绪流转，但脚

第二章 公正法官

上的动作却不敢耽搁片刻，好在离见到皇上还有一段距离，倒也够他整理心情。很快走到了殿前，看着眼前庄重威严的殿宇，狄仁杰那被圣上暴怒之下召见惊魂不定的心竟突然奇迹般地安定了下来，又不禁为自己竟然因为害怕而忘了初心而内疚。是啊，在大义面前，个人得失又算得了什么呢？此时的李治正端坐龙椅之上，听着宫人传召狄仁杰的喊声，目不转睛地盯着那个公然忤逆自己的臣子缓缓走了进来。

例行的请安问好之后，狄仁杰虽低着头却尽量挺直腰板，开门见山地说："法度乃陛下之法度，臣如今所为只是严守职责而已，作为朝廷神圣法度的守卫者，臣又怎么能仅仅因为几棵柏树就随便滥杀朝廷命官呢？还请陛下能够原谅微臣不能从命之罪。"当了多年的皇帝，识人断物的本领自然非同一般。短短的一会儿工夫，李治就已经看出眼前这个初生牛犊是一个不可多得的人才。令狄仁杰在内的所有人都没有想到的是，李治并没有像想象中的那样大发雷霆，反而是听狄仁杰说完以后情难自禁地哭了起来，一边哭还一边哽咽地说道："自幼以来，父皇虽日理万机，却总能在百忙之中对朕悉心照拂。父皇的养育之恩，朕是一刻也不敢忘，但权善才竟敢私自砍了父皇陵园的柏树，实在是可恶至极！不瞒爱卿说，朕这几日寝食难安，其实归根结底都是因为朕这个不肖子孙，所以才会发生这样的事情。朕知道爱卿你是一位好法官,你的想法朕也很清楚,但权善才二人必须以死来告慰先皇在天之灵。"

按说皇上都这样了,就算是再占理,再说下去好像都显得有点儿不近人情。但狄仁杰硬生生地忽视了圣上的眼泪,还是梗着脖子非要给两个人讨说法。一旁的上司张文瓘实在是看不下去了,就把朝笏摆了摆,并不停地给自己那个不怕死的下属使眼色,示意狄仁杰别再说了。但狄仁杰愣是又往前跨了一步,俯下身子,语重心长地劝说道:"自古以来触犯龙鳞、忤逆人主都被认为是万分凶险的事情,臣却不以为然。这样的事情要是放在桀纣之时,自然就凶险,关逢、比干等人的血确实也流得够多了,可要是在尧舜之时,就大不一样了。陛下之贤可与尧舜比肩,臣较之比干等人则要幸运得多,自然就不担心承担跟比干一样的后果。昔日汉文帝之时,有人偷了汉高祖庙里的玉环,汉文帝一怒之下也是要以重罪论处,幸而有张释之认为不妥,当廷犯颜直谏,最终严格按照律法判了弃市之罪,并没有把更多的人牵连进去。君臣之间有了分歧,明主可以据理力争,忠臣也不会因为君主的威严而畏惧。如今陛下您要是不采纳微臣之言,臣死后在地下也绝无颜再见张释之了。再者说,陛下您制定律法,徒、流、死等各种刑罚,都有其相对应的罪行等次,又岂有明知所犯之罪并非极刑而随便赐死之理。法度如果无常,那百姓生活的准绳又

第二章　公正法官

在哪里呢？再从长远来看，陛下仅仅因为昭陵的一棵柏树就杀两位将军，多年以后，后世又会如何评论呢？后人又会以为陛下是怎样的君主呢？臣正因为如此，才不敢奉诏杀善才二人，以陷陛下于不道之地呀！"

平时倒也没看出来，说一不二、宁折不弯的狄仁杰还有这一手。反正这长长的一番话说完，高帽子被结结实实地扣在了李治的头上。也正是如此，被狄仁杰比作尧舜的唐高宗，才不得不松口说道："你能守法，朕有法官。"一句被载入史册的对狄仁杰的高度赞美，让张文瓘放下了高悬的心，让狄仁杰摆脱了得罪皇上的风险，也让权善才、范怀义二人捡回了一条命。事情过去不久，唐高宗还无限感慨地说道："狄仁杰能为了权善才等人的性命纠正朕的过失，难道不能替朕匡正这江山社稷吗？"

几天之后，高宗就下令把狄仁杰从大理寺调到御史台当侍御史去了。别看侍御史和大理丞都是从六品下，但侍御史掌管纠察弹劾百官、审问讼事，职事更为紧要，所以狄仁杰又往前迈了一步。更为难能可贵的是，后来有一次，狄仁杰因事进谏的时候，唐高宗还打趣地说道："爱卿正是因为权善才之事，才有今天啊。"虽是开玩笑，却可以看出被狄仁杰得罪过的唐高宗李治，不仅心无芥蒂，反而对狄仁杰有着一片欣赏看重之意。不管怎么说，狄仁杰犯颜直谏，力保二人，属实是凶险万分，但好在结果是好的，狄仁杰也借此获得了高宗皇帝的青睐，不得不说是因祸得福。

三、弹劾权佞

因为职责，担任大理寺丞的狄仁杰，以相对强硬的态度谏诤唐高宗，免除了两位将军的死罪；同样也是因为职责，就职侍御史之后，狄仁杰上本弹劾司农卿韦机，直至其被免官方才罢休。同样都是狄仁杰经手之事，但权善才与韦机受到的待遇截然不同，至于不同的原因，还得从韦机这个人开始说起。

韦机，出身于官宦之家，他的祖父韦元礼，隋朝时曾担任浙州（今贵州习水县东北）刺史。韦机是一个颇有才能的人，早在贞观年间，就担任了左千牛胄曹。他曾奉命出使西域，去西突厥册立同俄设为可汗。这个活本身不难，就是走个册封的流程，谁承想，在他到达西突厥后，石国竟然发动了叛乱，把他回程的路给切断了。一般人待在人生地不熟的地方，回家也遥遥无期，内心定是忐忑不安，食不知味的。但人家韦机可不是这样，他可是硬生生地把三年的流落漂泊，转变成了三年的自由之旅。

身处异域他乡，抱着既来之则安之的心态，韦机在每日的颠沛流离中，一路走一路看。那时候也没有照相机，他就把身上的

第二章 公正法官

衣物扯下来,用以记载所经过各个国家的地理、风俗、物产。虽说他这一路是穷游,收获却是颇丰,他将所有的记载整理成册,写成了《西征记》。历经三年,辗转万里,他总算回到了大唐。

回国之后,唐太宗想要了解西域的事情,就向他询问。韦机特别骄傲地把自己的书献给了皇上。或许是非常高兴能够了解一些以前知之甚少的异国奇丽的风土人情;也或许是被韦机身上那不折不挠的精神所打动;又或许是为了慰劳他这三年为国出使所受的辛苦,在太宗看了韦机写的《西征记》之后非常高兴,提升他的散官为朝散大夫。要不说,机会总是留给有准备的人,韦机确实是一个人才。

显庆年间,韦机担任檀州(今北京市密云区)刺史。在这片辽阔的北方边境,他本着务实的工作态度,扎扎实实地大干了一场。边境偏僻,人们对教育的重视程度不够,知识的普及程度低,在这样的条件下,韦机大力修建学校,画孔子、七十二贤以及汉晋名儒的画像,甚至还亲自作赞文,劝勉大家学习儒家文化。在韦刺史的带领下,教化得以在檀州推行。

名将契苾何力带兵征讨高丽,大军到达滦水的时候,恰逢暴雨,一时间河水大涨,大军难以渡河,就停留了三天。韦机知道消息之后,主动带人给大军转运粮草,士兵们这才没有挨饿。唐高宗知道了这件事后,龙心大悦,特地表扬了他,升他为司农少卿，从四品上，主管东都（今河南洛阳东）营田、园苑之事。从以上这些事情可以看出，韦机不但是一个目光长远、务实的人，而且还是一个非常有大局观念的人。这样一个看起来浑身优点的人，又是因为什么事情让狄仁杰非要弹劾他不可呢？

其实，韦机这个人大体还好，也非常有能力，但就因好逢迎媚上这点，让很多人看不上他。上元二年（675），住在洛阳的高宗正准备回西京长安居住。临行之前，李治若有所思地把韦机叫到跟前，非常苦恼、又有点儿不好意思地对韦机说道："爱卿，朕马上就要移驾长安，有一事确实不吐不快。朕自幼受教于先帝，十分清楚守江山不容易，也知道节俭度日的重要性。但长安、洛阳二都是朕的东、西宅，洛阳现有的宫殿大多是隋代所建，因年代久远，陈旧破败。朕有心修缮，但每每想到要耗费不少，也就只能作罢。今天让你来，就是想问问，有什么办法能解决这件事情。"

听圣上说完，韦机赶紧上前拱手说道："陛下不必太过担忧，这件事微臣有办法解决。"听了韦机的回答，李治满心欢喜，但也不好直接表现出来，他疑惑地看向韦机，示意他继续往下说。韦机顿了顿，小声说道："陛下有所不知，要是按照我们过去的规章制度，用劳力采伐木材，肯定是要一五一十给人家把工钱都结清兑现的。但如今我们是动用户奴采伐，而且已经积攒了足够用10年的木材。除此之外，寺中钱物还有40万贯之多。而且臣在司农寺任职多年，寺里的日常开销用度我们是省之又省，这些年也积攒下不少。我们完全可以用这些钱来买木材、石头、砖瓦，建造宫室，而且还不必劳烦百姓，只用三年时间就能建成。"这番话一说完，唐高宗那颗七上八下的心总算放到肚子里了，高兴地任命韦机兼管东都将作、少府两司事，由他全权负责完成这个项目。

韦机为了讨圣上欢心，不仅把隋朝遗留下的现有宫殿修缮了一番，而且还建造了宿羽、高山等几座富丽堂皇的宫殿。后来，唐高宗在洛水北边游玩，登上高处往低处看，发现这块地方风景很美，很有登高眺远的感觉，于是又命令韦机在此地建造一处比较高的宫殿。韦机一看圣上发话了，立马安排落实。宫殿修好后，高宗前来查看，对韦机赞赏有加，又命令其沿着洛水修造了一条一里多长的长廊。仪凤四年（679），唐高宗来到洛阳后，就居住到这座宫殿里了，这就是上阳宫。上阳宫位于皇城西南，紧邻洛水，浴日楼、七宝阁、观风殿、丽春台、耀掌亭、化成院、甘露殿等亭台楼阁巧布其间，尤为华美。唐高宗晚年就经常居住在这所宫殿中，足见其喜爱的程度。

好不容易兴师动众地干完了，圣上的马屁是拍到位了，可底下有很多臣子不干了。最看不下去的是尚书左仆射刘仁轨，就是

狄仁杰：辅周复唐真功臣

之前在张文瓘的劝说下给狄仁杰修改年终考核等级的那位。刘仁轨这个人非常了不起，他是河南开封尉氏县人，一生军功卓著，尤其是在白江口海战中以大败倭国、百济联军而名扬天下。刘仁轨虽说十分看不惯韦机的这般做派，但他并没有直接出面去跟皇上谈这件事情。像刘仁轨这样位高权重，资历又高的人都不愿意直接沾手这件事，很显然，这个问题还是比较棘手的。

　　实事求是地说，韦机这件事情做得确实是不妥，但就算你再看着不妥，人家也是奉旨行事，事后又得了圣上的赞许，还加官晋爵了。现在若是贸然去说这件事情办得不好，这不就等于直接去打皇上的脸吗？刘仁轨正心烦意乱间，突然一个人出现在脑海里。对啊，狄仁杰不是调到御史台去了嘛！既然狄仁杰就是干这个的，由他来出面就再合适不过了。思及此，刘仁轨一拍大腿，就命人找狄仁杰去了。

　　狄仁杰坐上马车，一边急急忙忙地往刘府赶，一边思考着刘大人找他有什么事。想来想去，也想不出个所以然，狄仁杰索性闭目养神不去想了。不一会儿，马车来到刘府大门前，狄仁杰整理衣冠，叩门拜见。一见面，刘仁轨先是对狄仁杰的工作表现给予了赞扬，接着就说道："怀英啊，君舟也，人水也，水能载舟，亦能覆舟。历来勤政爱民的君主都尚俭戒奢，以求君民上下一体，夯实江山社稷之基。当今圣上自即位以来，延续贞观

第二章 公正法官

遗风,吃穿用度并无丝毫奢侈浪费,按说修些殿宇也无可厚非。但是古代的宫殿皆在深宫重城之中,不让人们见到,以免伤了百姓的心。反倒是韦机,好大喜功,在洛水沿岸修建楼台长廊,使天下万民都能看到,这难道是真正的爱君吗?难道不会寒了千千万万百姓的心吗?此举分明是蛊惑陛下享乐,而且还要将圣上享乐的形象特意昭告天下,韦机不是有功,而是有罪啊!"

听完刘仁轨所说,狄仁杰陷入了沉思。他毕竟也为官多年了,当然知道刘大人所言不虚,但他也清楚地知道这件事情不好办。皇上刚刚赏了韦机,现在要是跳出来说韦机有错,岂不是说皇帝有错吗?所以一时间,狄仁杰也不知道到底应该怎么办,只好说回去再思量思量。

后来这番话不知道怎么就传了出去,让韦机知道了,韦机竟然还不以为然地辩解道:"天下有道,百官们各司其职。担任宰相、辅佐之职的官员就要想着替皇帝出主意,如果皇帝做错了,就要当庭谏诤;而我只是掌管府库的官员,只管听诏令、守本分而已。"要说韦机的这番话,不无道理,但是韦机忽略了一点,他说他是听命令行事,那岂不是说高宗意图享乐,所以才让他建造宫殿,这件事与他无关。这样一来,韦机倒是撇清了自己的责任,却把黑锅让皇帝背上了。当然,唐高宗怎么看待韦机所说的,我们并不清楚。然而,狄仁杰却是不认同韦机的辩驳,一纸奏状就将韦机上告。狄仁杰在奏状中说，当初皇上只是让韦机修缮隋朝遗留下来的破败宫殿而已，韦机以"不劳百姓"为借口，故意引导皇帝大兴土木，兴建宫殿，以奢侈享乐，应当受到处罚。

韦机自以为把责任推到皇帝身上，又没人敢跟皇帝对着干，这件事就这么算了。谁知道狄仁杰也来了个避实就虚，我知道是皇帝让你韦机干的，但我就不直接说是皇帝的错，反而说是你引导教唆皇帝这么干的，你韦机胆子再大，还敢说没有吗？奏本一上，唐高宗也难以回避这个问题，要么承认是自己想享乐，与韦机无关；要么就只能认可狄仁杰的说法，是韦机这个坏人故意引导自己这么干的。两害相权取其轻，唐高宗也知道该怎么选择，只好借着韦机家里有人犯了盗窃罪，趁机免去了韦机的官职。

如果说狄仁杰弹劾韦机还算是智取的话，那么狄仁杰弹劾王本立，则完全是正面硬怼皇帝了。王本立为人高调，仗着圣上的重用，平时作威作福，满朝文武无不恨之切齿，然而都敢怒不敢言。王本立之前曾干过一件事，甚至改变了唐代的官场规矩。

原本御史台中的御史们在路上碰到自己的上司，都要摘下官帽并下马，表示尊重，等其示意后，再告辞离去。乾封年间（666—668），王本立当侍御史，他在路上碰到上司后，趾高气扬，只是拱手作揖而已。自从这个消息传开后，懂礼貌的御史

第二章 公正法官

们还是按照之前的规矩，而一些不安分的也就有样学样，或端坐马上，或一只脚站在地上，完全不成体统了。到了开元年间（713—741），大家也就都端坐马上，举着鞭子，拱手作揖了。王本立连自己的顶头上司也不放在眼里，可见他嚣张跋扈的程度。

王本立是皇帝跟前的红人，可狄仁杰却不管那些，看到王本立越来越过分，三下五除二就写好奏状，递交上去了。狄仁杰在奏状中一一列举了王本立持身不正等罪行，要求皇帝立即将其交付司法部门进行处理。没想到唐高宗在朝堂之上，竟然出言维护。李治这一举动，反而更加坚定了狄仁杰要将王本立依法论处的决心，刚正不阿的他又一次跟皇上顶起牛来。狄仁杰丝毫不管唐高宗是不是刚替王本立说完情，直接不给面子地说道："陛下，臣以为国家虽然缺乏英才，但难道还缺像王本立这样的人吗？陛下难道要因为这一罪人，而置王法于不顾吗？如果您非要赦免王本立这等大奸大恶之人，臣请求陛下把臣流放到没有人烟的地方，让臣自生自灭，用来告诫将来的忠臣吧。"李治一看狄仁杰来真的，龙颜大怒，正要发作。又想到忠言逆耳，不能真的降罪狄仁杰，只能强忍着怒气，忍痛处罚了王本立，朝廷由此肃然。

第三章
干练使臣

　　站在朝堂上的狄仁杰是一位敢于对权贵挥拳相向的斗士，他近乎苛刻地坚守原则，用自己的信仰和真心守卫天地本色。站在百姓中间的狄仁杰又是一个宽容、仁爱的父母官，处处为了百姓着想，切实真心地维护百姓利益。也恰恰是这两种形象的反差，才准确地折射与还原出一个有自己的原则与坚守的真实的狄仁杰。就在王本立被查办后，由于突出的工作能力，狄仁杰又被派往岐州（今陕西宝鸡凤翔区附近）执行公务。

第三章　干练使臣

一、出使岐州

狄仁杰之所以会被派去岐州出这趟差，与吐蕃近些年来不断入侵大唐边境有关。其实，吐蕃与大唐的关系在太宗朝时还是相当不错的。那时候吐蕃之所以能心悦诚服地与大唐搞好关系，最首要的原因自然与唐朝强大的国力密不可分。毫不夸张地说，唐朝作为当时世界上的超级大国，整体实力绝对是其他国家望尘莫及的，无论是从经济、社会还是文化等方面来看，都是如此。强大的国家，方方面面都散发着迷人的芬芳，无时无刻不在吸引各国、各民族前来学习交流。除此之外，当时两国交好，还得归功于三个人的共同努力，他们分别是唐太宗、文成公主和松赞干布。

松赞干布是吐蕃国国主。这个人非常有意思，他是大唐的超级狂热粉，要是放到现在，估计他就会坐着飞机去西安，举着灯牌高喊："大唐，我终于来了！"毫不掩饰自己对大唐的喜爱与仰慕。从贞观八年（634）开始，为了表示想与唐朝交好的心意，松赞干布每年都会派人，拿着海量的奇珍异宝给大唐送礼。松赞干布的目的很简单，就是想让唐太宗收下自己当小弟，自己好跟着大哥混，即使是上刀山下油锅，也绝无二话。

一次偶然的机会，松赞干布听说，还有和自己一样的另外两个粉丝——突厥和吐谷浑两国国王，竟然都娶了大唐公主，和自己的偶像结成了亲家。听到这个消息，他立马就不干了。同样是大唐的附属国，这两国加起来都不是我吐蕃的对手，而且这两个国王长得还不如我呢，凭什么他们能和公主成亲，而我就不行呢？

眼热无比的松赞干布，立马写好了一封信，派心腹使者拉着聘礼，就去长安求婚了。松赞干布在家里日盼夜盼，时时刻刻幻想着自己和公主成婚的场景。没承想，好不容易等回了使者，带回来的却是唐太宗并不愿意跟吐蕃联姻的消息。不愿意接受现实的松赞干布拉住使者不放，怒吼着："为什么？为什么？为什么他们不愿意把公主嫁给我！"

吓了一跳的使者，看赞普这么生气，赶紧跪下来说道："我刚到达长安的时候，大唐皇帝人很亲切，对我也非常好，招待得特别周到，而且也答应了要把公主嫁给赞普您。然而，没几天，吐谷浑王来了之后，风向就变了。我刚开始也觉得很奇怪，于是就私下里悄悄打听了一番。没想到，就是那吐谷浑王在中间挑拨离间，也不知道他说了我们什么坏话，反正大唐皇帝就又不同意我们的求亲了，对我们的态度也发生了一百八十度的大转弯。"

松赞干布一听，立马炸毛了。好你个吐谷浑王，我没去招惹

第三章 干练使臣

你,你却敢在外面给我乱嚼舌根,今天我要是不给你点颜色看看,你都不知道花儿为什么这样红!事实证明吐谷浑王这次可真是惹错人了。松赞干布20岁时就继承了王位,不光谋略出众,而且还骁勇善战,绝对是不能轻易招惹的。经过一番谋划后,松赞干布联合邻国羊同共同发兵攻打吐谷浑。吐谷浑双拳难敌四手,只能眼睁睁地看着领地内的百姓和牲口都被抢掠一空。吐谷浑王只好带着身边为数不多的亲信,马不停蹄地跑到青海,暂避锋芒。虽说整个吐谷浑都被松赞干布与羊同联军洗劫一空,但好在领袖尚在,所以对吐谷浑来说,事情也算是还没有发展到最坏的程度。

打败吐谷浑后,松赞干布像疯了一样,趁势带兵继续东进,又相继攻破了党项以及白兰诸羌。接着,松赞干布又派了20万大军驻扎在松州(今四川松潘县)以西,直接跑到了唐太宗门前进行武力谈判,大有不达目的誓不罢休之势。松赞干布不是埋头蛮干的人,将大军盘踞在大唐国门后,他并没有继续东进,而是继续派出使者,带上金银财物前往长安求亲。

军事上的胜利,多少让松赞干布有点儿头脑发热,这次派使者前往之前还让使者带去一句狠话。大概意思就是说,如果你李世民还要拒人于千里之外的话,我也不是二皮脸,非要跟你结亲。咱们不如在战场上较量一番,看看是你"天可汗"厉害,还是我厉害。就算打不过你也不要紧,但好男儿顶天立地,至少也要让这世人知晓,我堂堂吐蕃王的脸可不是能随便打的。

唐太宗被这无赖一样的做法,搞得也有点儿哭笑不得,心想这吐蕃的赞普几岁啊,跟小孩子一样,吃不到糖就要打人。但说归说,你吐蕃赞普是个要脸面的人,我李世民那也不是随便谁都能指手画脚的。于是,决定教训一下松赞干布的唐太宗,随即宣布应战,松州也转入了战时状态。

战争一开始,松州都督韩威压根就没有把吐蕃这个小国放在眼里,由于他并没有进行充分的准备,所以最终落了一个兵败城破的下场。唐太宗一看,韩威这个饭桶居然被吐蕃打败了,那还了得,于是赶紧又派出了侯君集、执失思力、牛进达、刘兰等几路大军出征平乱。

牛进达就是牛秀,隋朝末年的时候,参加瓦岗起义,兵败之后,暂时投身于王世充麾下。后来跟着秦叔宝等人归顺,成了秦王李世民的心腹大将,是个标准的从战场上摸爬滚打成长起来的老将了。行家出手,讲究的就是一个快、狠、准,牛进达率领前锋夜袭吐蕃军营,大败吐蕃,斩首1000余级,大挫吐蕃锐气。

本来头脑发昏的松赞干布,被牛进达打得逐渐恢复了理智,他一边迅速退兵,一边赶紧派出使者向唐太宗赔罪。不过,即使是到了这样的处境,松赞干布还是没忘了要和大唐和亲,于是就

第三章 干练使臣

命使者一边赔罪，一边求亲。唐太宗不愧是"天可汗"，见松赞干布服软了，看他就是想要和大唐互通姻亲，并不是真的想要挑起战端，就答应了这门亲事。唐太宗于是命人在宗室里挑选了一位适龄女子，封为文成公主，远嫁吐蕃，大唐与吐蕃自此结为姻亲之好。娶了文成公主之后，得偿所愿的松赞干布，将这位大唐公主视若珍宝。古有汉武帝金屋藏娇，松赞干布则直接为文成公主建了一座城。从此以后，在文成公主的影响下，吐蕃开始积极学习大唐的先进文化，逐渐向先进文明靠拢。不仅如此，自联姻后，只要有别的国家敢对大唐不敬，松赞干布就会冲上去把事情摆平，这小弟当得是十分称职。

唐高宗永徽元年（650），松赞干布撒手人寰。他死后本该由他的儿子继承王位，但由于他儿子也早死，只能让年幼的孙子即位，命大臣禄东赞辅政。这种情况就大致相当于三国时期，刘备弥留之际，于白帝城托孤一样。不过与诸葛亮不一样的是，禄东赞并不识字，但一样的是，二人都非常有谋略。吐蕃之所以能雄霸一方，多数都是禄东赞的功劳。为报答知遇之恩，禄东赞在松赞干布死后，尽心辅佐幼主，为了国事鞠躬尽瘁，死而后已。不过，好景不长，禄东赞去世以后，他的儿子们成了吐蕃事实上的掌权人。

松赞干布死后，吐蕃与大唐的互助友好关系也随之烟消云散。当初吐蕃向大唐求亲的时候，就是因为吐谷浑从中挑拨，差点儿坏了松赞干布的事儿。如今时过境迁，大唐与吐蕃之所以走向反目，还是因为吐谷浑。松赞干布和禄东赞活着的时候，吐蕃早已经把吐谷浑打服帖了。然而，等到他们二人不在了，吐谷浑又开始不安分了，小动作不断。就这样一来二去，双方起了摩擦，但碍于唐朝的面子，双方并没有直接打起来，而是都跑到唐高宗那里告彼此的状。这俩公说公有理，婆说婆有理，吵得唐高宗是一个脑袋两个大，最终也没拿出什么像样的调解方案来。

这样一来，吐蕃这边干脆不等高宗断官司，直接就去教训吐谷浑了。吐蕃之所以要这么做，就是要告诉吐谷浑一个道理，别欺负我们吐蕃没人。今天就让你们看看，吐蕃就算没了松赞干布和禄东赞，仍然能把你们打得满地找牙！就这样，吐蕃出兵把吐谷浑又一顿胖揍，打得吐谷浑连连败退。急忙又去找唐高宗帮忙。这吐谷浑也真是够让人无语的，没什么本事，还不安安分分的，左脸被人家打了一巴掌还不长记性，现在偏偏又要把右脸也伸过去。

眼看吐谷浑全线崩溃，唐高宗也坐不住了。于是下令派大将薛仁贵为逻娑道行军大总管，率将军阿史那道真、郭待封等以及10万将士前去帮助吐谷浑抵御吐蕃。薛仁贵，绛州龙门（今山西河津）人，大唐名将，骁勇善战，所立战功无数。将军郭待封，

第三章 干练使臣

他的军事能力也很突出，曾经担任鄯城镇守。之所以要特别交代他，是因为有了他，才导致此次远征吐蕃的唐军大败。此次出征，郭待封位居薛仁贵之下，于是他有颇多不满。特别是高级将领，带着情绪上战场是非常危险的。但薛仁贵对郭待封的这种情绪并没能及时察觉，或者是察觉之后也没有认真处理，还把充当后援的重要任务交给了他。

大军行至大非川（青海兴海县西南苦海子大草原）以后，将要出发奔赴乌海（青海玛多县东北黑海乡）。薛仁贵就与郭待封商量说："乌海险远，不利于战车行进，我们要是拉着辎重前往，一定会贻误军机。而且就算把辎重都拉了过去，我们打完贼人还得再拉回来，来回转运也非常麻烦，况且那里还颇多瘴气，不宜久留。我看这大非岭上足够我们设置栅栏，我们可以留下两万人在这个地方做两个大栅栏，把辎重等都放到那里面。这样一来，我们就可以轻装上阵，趁其不备，打他个措手不及，等吐蕃人反应过来的时候，我们就已经结束战斗了。"

薛仁贵不愧是在战场拼杀多年的老将，对战场形势的判断以及对作战方法的采用都非常合理。但是他并没有发现，他说完之后，郭待封并没有作出回应。布置结束后，薛仁贵就率领大军先行。与敌军遭遇之后，薛仁贵一马当先，击破敌众，斩获颇丰，仅牛羊就有万余头。初战告捷之后，薛仁贵率部回到了乌海城，等待郭待封前来支援会合。

薛仁贵不知道的是,郭待封并没有把粮草辎重放到大非川。他虽然不停下令让部队加速前进,可是士兵们又是背锅,又是推着武器装备,又是拉着粮食,路还不好走,又怎么能够走得快呢?他们在这边慢慢悠悠地走着,薛仁贵那边心急如焚地等着,吐蕃的20万大军也在急速向乌海奔去。终于,吐蕃20万大军杀到以后,郭待封败走,粮草辎重全部为贼所掠,丢失殆尽,薛仁贵也只能退军驻于大非川。后来,吐蕃40万大军杀来,官军大败,薛仁贵只能与吐蕃大将求和。薛仁贵大败回京以后,被贬为庶人。从对整个国家的长期影响来看,薛仁贵被罚得不冤。他这一败,直接助长了吐蕃的嚣张气焰,对大唐的权威也有一定程度上的削弱,给大唐西南门户埋下了安全隐患。

自此之后,吐蕃连年进犯唐朝边境,双方彻底决裂。仪凤二年(677),为了应对吐蕃进犯,唐高宗命大将刘仁轨镇守洮河。刘仁轨前面已经出现过两次,先是在张文瓘的劝说下,修改了对大理寺丞狄仁杰的年终考核等级;后又指示狄仁杰,上书弹劾韦机。刘仁轨本是沙场老将,让他去镇守洮河,抵御吐蕃,从理论上来说确实是一个合适的安排。可是,他却利用这件事情打击政敌,置国家安危于不顾,不仅错过了再次建功立业的好机会,还造成了他辉煌的个人履历中的一个污点,为后人所诟病。

第三章 干练使臣

刘仁轨领命驻守洮河后,为了部署军务,经常需要上奏请命。令他特别烦心的是,不管是大小事情,只要他这边往上一提,中书令李敬玄肯定就要跳出来反对。

李敬玄本人很有学问,也很有才干,记忆力特别好。李治当太子的时候,李敬玄就是伴读,算是唐高宗知根知底的自己人。唐高宗即位后,李敬玄作为亲信一路高升,很快就当上了宰相,还主持了很多年的铨选工作。

铨选就是选才授官,是个非常重要的工作。这个工作,李敬玄干了很多年,也为朝廷推荐了很多优秀人才,而且把各项事务都搞得井井有条,没有出过一点儿纰漏。出于职责所系,李敬玄成了很多官员的引路人。这些官员中有很多人的能力和素养都相当不错,仕途发展也很顺利,有的甚至身居要职,颇得皇帝的倚重。再加上,李敬玄前后结了三次婚,娶的都是山东士族女子。因此,整个朝廷中,有很多位居权力核心的官员,要么是由他举荐的,要么就是他的亲戚。四通八达的关系网,让李敬玄在朝中拥有了很大的话语权,这种状况甚至后来引来高宗皇帝的不满和猜忌。

所以朝堂之上,李敬玄不同意的事,那几乎就没有能办成的。李敬玄与刘仁轨不同,他并非武将,也没有上过战场,是个纯粹的文臣。按说,关于军事方面的事情,他并不应该发表意见，更不应该跟刘仁轨顶着干。但不知道为什么，他就是这样干了。

朝中有人从中作梗，刘仁轨想干的事是一件也干不成。这位在沙场上出生入死的将军，自由畅快惯了，哪里受过这种处处被牵制的憋屈，气得牙都要咬碎了。刘仁轨心想，必须得想个办法，来治治这个李敬玄。下定决心要给对方点颜色看看的刘仁轨，也不知道是哪根神经搭错了，居然想出了一个伤敌八百自损一千的法子来，把自己苦苦经营一生的名节、数万将士的性命以及国家的荣辱安危一并给搭上了。

尽管刘仁轨现在的身份地位很高，但李敬玄还真就不是他想动就能动得了的，所以他只能另辟蹊径，以退为进，推荐李敬玄来代替自己。你李敬玄不是爱指手画脚嘛，那干脆我就不干了。不仅我不干了，镇守洮河的重任，我还要推荐你来干，看你能干出什么名堂来。从刘仁轨暗地里点拨狄仁杰，让狄仁杰去弹劾韦机这件事情来看，他并非那种头脑简单的武人，但不知为什么，他会想出这么个歪点子来。

这边刘仁轨的奏疏一递交上去，李敬玄就在心中暗想：这刘仁轨莫非是吃错药了，怎么能想出这么个点子来，难不成皇帝还不知道我不懂军事吗？不承想，唐高宗看到奏疏后，就立马要李敬玄去把刘仁轨替换回来。得知这个消息的李敬玄这才着了急，

第三章　干练使臣

像热锅上的蚂蚁一样,在家里不停地走来走去,想着该怎么拒绝。

事到临头,自知并非这块材料的李敬玄,也没想出什么好的理由,只能硬着头皮跑去向唐高宗求情了。李敬玄见了唐高宗,就开始痛哭流涕,说自己不懂军事,不能胜任这个职位,还请皇上另选贤能为好。其实,高宗皇帝早就看这个李敬玄有点儿不顺眼了,但念在他是东宫旧臣,即使干了一些错事,也是睁一只眼闭一只眼,没有跟他较真,给他留了面子。但现在这个李敬玄越来越过分,私下结交大臣,搞一言堂,打压其他人。唐高宗心想,我现在正好趁着这个机会,好好敲打敲打你,让你知道,你之所以能有今天的地位,全是我一手提拔的,少在下面给我搞结党营私那一套。再说之前看他指点刘仁轨的时候,还特别有自己的一套想法,不妨让他去试试看。行的话,边疆又会因此安稳一段时间;不行的话,再重新派人过去。

唐高宗听完李敬玄的话,眉头微微一皱,冷冷地说道:"爱卿还是不要谦虚了。此前刘仁轨上书奏事,你每条都反对,所说的意见也都极有道理,怎么能说自己不懂军事呢?依朕看,还是刘仁轨不懂军事。如果你不懂军事的话,为什么要反对刘仁轨呢?"听到皇帝这么说,李敬玄冷汗直流,心想坏了,今天是逃不过去了。李敬玄明知道唐高宗是铁了心让他上前线,但不到最

狄仁杰：辅周复唐真功臣

后一刻，他还是不死心，还要再挣扎一下。然而，等李敬玄刚准备张口的时候，唐高宗对他摆摆手，接着说道："如今吐蕃连年进犯边境，百姓早已不堪其扰，今天别说是你了，就是仁轨要让朕御驾亲征，朕都绝无二话，爱卿还是不要推辞的好。"

知道事已至此，再无回旋余地，李敬玄也只能硬着头皮，臊着一张大红脸，领命谢恩了。就这样，垂头丧气的李敬玄，带着洮河道大总管兼安抚大使的身份，率军队出征了。常言道"术业有专攻"，这绝对是有道理的。李敬玄这么多年的从政经验，在这边境之地是完全用不上，他只能像没头的苍蝇一样，毫无章法地四处乱撞。

随后，唐军与吐蕃军队在青海相遇，战争一触即发。副将工部尚书刘审礼作为先锋，率军迎战。刘审礼一行深入敌境，被困到一处壕沟，吐蕃趁机大举进攻。在收到刘审礼的求救消息后，作为主帅的李敬玄被吓得六神无主，都不敢发兵去救援。

这样一来，就把正在鏖战中的先锋刘大人给害惨了。刘审礼这边久等援军不到，军心涣散，阵形大乱。吐蕃趁机强攻，唐军大败，刘审礼也被吐蕃人俘虏。听到刘审礼被俘的消息后，李敬玄直接带领大军狼狈逃窜，一直跑到了承风岭，这才安顿下来。吐蕃军队一路尾随，把军队驻扎在山岗上，居高临下，占据了有利地形。幸亏唐军中还有一位英勇善战的将军，名叫黑齿常之。

第三章 干练使臣

他眼看大军也要交待在这里了,就主动请缨,亲自率领500名将士夜袭敌营。吐蕃人没想到,唐军新败,居然还敢主动出击,一时间军中大乱,其主将跋地设带兵撤退。就这样,靠着黑齿常之的勇猛作战,李敬玄才能收拾余众,带兵返回了鄯州(今青海西宁)。

随着唐军战败,吐蕃势力更为强盛,不仅占据了羊同、党项以及诸羌的土地,还以生羌为向导,攻陷了唐廷在茂州(今四川茂县)西南所筑安戎城。至此,吐蕃的国土面积达到历史顶峰,疆域东接凉州(今甘肃省永昌以东、天祝以西地区)、茂州;南邻天竺(今印度);向西又攻占了龟兹(今新疆库车)、疏勒(新疆喀什)等四镇;北抵突厥。

一将无能,累死三军。胆小懦弱的李敬玄根本没有当主帅的能力,只能龟缩在鄯州,眼睁睁地看着吐蕃四面出击。李敬玄本就无心战事,如今又新历大败,心灵受到重创的他,整天琢磨着自己怎么才能离开这个鬼地方,回到朝廷去。灵机一动,李敬玄想到了一个主意,那就是装病。说干就干,李敬玄开始不停地给皇上上书,内容只有一个,那就是自己病了,而且病得还不轻,由于边疆医疗资源稀缺,必须要回京治疗才行。

接到李敬玄的上书后,唐高宗心里很清楚,生病只是李敬玄这个家伙的托词而已。出兵的时候他就一推再推,没想到到现在还不死心。算了，强扭的瓜不甜，那就让他回来，好好看看他得的是哪门子病。其实，从李敬玄一而再再而三地要求回京治病的那一刻，唐高宗想要借机敲打他的目的就已经达到了，再加上他在前线阻敌不力，为免军情延误，还是趁早让他回来了事。

回京路上，李敬玄的内心极其矛盾。一方面，他为终于能脱离苦海而高兴；可另一方面，他又担心，自己临阵脱逃导致刘审礼所部全军覆灭，皇帝会怎么处罚呢？所以他一边往回走，一边祈祷着自己最好能生一场大病，先把这件事情给糊弄过去吧。可偏偏一直以来，李敬玄的身体保养得还算不错，再加上战场上东奔西跑，在一定程度上也能够强健体魄。所以直到回到京城，他仍旧还是身上的那点儿小病小痛，无伤大雅。

人要倒霉的话，喝凉水都塞牙。李敬玄越怕什么，就越来什么。在李敬玄入朝复命的时候，他就感觉背后有风飕飕地往里钻。请安问好后，他眼睛往旁边一扫，心就凉了半截，一名太医赫然站在那里，正不好意思地盯着他看。李敬玄脑子里嗡的一声，天啊，看来陛下是一点儿面子也不想给他留了。李敬玄还来不及思考应对之策，皇上这边已经发话了："爱卿啊，听说你身体不适，朕很是担心。这不今天特意请了一位太医来，给你看看，希望你能早日康复才是啊。"

太医这边也知道是怎么回事，但欺君之罪可不是随便闹着玩

第三章 干练使臣

的，于是认认真真地替李敬玄把了脉后，就把李敬玄的身体状况如实汇报了。唐高宗一听，勃然大怒："李敬玄，你胆敢欺骗朕！现在国家正是用人之际，你却百般推托，用装病来逃避责任，真是无耻之尤！"随即就把他贬到衡州（今湖南衡阳）当刺史去了。

事情发展至此，刘仁轨胸中的这口恶气，算是畅畅快快地吐出来了。但为了争这口气，朝廷付出的代价也实在太大了。战场上的战士们、边境的百姓们，他们又做错了什么，竟然要用自己的生命为一口气来买单。其实，在整件事情中，唐高宗的责任最大。一方面，他不能为前线的刘仁轨提供军事上的方便，却让李敬玄在后方肆意妄为；另一方面，他又听从了刘仁轨的建议，把一个不知兵的文臣派到前线去。堂堂一国之君，把国家的安危寄托在一个并不擅长军事的人身上，也是够荒唐的。所以，我们有理由怀疑李治为了收拾李敬玄，用了借刀杀人的法子，刘仁轨只不过是唐高宗手中的一把刀而已。

李敬玄虽然被贬官了，但不管怎么样，也算是从那个让他既如坐针毡又担惊受怕的位子上下来了。随着吐蕃的日益强大以及连年的战争，给周遭的很多地方都带来了很大的破坏。狄仁杰就是在这个时候，被外派到岐州（今陕西宝鸡凤翔区）去主持安抚工作。

狄仁杰：辅周复唐真功臣

狄仁杰来到岐州，一进衙门，瞬间就感觉自己被一群热锅上的蚂蚁给包围了。其中维护本地治安的负责人，更是愁得差点儿把自己的脑袋给薅成"地中海"。狄仁杰饶有兴致地看着眼前这位负责人，似笑非笑地打趣问道："老兄要是有什么烦心之事，不妨说出来，我等就是帮不上忙，给您出个主意也是好的呀。"负责人不好意思地笑了笑，一本正经地将困扰他的事情讲了一遍。开什么玩笑，狄仁杰的大名，近些年来可是无人不知，无人不晓，难得他今天主动问起，不抓紧机会请教的人才是傻瓜吧。

近些年来，岐州有许多府兵都被派往前线。按说府兵服役是要按时间替换的，可是前线军情紧急，大量府兵都是常年坚守，根本回不了家。这不，好多士兵已经忍受不了了，从前线偷偷跑回家。由于这些人是擅自脱逃，属于非法的，也不能干什么正经营生，于是专门堵在交通要道上，靠打劫度日。他们钱来得快，成天喝酒吃肉，小日子滋润得很。可被抢的人就没那么快活了，自己没实力直接跟强盗对峙，只能排着队来官府门前喊冤。一时间，州衙门前有来喊冤的，也有因道路不通而前来提意见的，要多热闹就有多热闹。

岐州刺史看着前来报案的人越来越多，终于意识到这不是几个小毛贼，而是一个数百人的专业团伙。于是，刺史赶紧派出部队，浩浩荡荡地出征剿匪去了。谁承想，官军这次可算是遇到对

第三章 干练使臣

手了。劫匪们自知武器装备比不上官军,所以压根儿就不跟官军正面对抗,直接往大山里一钻,漫山遍野藏几百人还不是小事一桩。再加上,这些匪徒都在军队中接受过正规训练,侦察与反侦察能力不是一般毛贼能比的。一时半会儿间,官军们只能漫山遍野地瞎找一通,找得是人仰马翻,也才抓住了几个落单的倒霉蛋。

伴随着负责人叫苦连天的抱怨声,狄仁杰捋着胡须来回踱步思索着。良久之后,只见狄仁杰长叹一声,说道:"如果说人人都能安居乐业的话,又有谁想过这种刀口舔血、东躲西藏的日子呢?都是不得已而为之的呀。"紧接着,狄仁杰让人抓紧写告示,写明只要劫匪愿意主动投案自首,并承认错误,朝廷一律既往不咎。如果他们还想继续当兵那就继续当兵,如果不愿意,那就回家种田,朝廷还给发放路费。告示写好后,狄仁杰让人抄写了许多份,在岐州的各个交通要道上都贴上。

狄仁杰又让人把原先抓来的劫匪叫来,苦口婆心地对他们说道:"我知道你们是走投无路了,才干了这个营生。现在,我放你们回去。但是我有一个条件,你们要先答应我。"劫匪怎么也没想到会有这种好事,立马七嘴八舌地说:"大人,我们答应。别说一个条件,就是十个、百个,我们也答应。"狄仁杰笑着说:"这也不是什么难事。你们回去以后,一定要找到你们的同伴,跟他们说清楚，现在州里有了新政策，只要他们主动自首，我们一概免罪。"劫匪们高兴地应承下来，千恩万谢后离开了。

果然不出狄仁杰所料，这个消息传出去后，劫匪们纷纷把自己五花大绑起来，前来官府自首。就这样，狄仁杰不费吹灰之力，解决了岐州长久以来的治安问题。狄仁杰解决岐州治安问题的消息，一传十，十传百，没几天就传到了高宗皇帝的耳中。唐高宗非常高兴，称赞说："狄仁杰可以啊！既有格局，又会变通，确实有两把刷子。"

仔细想，就知道唐高宗对狄仁杰的这个评价，还是相当到位的。狄仁杰之所以能不费吹灰之力地就把问题解决掉，就是因为他能找到问题的根本，能够站在对立面去思考问题，能够站在百姓的立场去解决问题。一个从六品的官员，能认识到百姓的重要性，能替百姓考虑问题，能切切实实地为他们做事情，这是相当难能可贵的。

二、不避鬼神

差事办得好，自然就要表彰，狄仁杰回京后，高宗就升了他的散官，升他为朝散大夫。虽说散官没有职事官重要，但散官能决定官员的工资福利待遇，还是很不错的。不久之后，高宗又提

第三章　干练使臣

拔狄仁杰出任度支郎中。度支郎中，从五品上，主要掌管国家的财政收支，是个很重要的职位。

之前隋炀帝在静乐县（今山西宁武县西南）的管涔山上建了一座富丽堂皇的宫殿，名叫汾阳宫。汾阳宫里殿宇楼阁、水榭歌台无所不有，而且夏天的时候还非常凉快，是一个避暑的好去处。唐高宗晚年的时候，身体状况非常不好，于是他就想着出去散散心，去汾阳宫游览一番。皇帝出行，自然就要有专人来负责安排一路上的行程，因近来狄仁杰表现不错，唐高宗就决定让狄仁杰以度支郎中的身份充当知顿使，专门负责这件事。

狄仁杰接到命令后，就抓紧时间跟并州的官员进行了沟通，商量皇帝的出行路线。现在的并州长史也早就换人了，长史名叫李冲玄，这位老哥一听说皇帝要来，既高兴又担忧。高兴的是，皇帝来了，自己就可以好好表现，保不齐还能加官晋爵；担忧的是，倘若自己表现不好，免不了要受到处罚。顾不上细思，李冲玄大人立马召集人手，商量着该如何接待皇帝。

话说在皇帝来汾阳宫的必经之路上，有一座祠堂，唤作妒女祠。传闻这座祠堂颇有些古怪，只要是穿着精美衣服的人路过妒女祠，必然会导致老天发怒，以致天降风雷。李冲玄想着，皇帝一行人，哪个不是华装美服，如若传闻是真的，再加上近来圣体违和，要真是有个什么差池，自己就算有十个脑袋也担待不起啊！经过长史府一众人等的商量，李冲玄决定：一是将妒女祠之事上报；二是征集数万民夫，重新修路，绕过妒女祠。

李冲玄的做法可谓是万无一失。不料，狄仁杰在看到重新修路的报告后，却很不高兴。一来传闻迷信之言并不可信，二来因为这个理由，就要征集数万农夫，耽误生产不说，弄不好怕是要失了民心呀。于是他马上传书给李冲玄说："天子出行，有千乘万骑跟随，风伯要清理道路上的灰尘，雨师要在道路上洒水。再说陛下乃真龙天子，区区妒女难道也值得陛下害怕吗？你们不必过度反应，正常该怎么办就怎么办。"李冲玄看了狄仁杰的传书，这才没有开始这一荒唐的举动。

更为难得的是，唐高宗在听说了这件事情以后，感叹道："狄仁杰真乃大丈夫也。"孟子曰："富贵不能淫，贫贱不能移，威武不能屈，此之谓大丈夫。"狄仁杰的担当与果敢，正是对圣人言论的高度实践。为人，他不惧鬼神；为臣，他无惧君威；只有这样，他才能从自己的价值观出发，从国家的利益出发，从千万百姓的福祉出发，做一些官员们本就应该做的事情。

即使内敛如狄仁杰，也会因为上司，尤其是皇帝的一句赞许，而暗自高兴许久。唐高宗的赞美，无疑增加了狄仁杰继续为民谋福祉的信心。

三、抚和戎夏

狄仁杰在度支郎中任上干了多长时间，史书中并没有明确说明，只知道接下来狄仁杰去了宁州当刺史。宁州在长安的西北方，是黄土高原上的一个民族杂居地。由于各民族间的风俗习惯不同、发展程度不同，各民族间经常会有一些摩擦产生。

狄仁杰一路上踩着黄土、爬着山坡，边走边看，以便了解沿途各地区的风土民情。到任后，狄仁杰顾不上休息，又马不停蹄地到宁州各地去搞调研。经过调查，狄仁杰认为，要想让宁州的局势安稳，首先就要想办法让各民族人民能够缓和矛盾，和睦相处。

狄仁杰着手开展工作以后，第一件事就是向他的工作伙伴传达了一个处理民族关系的总原则、总办法，即"抚和戎夏"。这一指导思想的提出，将各族人民都放在了同等重要的位置上，以维护民族团结为出发点和落脚点，对缓和民族关系起到了很好的作用，得到了当地百姓的普遍拥护。自此以后，全宁州的百姓紧密团结在一起，心往一处想，劲儿往一处使，不仅生产得到了很大的发展，地方治安、人民生活等各方面情况，也比之前好了很多。

狄仁杰：辅周复唐真功臣

宁州百姓有感于狄仁杰来了以后，家乡发生的种种变化，于是就自发组织起来，为他立碑，以歌颂他的恩德。这虽然不是狄仁杰第一次到地方工作，却是他第一次担任地方上的一把手。狄仁杰用认真务实的工作态度，赢得了宁州人民对他的赞誉与爱戴。

狄仁杰正在宁州干得风生水起的时候，朝廷派人下来巡察了。所谓巡察，就是监察地方官员，看看他们工作干得如何，有没有什么违法犯罪的事情。这次朝廷派来的官员是监察御史郭翰，他主要负责巡察陇右这一大片地方，宁州也属其列。

对于郭翰来说，在这漫天纷飞的黄土中工作，确实让人很难受。但相较于身体上的难受，郭翰的心里更是不痛快。巡察工作已经快要结束了，他就没碰到几个称职的官员，一多半的地方长官都是尸位素餐之辈，还有不少是贪污腐败的败类。他处理的官员越多，就越感到悲哀，为朝廷、为百姓感到不值。更惹人心烦的是，但凡他到一个地方，无论走到哪，那里的官员就跟长了千里眼、顺风耳一样，立马找到自己。又是要请吃请喝，又是要送土特产，甚至还有要送美人的，让人哭笑不得。对于这种不正之风，郭翰是一律拒绝并痛加驳斥。

这些天他干得是头昏脑涨，身心疲惫，因为只要地方官员不好好干事，那前来告状的百姓就络绎不绝，他的工作量就要不断

第三章 干练使臣

增加。甚至有时候,他一整天都是在百姓们你一言我一语的告状声中度过的。郭翰处在这重重包围中,不免有些应付不过来,但因是职责所在,郭翰还是认认真真地把这些都记录下来,再核查证实,并对相关的官员作出处罚。

就这样,脑袋昏昏沉沉,甚至已经有些耳鸣的郭翰,拖着疲惫的身躯,来到了宁州。初来乍到,郭翰就隐隐觉得这个地方好像跟别的地方有些不一样。他一路上看到的是一张张发自肺腑的笑脸;听到的是一句句对美满生活的向往以及对刺史狄仁杰的赞美。一百八十度的翻转,一时间确实让郭翰有点儿难以置信。于是,郭翰让人随机在街上找了几批人,向他们打听情况。这下,郭翰可以确认了,宁州刺史狄仁杰确实干得相当不错,百姓们对他都是交口称赞。

听了百姓对狄仁杰的表扬,郭翰心里生出了无限的感慨和感动。他干脆放慢了脚步,走在充满烟火气的街头,看着人来人往,顿时神清气爽。心情甚好的他,在旅店住下后,就对跟随自己的工作人员说道:"其实一定程度来说,咱们这个考核巡察工作简单得很。简单到我们压根不用去衙门里看文件、查资料,只要我们走进一个地方,就能看出这位官员政绩的好坏。你们看,宁州就是一个活生生的例子。"

说完,郭翰就让人去叫宁州的州吏来。州吏得知是巡察使相

狄仁杰：辅周复唐真功臣

邀，心中疑惑不解，怀疑是不是哪里出了问题，让长官给查出来了。惴惴不安的州吏来到后，看见了满脸笑容的郭翰正丈二和尚摸不着头脑呢，只听郭翰说道："来到一个地方，我们就能知道当地长官干得怎么样！我愿意成你们狄使君之美，不要让他长久地待在这里。"州吏一听，原来巡察使大人是要推荐狄大人，立马高兴地连连叫好。

郭翰拿出纸笔，让州吏讲讲狄仁杰在宁州的事迹。州吏如竹筒倒豆子一般，把狄仁杰取得的政绩，一五一十地说了一遍。郭翰边听边写，不一会儿，一篇举荐狄仁杰回朝做官的奏章就写完了。在郭翰的催促下，这封举荐狄仁杰的奏章，一刻也没有停留，就被送往京师去了。

不知道郭翰具体是怎么写的，反正距离他巡察宁州没多长时间，垂拱二年（686），狄仁杰被征入朝出任冬官侍郎。冬官的由来与武则天有关，她这个人不光喜欢权力，还有改名的癖好，不管是年号还是官名、人名，总是改个不停。冬官侍郎，就是原来的工部侍郎，光宅元年（684）九月，武则天颁布诏令更改中央各机构的名称。如改尚书省为文昌台，吏、户、礼、兵、刑、工六部分别为天、地、春、夏、秋、冬六官，门下省为鸾台，中书省为凤阁等。各机构名字好像是好听了一些，但职责划分基本上没有做什么改动。冬官侍郎，正四品下，主要辅助冬官尚书掌管工程建设、国家屯田以及山泽等事务。就这样，狄仁杰带着宁州百姓的期望和不舍，大步走向了人生的下一站。

值得一提的是，当狄仁杰在宁州辛勤工作的时候，朝中发生了许多大事，我们留待下文再说。

四、焚毁淫祠

在狄仁杰回朝当官后，尽管朝廷中波谲云诡，风起云涌，但好在并没有波及到他，使他得以平平淡淡地度过了两年时光。时间来到了垂拱四年（688）二月，山东、河南等地发生了严重的饥荒，武则天下令司属卿王及善、司府卿欧阳通、冬官侍郎狄仁杰分道巡抚赈济灾民，其中狄仁杰以江南巡抚使的身份出使巡察江南。对狄仁杰职务的频繁调动，不仅说明他的工作能力确实很突出，也足以证明武则天对他越来越看好和器重。

狄仁杰一路风尘仆仆地来到烟雨江南，时值初春，优美的江南风景让狄仁杰的心境添了一份祥和。为了进一步了解当地的风土人情，狄仁杰也顾不上休息，立马带着人出去考察了。走在江南水乡的小路上，处处花红柳绿本应让人心旷神怡才对，可狄仁杰却差点儿被熏得背过气去。他强忍不适，走上高处，这才看见在相距不远的地方，不时出现不同的祠堂庙宇，呛人的青烟就是从那些地方飘过来的。江南一带历来盛行神灵崇拜之风，这一点狄仁杰以前就有所耳闻，但他确实没想到能崇拜到这种程度。从狄仁杰先前担任唐高宗知顿使时的行为来看，狄仁杰本人对鬼神祭祀并不感冒。

经过一个多月的详细调查，狄仁杰对当地的情况有了基本的了解。他发现，吴楚之地的百姓不管干什么事都喜欢求神拜仙。更让人头疼的是，人们信啥的都有，从山川雷电到花果树木，再到项羽、夫差，五花八门，让人眼花缭乱。眼看着百姓们把时间、精力、财力浪费到这些怪力乱神的事情上，狄仁杰陷入了深深的担忧。

狄仁杰清楚，江南祠堂庙宇泛滥，与当地经济文化发展的相对落后以及这个行业背后巫祝等人的积极活动是分不开的。巫祝正是利用百姓的愚昧无知，用一些提前预言的神话鬼话来吓唬他们，以达到自己发财的目的。这些巫祝就如同血吸虫一样，附在百姓的身上，不吸干百姓的最后一滴血，他们是不会善罢甘休的。据记载，如果百姓们想去一些祠堂庙宇求神祈福的话，所要付出的代价是非常高昂的，有时候甚至要花光全部钱财，才能完成仪典。更有甚者，需要典房卖地、卖儿鬻女，才能完成。所以，焚毁这些与民争利的场所，对保证人们安居乐业、维护社会稳定是非常必要的。于是，狄仁杰整理好自己巡视的所见所闻，

第三章 干练使臣

立马上奏朝廷，说淫祠过多已经严重影响了官府的正常管理和百姓的日常生产生活，表明了毁掉淫祠的重要性和紧迫性。

这个事情虽然说起来简单，但做起来并不容易。狄仁杰虽然是在替百姓们办事，但第一个站出来阻挠的也是他们。所以，克服人们内心的恐惧成了摆在狄仁杰面前的第一件事情。当时供奉项羽的场所称为楚王庙，这里受人们的香火供奉非常多。所以狄仁杰派人去焚毁的时候，有传言说擅闯者死，所以人们都站在庙门外不敢进去，焚毁活动遭遇了空前大的阻力。为了安定人心，狄仁杰特地写了一篇《檄告西楚霸王文》，责备项羽是让八千江东子弟兵丧命的罪魁祸首，竟然还有脸面正坐高台之上，享受牲牢之祭。果然，捣毁行动在这篇檄文的加持下，竟然异常顺利。

狄仁杰最后毁掉了淫祠1700多所，唯独留下了夏禹、吴太伯、季札、伍员四个人的祠堂。而之所以留下这四个人的祠堂，也是有狄仁杰的考量在里面的。大禹治理洪水，又划定九州，是为中华民族的发展做出巨大贡献的历史人物；吴太伯是春秋时吴国的第一代君主，他的后人季札是一位仁义有才能的人，他们接受后人的供奉也无可厚非；伍员即伍子胥，他为吴国鞠躬尽瘁，死而后已，是后世学习的典范。再者说，江南百姓迷信之风盛行已久，如果断然采取极端措施，百姓们恐怕一时难以接受，到时反而会影响社会的稳定，这也是狄仁杰做事灵活的表现。

狄仁杰：辅周复唐真功臣

狄仁杰焚毁淫祠的行为让后世的人也称赞不已，北宋大儒程颐在自己的书中就表扬了狄仁杰。当时程颐的学生范文甫将要就任河清尉，问程颐说："按照规矩，上任三天后就需要去庙里拜祭，怎么样？"程颐说道："社稷和先贤的庙可以去拜祭。"范文甫又问："城隍庙应当拜祭吗？"程颐说："城隍庙不需要拜祭。土地神只有'社稷'，哪里还有其他土地神呢？"范文甫又问："不拜祭的话恐怕会让别人说闲话。"程颐说道："唐代狄仁杰焚毁江浙淫祠1700多所。如今人们做不到，还说是时代不一样了，其实不是这样的，只是没有狄仁杰这样的人罢了。"

史书上只记载了狄仁杰巡察江南时焚毁了1700多所淫祠，但是也有一些人认为，狄仁杰出使江南不仅仅是为了焚毁淫祠，还有一个隐藏的政治任务。自从徐敬业之乱被平定后，江南各地就陆续有传闻说"徐敬业还活着"，武则天抱着宁可信其有，不可信其无的心态，决定派狄仁杰去一探究竟。

我们找了两条关于徐敬业没死的史料，让大家看看可不可信。

有传言说，徐敬业自起兵后，虽然是奔着功成名就的目标去的，但他也为失败做足了准备。偶然的一个机会，他碰到一个长相身形都和自己比较相像的人，徐敬业灵机一动，就秘密地把这个人养到了身边，以备不时之需。估计他也没想到，这个替身在

第三章 干练使臣

他兵败如山倒之际，成功派上了用场，替他成了王那相的刀下亡魂。真正的徐敬业则趁人不注意，跟身边十来个心腹悄悄跑到了大孤山，隐姓埋名当了和尚。

传说在天宝初年（742），有一位90多岁的老僧，法号住括。他与弟子们到南岳衡山寺拜访僧人，并在那儿住了一个多月。突然有一天，他把众多僧徒都召集在一起，跟他们忏悔，说他以前杀过人。正当众人大感诧异之时，住括紧接着又说了一句让众人惊掉下巴的话，他说："其实我就是你们都听说过的那个在扬州造反的徐敬业。当时兵败之后，我就在大孤山隐姓埋名，潜心修习佛法。如今我大限将至，所以才来到贵寺，好让世人知道我已经参悟到佛教的四谛了。"因为他已经事先说了自己的死期，后来到了那一天，他果真圆寂了。于是，大家就把他的尸身葬在了衡山。

虽然这两条传闻都说得有鼻子有眼，但如果仔细分析的话，就知道这种事情发生的可能性是非常小的。首先，徐敬业当时联合骆宾王等人起事较为仓促，哪有什么闲暇工夫去考虑这种事情；其次，王那相在战场上是砍下了徐敬业的脑袋，把它献给李孝逸，绑在马背上，加急送到了神都的。徐敬业贵为英国公，那么多熟人怎会分辨不出来？所以说，狄仁杰去江南是为了找真正的徐敬业的说法是不可信的。

狄仁杰：辅周复唐真功臣

也有人认为，徐敬业在扬州起兵时，短时间内就号召了10万之众与朝廷相抗衡，这背后折射出的问题，是武则天不能不考虑的。或者换句话说，当时江南各地到底有多少人明里暗里参与或倾向谋反，这都是需要逐一去筛选和甄别的。因此，武则天派狄仁杰去江南勘察民情，一方面安抚百姓，一方面查找谋反分子。这种说法，确实更为合理。

狄仁杰的秘密任务究竟完成得怎么样，我们已经无从知晓。但是从他回朝以后就被提拔为文昌右丞以及在他离开江南后并没有发生大规模的流血事件这两方面综合来看的话，大概是狄仁杰找到了一种既能让武则天满意，又不伤害其他人的两全办法吧。

第四章
仁爱刺史

垂拱四年（688）六七月间，狄仁杰从江南返回后，武则天又给他换了个差事，将他由冬官侍郎调任为文昌右丞，也就是尚书右丞。文昌右丞虽然与冬官侍郎的品级一样，都是正四品下，但是职务的重要性要远远超过冬官侍郎，所以狄仁杰是升职了。时间不长，到了九月份，狄仁杰就又被外派到豫州去当刺史了。豫州，也就是现在的河南省汝南县一带，它的另一个名称，可能大家比较熟悉，那就是蔡州，即"李愬雪夜入蔡州"的那个蔡州。因为后来要避唐代宗李豫的讳，所以豫州被改称蔡州。为什么狄仁杰刚当上尚书右丞没几天，就又被外派到豫州了呢？此事

狄仁杰：辅周复唐真功臣

说来话长，且看下文。

一、女主临朝

唐朝终究是与众不同的，不仅是因为它的强盛与辽阔，也因为一个女人的存在。这个女人以一己之力扭转乾坤，冲破传统世俗，打破了古老的性别上的偏见与分工。她用自己的纤纤细手紧紧地握住时代的笔杆，在历史的书卷上写下独属于她的那一笔浓墨重彩。她就是武则天，中国历史上第一个，也是唯一的一个女皇帝。

武则天是山西文水人，她与大唐皇室的万般纠葛要追溯至她的父亲武士彟。武士彟是个大商人，很有钱，喜欢结交朋友。李渊领兵在汾、晋一带活动时，就经常住在武士彟家里，得到了他们一家的热情款待和悉心照顾。为了报答恩情，李渊在担任太原留守时，就让武士彟当了行军司铠参军。后来李渊在太原起义兵，武士彟不仅资助财物，还跟随大军一起攻入了长安，因此李渊也投桃报李，给他封了官。贞观年间，武士彟还当过工部尚书、荆州都督等高官，并受封应国公。

贞观十一年（637）的武则天，正值花儿一般的豆蔻年华。偶然的一次机会，唐太宗得知武则天长得很漂亮，就把她纳入后

第四章　仁爱刺史

宫当了才人。才人在后宫嫔妃中的地位不算高，属于正五品。虽有家世渊源，也有妙龄与美貌的加持，但武则天在唐太宗那里并没有获得什么宠爱。直到贞观二十三年（649）唐太宗去世时，整整12年过去了，武则天依旧还只是个才人。唐太宗去世前留下遗言，像武则天这一类地位不高又没有子嗣的后宫嫔妃，通通送往感业寺出家为尼。李世民之所以这样做，自然也有他的考量，而且他的这种做法已经比历史上要活人殉葬的做法人道了不少。但从武则天的角度来说，这样的做法是极不公平的。身不由己地被选入宫，在等待与寂寞中虚度人生中极为重要的十几年，如今还要出家为尼，桩桩件件，都如一块块的巨石摞在武则天的胸口，压得她喘不过气。

命运的不公再加上武则天本身就是不甘寂寞的人，又怎么会允许自己的余生就在青灯古佛下度过呢？好巧不巧，一次唐高宗去感业寺，正好碰到了当尼姑的武则天。或许是武则天的美貌，也或许是武则天本人的手腕所致，但最主要的是也不知道李治这小子是怎么想的，鬼迷心窍的他根本不管纲常人伦，一来二去，就跟武则天眉来眼去地联系上了。虽说是"两情若是久长时，又岂在朝朝暮暮"，但二人到底还是难耐相思之苦，终于在李治的一番奇谋运作下，武则天出家为尼一段时间后，又被接入了皇宫中，成了李治名正言顺的昭仪。

狄仁杰：辅周复唐真功臣

武则天这个人，本身就聪明能干，十几年的命运跌宕更是把她淬炼得心狠手辣。李治虽然此时对她有情，但他同唐太宗一样也是一个皇帝，后宫中自然也就不可能只有她一个人。她使用了一些阴谋诡计，斗败了萧良娣、王皇后，成功上位，成为李治的皇后。然而，她的脚步并没有仅仅停留在这里，从显庆五年（660）开始，李治就患上了风疾之症，整日里头晕目眩，不能处理政事，他就临时让武则天帮忙处理一些小事情。让所有人都感到很意外的是，她竟然把被托付的每件国事都处理得井井有条，这一点让李治感到相当满意。李治一看，正好自己有病要多休息，让大臣们去处理重大的政事，还不如让自己的老婆来，就逐渐把国家大事也交给武则天来处理了。"卧榻之侧，岂容他人鼾睡"，李治虽然落了个清闲，但很快也遭到了反噬，随着武则天在朝堂上的话语权越来越大，她的威望也逐渐提高，甚至可以与唐高宗比肩，当时人把她跟李治称作"二圣"。

弘道元年（683）十二月，唐高宗李治病逝，属于武则天的历史舞台这才真正地拉开帷幕。皇太子李显在灵柩前奉遗诏即皇帝位，有道是"三十而立"，已经28岁的李显，自然也想在皇帝的位置上做出一番成绩来。按理说，他已经当过几年太子了，也有一定的工作经验，加上他本身岁数也不算小，又有一定的生活阅历，亲政治国应该是没有什么问题的。

第四章 仁爱刺史

但没承想，在李显登基后，他的母亲武则天并不满足于皇太后的权力，而是宣布"临朝称制"，成为李唐王朝的实际掌舵者。唐高宗刚离世，新帝即将继位，武则天这个时候想要名正言顺地取而代之，时机显然是极不成熟的。而武则天之所以要"临朝称制"，则是因为古时候由于男女的尊卑问题，后妃是不能去朝堂或者干涉朝政的，而武则天要想掌握权力首先就必须活跃于朝堂之上，这是"临朝"；在君主的专制统治下，由皇帝下发的命令有一个专有名词叫作"制"，武则天要临朝掌握政权，由她下发的命令自然就和"制"是一个等级，此为"称制"。

临朝称制起源于西汉吕后，她在自己的儿子汉惠帝死后，立自己的小孙子为皇帝，因其太小，宣布"临朝称制"。虽说武则天和吕后都是权力欲极强的女人，但吕后好歹还算是"师出有名"，毕竟小皇帝岁数太小，不能履行皇帝的职权。而武则天居然在皇帝已接近而立之年的情况下，还要临朝称制，她内心的那点儿小九九，真可谓司马昭之心——路人皆知了。

从显庆五年（660）到弘道元年（683），20多年的时间，武则天一步步从后宫走到了前朝。支持武则天义无反顾地走向权力顶峰的原因有很多：一是因为她个人在太宗朝时的经历与遭遇，极大地激发了她本身就潜存的权力欲；二是她确实是有从事政治的天赋；三是唐高宗后期时身体状况不太好，为她后来集揽大权提供了温床。可以说，正是天时地利人和等多种因素的作用，成就了武则天的临朝称制。

从李显的角度来看，虽然他在名义上贵为万人之上的皇帝，却被老妈当作提线木偶一样高高挂起，心里当然不满。但他也非常清楚，自己母亲对权力的执念有多深，纵然自己是亲生的，如果自己胆敢越雷池一步，那么肯定会被毫不留情地牺牲掉，所以就算再不高兴，他也不敢胡乱蹦跶，这个皇位也就只能夹着尾巴，硬着头皮坐下去。

李显这边束手束脚敢怒不敢言，除了他，朝野上下还有很多人对武则天的僭越做法深恶痛绝，其中对此最不满的就是李姓宗室诸王。在诸王中，韩王李元嘉、越王李贞等人颇有才干，享有盛名，深为武则天所忌惮。其实以他们为代表的这些人会气得喷火应该说是完全可以预料和理解的，在唐高宗活着的时候，因为身体有病，让你一个武姓女流协助处理一些政务，本就已经是冒天下之大不韪，与祖宗之法相悖了。但那时候毕竟唐高宗还活着，这伙人也不好反对。现在唐高宗已经去世了，新帝早已成人，你却临朝称制，把皇帝撇到一边，成何体统！别忘了，这是我们李家的江山！怎么，你当我们李家的男人都死绝了吗？

武则天素来颇有智谋，对这一大帮人心里的想法自然一清二楚。但唐高宗刚过世，新帝刚登基，眼下局势未稳，这个时候绝

第四章 仁爱刺史

对不是对付这帮人的好时机。为了防止出什么变故，她就无比亲和地给诸位王爷加官晋爵。授泽州刺史、韩王李元嘉为太尉，豫州刺史、滕王李元婴为开府仪同三司，绛州刺史、鲁王李灵夔为太子太师，相州刺史、越王李贞为太子太傅，安州都督、纪王李慎为太子太保。俗话说伸手不打笑脸人，这一套加官晋爵下来，众王虽说心中还有不满，但好在武则天像是服软了，也还没做出更为过分的事情，他们自然是"师出无名"，暂且忍耐了。

没有了诸王声援的李显，这一国之君当得就更加窝囊了。自他上位以来，国家的大事小情，大臣们都直接越过他，就像越过一团空气一样，直接找太后处理。武则天本人也对自己的掌控欲丝毫不加掩饰，每天想的就是将权力的触角伸展到方方面面。处处受到牵制的李显明知道反抗不会有什么好下场，但忍无可忍的他终于还是爆发了。世事难料，估计谁也没有料到，他这一爆发，哪怕仅仅是发了一句牢骚，竟然直接把自己的龙椅给搞丢了。

李显丢了皇位这件事，虽说武则天有借机夺权之嫌，但李显作为一国之君，他本人还是有很大的问题的，皇位被撸也不算太冤。李显即位以后，原来的太子妃韦氏被册封为皇后，她的父亲韦玄贞作为国丈，自然也是加官晋爵，由普州参军升为豫州刺史。问题出就出在了这位国丈的官职上，老话说"龙生龙，凤生凤，老鼠的儿子会打洞"，李显跟他爹一样，耳根子软，韦后这边还要给她爹加官晋爵的枕边风一吹，李显就判断不了是非对错，忘乎所以了。

一天，李显正与宰相裴炎商量事情。李显突然提议说："裴爱卿，韦玄贞作为朕的国丈，才当了一个小小的豫州刺史，未免有些不妥。你看，依韦玄贞的才能，当个侍中怎么样？"裴炎一听，直接傻了，愣愣地站在原地，怀疑是不是自己的耳朵听错了。李显也不管不顾，没发现此时脸色已经非常难看的裴炎压根就没接他这一茬，又紧接着说了一番让裴炎更加凌乱的话："朕的乳母岁数也大了，他的儿子不成材，没能得个一官半职。可怜乳母今后的日子怎么过呢？要不，给她儿子封个五品官，让乳母她老人家也高兴高兴？"侍中是什么官？是当朝宰相。哪能不看才能，就因为他是皇帝岳父，就直接让当宰相呢！甚至还要给乳母的儿子封一个五品官。这事换谁都不能答应，太不靠谱了。要都像这么搞，那些寒窗苦读的士子又将怎么办呢？

官场上打拼多年的裴炎怎么也没想到，皇帝居然会说出这种话，将国家看作玩具一样，随心赠予他人。如鲠在喉的他在李显的注视下，不得已只得硬着头皮拱手说道："陛下，侍中的职位至关重要，要慎重考虑啊！韦玄贞作为皇亲，刚由普州参军升为豫州刺史，还没做出一番成绩，现在立马就提拔，难免要落人口

第四章 仁爱刺史

实。况且朝廷用人，当以才干为先，不能任人唯亲啊！陛下乳母有功于国，皇帝您赏赐给她财物就可以了，封官之事殊为不妥。"

李显虽然知道大小事情都是由自己母后做主，自己并没有多少权力，但他确实也没想到裴炎居然敢直接反对他，甚至没有一点点铺垫。裴炎的义正辞严，让李显气不打一处来，立马高声说道："裴炎，朕已经决定了，你直接执行吧！"裴炎是什么人？裴炎可是受高宗皇帝遗诏辅佐李显的，是高宗亲自指定的托孤大臣，怎么可能就这样执行一个对社稷江山不利的指令呢？

果不其然，李显这边话刚出口，裴炎就据理力争地反驳了回去。眼见裴炎这个家伙油盐不进，李显的自尊心也受到了严重打击。要知道即使贵为皇帝，有些话也是不能随便说的。可失去理智的李显哪里还能顾得上这些，天天受太后的气不算，现在就连裴炎都敢公然违逆朕，这天下还是不是朕的天下，朕到底还是不是皇上？气急攻心的他吹胡子瞪眼地大声咆哮道："裴炎！朕今天还就告诉你，别说区区一个侍中，就是把这天下给了韦玄贞，又有何不可呢？"李显这么一喊，彻底把裴炎给吓坏了。一身冷汗的裴炎也确实是不知道怎么办了，只好哆哆嗦嗦地找太后拿主意去了。

话又说回来，李显之所以会因为裴炎的拒绝而大受刺激，有很大的一部分原因是他认为裴炎是自己人。永淳元年（682），即

狄仁杰：辅周复唐真功臣

高宗去世的前一年，饱受疾病折磨的高宗自知时日无多，太子李显处理政务的能力又堪忧，放心不下的高宗只能想尽办法锻炼这个儿子。有一次，高宗要前往东都洛阳，临走时命李显留守长安，还让裴炎、刘仁轨、薛元超都留下来辅佐太子。第二年（683），高宗生病的时候，也是裴炎陪着太子共赴洛阳侍疾。同年的十一月，高宗的头风病疼得实在难以忍受，生死攸关之际，只得命太子监国，此时也是裴炎、刘仁轨等人奉诏担任东宫平章事。李显与裴炎那段时间有众多交集，再加上李显认为自己是被高宗亲手托付到裴炎等人手上的，所以他一时接受不了裴炎这样的态度也就可以理解了。

无论如何，中宗李显这边是发泄痛快了，裴炎可是吓得一步没停跑着找太后去了。武则天一听皇上说的这番混账话，勃然大怒。这天下是不是你李显的，还得看我的心情呢，你竟然还想拱手送人，未免也太不自量力了。这皇帝之位，你既然不稀罕，那我就要让你知道，这天下绝不是少了你就不行。众所周知，武则天早就对皇位虎视眈眈，她估计做梦也没有想到，这天上真的会掉馅饼，真是天助我也。她敏锐地抓住时机，借助裴炎等老臣的力量密谋废立，很快就制定好了行动计划，只待付诸实施了。

嗣圣元年（684）二月的一天，太后在乾元殿召集百官议事。有道是"山雨欲来风满楼"，此时的乾元殿，空气中都氤氲着不

第四章 仁爱刺史

同寻常的味道。大家一如往常地正热烈地讨论着政事，突然殿外传来士兵们铿锵有力的脚步声。顿觉奇怪的众人不约而同地朝门外看去，只见中书令裴炎与中书侍郎刘祎之、羽林将军程务挺、张虔勖等人，已经带兵走到了殿门口。一众士兵在朝堂众人齐刷刷的注视之下，就把大殿里三层外三层围得是水泄不通。本来打算下班就回家吃饭的百官，打死都想不到，如此之大的一件事情他们竟然亲眼见证了。

百官们不知道发生了什么事，只能安静地站在那里看着。原本吵闹的朝堂，现在是鸦雀无声，一根针掉在地上也能听得见。一些胆子小的官员，已经低下了头，不敢再随意探头，刀剑无眼，这个时候安身保命方为上策。一些胆大八卦的，则抬头看向太后的方向，想从那边获得一些蛛丝马迹。可惜相隔太远，他们只能看见帘子后面依稀的人影，什么也看不清楚。

随着裴炎等人走进殿中，众人的目光也开始聚焦在裴炎身上。裴炎一脸严肃地走到百官前面，转过身来，随即展开诏书，开始大声宣读太后决定废李显为庐陵王的命令。掷地有声的语句响彻大殿的每一个角落。宣读很快就结束了，在百官们还沉浸在这个爆炸性的消息中，还没反应过来的时候，就看到裴炎已经让人把瘫倒在龙椅上的李显给搀扶下来了。

很明显，此时此刻的李显已经完全蒙了，脑子中一片空白，

狄仁杰：辅周复唐真功臣

他根本不知道发生了什么，不知道自己为什么会被废。等卫士把他从龙椅上搀着走下来后，他才回过神来，对着太后的方向大喊道："母后，我犯了什么罪呢？"武则天淡淡地回答道："你想把天下给韦玄贞，难道还没有罪吗？""竟然就只为了这一句话，你们竟然……"，李显满脸不可置信，他呆呆地站在原地，身体止不住地颤抖着。他看着自己坐过的那把万人之巅的宝座，又转头看向这些曾经在自己面前卑躬屈膝的臣子们，终于明白了一切已经尘埃落定，只能耷拉着脑袋，失魂落魄地跟着士兵走出了大殿。苍天呐！这是何等戏剧性的一幕啊，一个皇帝因为说错一句话，就被人像扔垃圾一样，毫不留情地给丢出去了。

这件事情，虽说李显确实有做得不对的地方，但从一个母亲的角度来说，你把他叫过来，批评批评，也就罢了，怎么能因为一句错话，直接废掉皇帝呢？由此可见，武则天确实是一个非同寻常的女人，她的心中只有权势，几乎没有亲情，此时的中宗不是她犯错的儿子，而是她集揽权力路上的一块绊脚石。既然只是一块绊脚石，自然是要毫不留情地清之而后快了。中宗被废后，对于武则天来说，局面可就跟之前大不一样了。李显再怎么不成器，可他的的确确是高宗临终前亲自确定的法定继承人。武则天虽说临朝称制，但碍于这层关系，多少会有些放不开手脚。现在就连这点儿阻碍也顺理成章地消失了，还是自己亲手让他消失

第四章 仁爱刺史

的，这无疑使得武则天距离自己的目标又近了一大步。

李显被人从大殿上给揪出去以后，韦氏的皇后自然也是当不成了。刚刚被提拔为豫州刺史的国丈韦玄贞，估计还没去豫州上任呢，又或者正一边高高兴兴地走在赴任途中，一边做着升官发财的美梦，就又被流放到钦州去了。至于李显说的要给他个侍中干，自然更是无从谈起了。虽说没有皇帝对武则天更为有利，但眼前也仍没有到自己立马就能取而代之的时候，所以武则天就又立了自己另外一个儿子豫王李旦为皇帝。比起自己的哥哥来，李旦更是惨，武则天直接把他安排到别殿居住，并且不让他干预政事。皇帝不能参与朝政，也算是千古奇谈了，皇帝这个称号于李旦而言，可谓正儿八经的有名无实。

武则天心里清楚，尽管是又立了新皇帝，可新帝不能干预政事这一点必然会引发一些人的反对。为了掌握住局势，她就开始鼓励大家告密，着手准备清除异己。其实这个办法并不是武则天自己想出来的，而是非常偶然的一件事情引发的一系列连锁反应。李旦即位后不久，有一群羽林军士，十来个人，相约到酒馆喝酒。推杯换盏间，有一个人可能喝得有点儿多了，就出言抱怨道："要是早知道如今再没有别的犒赏，咱们兄弟那时候还不如继续拥护庐陵王呢。那时候好歹多多少少还有个其他的进项，如今可是连赏赐的边儿都挨不上了。"说者无心，听者有意。醉酒

狄仁杰：辅周复唐真功臣

之人的话音刚落，另外一个人就借口要上厕所，当即停杯就出去了。这个人一路小跑来到了禁军北衙，向上司告发了这件事。上司一听，这还了得，立马派人将一干人等抓捕归案。武则天听闻后，指示要严肃处理，于是将说那句话的人直接处斩，同席的人因为知而不告，都被判处绞刑，告密者则获得了五品官的封赏。

按说，就说了一句抱怨的话，怎么也不至于直接把人处死？即便说，抱怨者该死，那么同席的十多个人又有何罪呢？仅仅因为，他们没有去告发抱怨者，就把他们全都杀死，这又是哪门子道理呢？可是，武则天不管这些，她就是要把这个案子打造成一个标杆，营造出一种风向，让世人都知道，朝廷现在就是鼓励大家这样去做，快来告密吧！如果你不告密，或者你告迟了，那你就有可能成为同犯，进而丢掉性命。如果你早早告密，那么荣华富贵就在那里等着你来享用。告密这种行为，只要有人开头，那就很难再停下来了。因为谁也不能保证自己的哪句话就犯了忌讳，也不能保证跟自己同桌吃饭的人，不会为了赏赐，而将自己告发。自此之后，告密成风，人人自危。

第四章 仁爱刺史

二、扬州烽火

在李旦即位后，武则天为了稳定朝局，一方面大开告密之门，大肆党同伐异；另一方面则积极培植自己的羽翼亲信。一是拉拢一些高宗朝的老臣，她任命刘仁轨为特进、尚书左仆射、同中书门下三品、专知西京留守事，让刘仁轨帮自己守好西京大本营；二是派人杀了废太子李贤，以免节外生枝；三是提拔武氏族人，让武承嗣当上了宰相，以壮大自己的力量。

武则天给刘仁轨加官晋爵的时候，刘仁轨已经80多岁了。也许刘仁轨当时确实是看不惯武则天的种种做法，又或者是他在故作姿态，所以在他一收到武则天送来的橄榄枝后，便以年老为由给推掉了。他还顺便告诫武则天应时刻以史为鉴，时刻将当年的吕后之祸引以为戒，俨然一副李唐忠臣的模样。有句话说得非常好，人的能力常常不是看他能蹦多高，而是看他能蹲多低。毫无疑问，武则天绝对是个能力很强的人。被刘仁轨不给面子地撑了一通的武则天不仅没有生气，反而派亲信武承嗣带着一封亲笔信低声下气地到西京慰问刘仁轨去了。

武则天的这番操作使得刘仁轨的虚荣心得到了极大的满足，吕后之鉴什么的也绝口不提了，直接就高高兴兴地出任西京留守了。受到太后如此礼遇的刘仁轨此时已全然忘记高宗对他的殷切期盼，已彻头彻尾地成为武则天的人了。后来，裴炎要武则天还政于李旦，但是也没来得及采取什么实质性的举动，武则天一怒之下就把他抓进了监狱。当时，有个郎将叫姜嗣宗，因为公干来到西京，在跟刘仁轨聊天的时候，就说到了裴炎的事情。姜嗣宗说："裴炎不对劲已经很长时间了。"刘仁轨问他："你知道吗？"姜嗣宗说："知道。"于是，刘仁轨就上书武则天说，姜嗣宗知道裴炎要造反却不上报。武则天一怒之下，就把姜嗣宗给杀了。

在武则天的强硬手段下，朝局很快就稳定下来，运行有序，跟高宗在世时没什么两样。当然，这只是表面现象，武则天的所作所为，早已经引起李氏宗亲及李唐拥护者的不满，他们只是限于势力弱小且分散，还没爆发而已。

九月份，武则天眼看自己的集权之路已经畅通无阻，不免大为高兴，于是宣布大赦天下，改元光宅，并且把官署名、旗帜、服色一起都改了。又听从武承嗣的建议，追封自己的先祖为王，创立了武氏七庙。要知道，七庙是天子才有资格设的，武则天正集中炮火向着最终的目标发起猛攻。武则天正高兴呢，突然传来消息，李敬业在扬州起兵了。武则天又急又恼，任命左玉钤卫大将军李孝逸为扬州道大总管，将军李知十、马敬臣为副手，统兵30万火速前往扬州讨伐李敬业。

第四章　仁爱刺史

李敬业本姓徐，是大唐开国功臣徐世勣的孙子。徐世勣是初唐名将，曾追随唐太宗平定四方，因功勋卓著，被赐国姓"李"。后来为了避太宗李世民的讳，又被称为李勣。总章二年（669），李勣去世，因为他的长子李震，也就是李敬业的父亲死得早，所以李敬业就承袭了英国公的爵位。由于出身于军人家庭，耳濡目染下，李敬业成长为一个有勇有谋、胆略过人的人。

据说，李敬业十来岁的时候，就已经擅长骑射了，连那些骑射本领高超的成年人也比不过他。在外人眼里非常优秀的李敬业，却让李勣头疼不已。李勣每每看到他这个孙子，都会长长地叹一口气，非常发愁地对身边人说："这个孩子面相不善，恐怕将来我们整个家族都要被他连累了。"也不知道他是在哪里学过给人看相，反正这件事也着实让他忧虑了一阵子，他终日苦思，也想不出什么万全之策。一日，李勣终于狠下心来，决定牺牲李敬业，来保全整个家族。

对于一个祖父而言，做出这个决定并不容易。直接动手杀了李敬业，李勣肯定是下不了手的。所以他只能趁着狩猎时，李敬业正在山林中玩得不亦乐乎之际，自己悄悄放火烧山，趁机烧死他。大火乘着风，很快就把这片小林子笼罩在黑红的烟雾中。李敬业自然不知道是自己的爷爷想要烧死他，看着滔天的火光，他知道冲出去生还的概率很小。他身下坐骑惊恐的嘶鸣声，突然让他有了主意。只见他翻身下马，手起刀落就把马肚子给豁开了。马突然吃痛受惊，猛地向前冲出去几百米后，痛苦地倒在地上抽搐。李敬业顺着一地的鲜血走过去，手脚利落地钻进了马肚子里。

过了很长时间，火势终于慢慢退去，到处都是一片焦黑，偌大的林子里静悄悄的，连一点儿声响也没有。李勣虽然亲手放火烧山，但到底也是亲孙子，总不能让孩子就这样死无葬身之地。于是，李勣命人寻找李敬业的尸身，好带回去安葬。藏在马肚子里的李敬业，也感觉到火已经灭了，就从马肚子里爬了出来。这一幕，刚好让前来找寻的众人看到，李勣当场愣在原地，久久回不过神来。李敬业小小年纪，被困在这滔天火光里却能死里逃生，也让李勣明白这大概是上天的安排，从此也就不再谋划类似的行动了。就这样，李敬业不仅没死，还平安健康地长大后承袭了爵位，又当上了眉州刺史。

虽说李勣单凭面相不好就处心积虑地要杀掉李敬业的这个故事是相当荒诞离奇的，他所担心的事情却在若干年以后实实在在地发生了。嗣圣元年（684），眉州刺史李敬业因贪污被贬为柳州司马。谁也没想到，出身高门显赫之家的李敬业竟然还贪图这点儿钱财；更是谁也没有想到，贬官这一平平无奇的事件，竟然能够成为第一次大规模武装反抗武则天专权的导火索。其实贪污本

第四章 仁爱刺史

就是他自己做得不对，但李敬业并没有从自己身上找原因，而是把这一切都怪在了武则天头上。他认为，如果是高宗在位，绝对不会因为这么一点儿小钱，就置他爷爷李勣在开国之初立下的汗马功劳于不顾。在李敬业被贬的同时，他的弟弟盩厔令李敬猷、给事中唐之奇、长安主簿骆宾王、詹事司直杜求仁也因各种原因，相继被贬或被免职。他们不约而同地从四面八方来到了扬州。

在唐代，扬州可是个好地方，不仅风景优美，还因地处运河和长江的交汇处，经济也非常发达，有"扬一益二"的美誉。扬州吸引了众多的文人墨客、达官贵人前来游玩、寓居，同样也吸引了许多失意人前来。这几位失意人相聚在一起，因为有着相同的贬官经历，颇有些相见恨晚之感。一拍即合的几人惺惺相惜，免不了要坐成一桌借酒消愁，抒发一下怀才不遇的感慨。

一开始的话题，还相对比较正常，翻过来倒过去，无非也就是各自内心的愤懑与不平。后来稀里糊涂地，酒虫上脑，也不知道到底是谁起的头，话题就拐到"女主临朝"上去了。借着酒劲，他们一个个越说越来劲，什么"武则天杀了李贤""武则天要自己当皇帝""武则天掐死了公主""武则天囚禁了中宗皇帝"，等等。说着说着，他们发现，与其被一个篡权夺位的女人摆弄，还不如干脆揭竿而起拼一把，干一番轰轰烈烈的大事业。万一到时候成功迎回庐陵王,挽狂澜于既倒,成就千古美名,岂不美哉!

醉酒之时大家你一言我一语说得热火朝天,酣畅淋漓间,他们所谋之事似乎也压根算不上特别难。但第二天酒一醒,就只能眼看着美梦一点一点破裂了。即使他们几个没有被贬的时候,想要把武则天拉下马,都是一件难如登天的事情。更别提几人如今都落魄潦倒,要想达成目标,那简直就是天方夜谭。不过,当代著名企业家、阿里巴巴集团创始人马云曾经在演讲的时候说过一句话:"人一定要有梦想,万一实现了呢?"反抗集团里一个人的出现,就让一切不可能变成了可能,他就是盩厔尉魏思温。别看魏思温原先的官职不高,但他凭借出众的头脑,充当了这支反抗队伍里的军师角色。后续的很多事情,都证明他为起义制定的策略基本上是正确的。说干就干的众人,拥李敬业为首,以魏思温为军师,开始密谋行动。

此时落魄的几人,除了项上人头,已经没有什么可以再失去的了。俗语说,光脚的不怕穿鞋的,所以这些人在李敬业的带领下谋反进程推进得非常快。七月份,根据魏思温的谋划,李敬业派他的同党、监察御史薛璋按照既定计划找借口请求朝廷外派自己出使扬州。薛璋到了扬州后,连同韦超上报伪称"扬州长史陈敬之与唐之奇谋逆",于是薛璋就得以顺理成章地派人抓了陈敬之。过了几天,李敬业杀了陈敬之,然后自称是扬州司马,实际上控制了扬州。紧接着,李敬业又贼喊捉贼声称高州首领冯子猷要叛乱,自己奉密诏募兵讨伐。以此为借口,他命人从监牢放出囚犯,再加上一些服役的人,凑成了几百人的军队。就这样,手无寸铁的起义小组,在魏思温的奇谋运作下,异常顺利地占据了扬州,并且成功组建了自己的军队,反击武则天专权的战斗正式打响。

为了得到民众响应,从而壮大声势,李敬业高举"匡复庐陵"的大旗,自称匡复府上将,领扬州大都督。大才子骆宾王还写了一篇名扬天下的《讨武曌檄》,贴到扬州各个地方,来进一步扩大影响。檄文中"一抔之土未干,六尺之孤何托""请看今日之域中,竟是谁家之天下"至今仍掷地有声。据说,武则天本人在看过这篇檄文后,都曾击节称叹,询问檄文为何人所作。当身边的人告诉她,是骆宾王写的,武则天还无比遗憾地说道:"骆宾王有如此才能,但我们竟然让他流落在外,这是宰相的过失啊!"

不过短短十余天的时间,李敬业的队伍就迅速发展到十余万人。从几个人到十几万人,这宛若大火燎原的可怕速度足以表明,当时社会上不满武则天专权而心向李唐的人,仍然不在少数。更让武则天感到心惊的是,除了地方上有不少人积极响应之

狄仁杰：辅周复唐真功臣

外，还有一个不得不提的人，他就是居于中枢，并且刚刚才和武则天联手废掉中宗的宰相裴炎。李敬业扬州举兵后，武则天特地把裴炎叫到跟前，满怀期待地询问应对之策。没想到，裴炎居然说要让她还政于睿宗，直接一盆冷水把武则天浇了个透心凉。裴炎认为，李敬业之所以发动叛乱，就是因为皇帝明明已经可以亲政，太后却不放手，还要继续临朝称制。他认为，只要武则天同意将政权交还于皇帝，那一切问题就可以迎刃而解。

裴炎的话让武则天感到非常诧异。当初二人一起废掉中宗李显，即使精明老练如武则天，也毫不怀疑地认为裴炎早已被其纳入麾下。可没想到，这个老家伙竟然在自己需要帮助的时候在背后捅刀子。看着后院里燃起的这团熊熊烈火，武则天被烤得如坐针毡。事实证明，裴炎与刘仁轨不一样，这个人当之无愧是一个公忠体国、忠心耿耿的国之栋梁。他深受高宗皇帝的知遇之恩，又受遗诏辅政，所以他忠于李唐。在他看来李显的确不适合当皇帝，所以才有了废李显立李旦的举措，但绝不是出于满足武则天权力欲望的目的。也正因为这样，之前武则天要立武氏七庙的时候，裴炎才坚决反对。

武则天的心里虽然已经在骂街了，但一时也没有找到什么理由能把裴炎拿下，但又怕他回去后积攒力量，暗谋"革命"，所以也就迟迟没有表态。监察御史崔察也感受到了气氛的微妙，立

第四章 仁爱刺史

马"狗腿儿"地拱手说道:"裴炎服侍先皇20多年,又受遗诏辅政,大权在握,如果没有异心的话,为什么要让太后归政呢?"明明是为了整个天下公正直言,此时竟然成了御史口中图谋权柄的贼人。此言一出,正中武则天下怀,有了理由的她直接下令把裴炎打入大牢,特命御史大夫骞味道、御史鱼承晔负责审讯。

裴炎入狱后,宰相刘景先及凤阁侍郎胡元范上疏求情道:"裴炎是国家的有功之臣,对太后您忠心耿耿,臣等敢担保,他绝无谋逆之心,还请太后明鉴。"其实用脚指头想都知道,他们就算再怎么求情也是没用的,甚至越是求情,裴炎就越是非杀不可。他本就是李唐老臣,又奉遗诏辅政,分量本就非同小可。从裴炎选择在李敬业谋反之时劝武则天归政睿宗,可以说从话刚一出口的那一刻,在武则天眼里就意味着他已经和李敬业在携手夺权了。虽说现在还没有谋反的事实,但想谋反的端倪已经能看见了,所以裴炎非死不可。于是武则天顶住众多官员求情的压力,迅速杀掉了裴炎,连带求情的一众官员也杀了好几个,剩下的则贬官了事。

从李敬业谋反事件中冒出来的,位处中央的潜在反对势力被清除得差不多之后,一时半会儿也没办法处理李敬业,武则天就把泄愤的苗头烧到了他的族人身上,甚至连死人也没放过。李敬业的祖父、父亲虽说都已经深埋黄土多年,尤其是李勣,也不再

狄仁杰：辅周复唐真功臣

顾忌他立下的汗马功劳，不仅剥夺了他们的封赠，就连他们的坟墓也给挖了，连带着把李敬业全族都又改回了徐姓。这就是武则天最擅长用的手段和方式，既粗暴又简单，杀人且诛心。李勣当初所担心的一切都变成了现实，可谓是一语成谶。

一开始，徐敬业带领麾下将士一路攻城略地，给朝廷带来了很大的压力。个中原因除了战士们同仇敌忾之外，还有一个很大的原因就在于徐敬业基本上都是按照魏思温定的战略方针推进军事行动。可好景不长，他们俩在"接下来该进攻哪里"的问题上产生了分歧，这也为后来的失败埋下了伏笔。魏思温说："我们之所以能够在短时间内聚集起来这么多人，原因就在于我们以匡复庐陵为号召。既然如此，我们就应该率大军直接剑指东都，这样其他豪杰就会知道我们志在勤王，必定会群起而响应，天下指日可定。"可薛璋说："金陵这个地方有王气，并且有长江天险，可以固守。我们不如先攻取常州、润州，作为基地，然后再过江北伐。即使后面失利了，也还有退路。"

徐敬业慎重比较了两种方案，最终还是决定听取薛璋的建议，让唐之奇驻守扬州，自己则率兵过江攻打润州。对徐敬业来说，攻占润州不仅能以此为据，而且还能有机会策反团结他的叔父即润州刺史徐思文。攻打润州很顺利，可没想到徐思文被擒之后竟油盐不进，宁死不降。徐敬业也不忍心下手，就对他说："既

第四章 仁爱刺史

然叔父你心甘情愿充当武氏鹰犬，那你以后就姓武去吧"，说完就把他关进了大牢。

垂拱元年（685），当时徐敬业早已战败，武则天特地把徐思文叫到跟前，对他说："当初逆贼徐敬业让爱卿改姓武，既如此，你以后就是武思文了。"还特地免武思文因受牵连被治罪，授任司仆少卿。武思文也很争气，全族皆被连坐，他能独善其身，后来竟辗转干到了地官（户部）尚书。不过后来在天授二年（691），有人告发他与徐敬业通谋，虽是旧事重提，但还是被武则天流放到岭南，又被赶回去姓徐了，这是后话。

徐敬业盘踞润州不久，就收到消息报称李孝逸率大军犹如黑云压境，顷刻间就要到了，于是又率兵渡江，离开润州将部队驻扎在高邮。到了高邮后，李孝逸早已拉开阵势，大战一触即发。

双方交战初期，唐军虽人数众多却数战失利，后军总管苏孝祥、左豹韬卫成三朗相继战死。李孝逸生性怯懦，接连失利的局面已让这位主帅深感承受不来，就想率军撤退。但好在军中还有魏元忠坐镇，他在战略、战术层面上对双方进行了准确的分析，建议唐军采用火攻之术与徐敬业进行决战。"啊！都打成这样了，不抓紧时间撤退，还要决战，这不是要我的命吗？"李孝逸战战兢兢地强忍着听完，想要出口反驳，可看着魏元忠那自信无比的神态，又想了想这位大将曾经的光辉战绩，只好哆哆嗦嗦地同意

狄仁杰：辅周复唐真功臣

了魏元忠的提议。老将出马，一个顶俩。徐敬业这边由于列阵时间已久，士兵早已疲惫不堪，再加上处于下风向，又没有援军接应，所以官军一用火攻，瞬时阵脚大乱。

趁着火势，官军迅速展开强攻。在官军猛烈的攻势下，徐敬业部被斩首7000余人，淹死者更是不计其数。徐敬业、徐敬猷、骆宾王等人在逃跑的途中被部下王那相所杀，余党唐之奇、魏思温皆被活捉，所占领的三个州也被官军收复。起义历时不满四个月，就告失败。唐末庐陵人陈岳，曾经就徐敬业起兵之事发表过鞭辟入里的分析，他这个分析和魏思温当年的战略有一定的共通性。他认为，当时徐敬业要是能按照魏思温的策略，兵锋直指洛阳，真心诚意地实施匡扶庐陵的大计，到最后就算兵败身死，至少还能落一个忠义的美名。但他贪图称王称霸，想据金陵为基，行叛乱之实，最终必然走向覆灭。

徐敬业、裴炎等人挑起的武装叛乱虽说已被成功镇压，但这件事情就如同那枚最先倒下的多米诺骨牌一样，挑起了武则天敏感多疑的神经，引发了后续一连串的流血事件。武则天清楚，如今朝堂内外像徐敬业这样心怀不轨的人绝对不在少数，只不过是隐藏得比较深而已。因此她不断加快清除异己的步伐，通过设铜匦，大开告密之门等多种方式重新洗牌，以此巩固统治。

第四章 仁爱刺史

三、李氏起兵

垂拱二年（686）正月，武则天下诏归政于皇帝。李旦一看，这试探未免也来得太过明目张胆了。他吓了个半死，赶紧推辞说自己能力不足，还是母后继续理政为好，武则天这才心满意足地继续临朝听政。

垂拱三年（687）五月，凤阁侍郎、同凤阁鸾台三品刘祎之私下里悄悄对凤阁舍人贾大隐说："太后既然已经废掉昏君，另立明君，哪里还用得上临朝称制呢？不如还政于皇帝，好让天下人安心。"贾大隐这个人不靠谱，听完后，立马就悄悄给太后说了。武则天颇为恼怒，跟身边人说："刘祎之是我提拔任用的，居然敢背叛于我！"没过多长时间，就把刘祎之给杀掉了。九月份，虢州人杨初成自称郎将，招募人要去房州迎回庐陵王，事情泄露，被杀。

垂拱四年（688）四月，武承嗣派人在一块白石头上凿了"圣母临人，永昌帝业"八个字，然后让唐同泰献给太后，声称是从洛水中获得的。武则天看了非常高兴，把石头命名为"宝图"，提拔唐同泰为游击将军，还给自己加了尊号为圣母神皇。五月份的一天，武则天下诏说，后面自己要亲临洛水拜祭，以接

狄仁杰：辅周复唐真功臣

受"宝图",结束后还要去明堂,并且要求诸州都督、刺史及宗室、外戚等人在拜洛水的前 10 天就要赶到神都,以参加活动。

武则天的种种动作表明,她想要取李唐而王天下这件事,已经是和尚头上的虱子,明摆着了。尤其随着告密制度的实行,政治空气越来越紧张,李姓宗室们普遍感觉到,不能再这样眼睁睁地看着李氏父辈们用鲜血打拼下的江山就这样拱手于人。更何况他们脖子上早就悬了一把刀,什么时候落下来,就得看武则天的心情了。如果他们再不抓紧时间采取对策的话,那武则天只会把他们一个个都生吞活剥地消灭掉。

李姓诸王中,绛州刺史韩王李元嘉及其子通州刺史黄国公李譔、青州刺史霍王李元轨及其子金州刺史江都王李绪、邢州刺史鲁王李灵夔及其子范阳王李蔼、豫州刺史越王李贞及其子博州刺史琅邪王李冲,都算得上是颇有才名与人望,因此武则天也很忌惮他们。其中,韩王李元嘉、霍王李元轨、鲁王李灵夔都是唐高祖的儿子,算下来是当今皇上爷爷辈的人物,武则天也得叫声叔父,根基不浅;越王李贞是唐太宗第八个儿子,是李旦的叔叔。

在武则天加大马力不停地修剪下,朝堂内外表面上虽然风平浪静,实则暗流涌动。先是黄国公李譔给越王李贞写了一封信,书信中隐晦地写道:"我夫人的病至今仍不见好转,为今之计只有加快治疗,如果要是拖到冬天的话,恐怕就成顽疾了。"凡事

第四章 仁爱刺史

只要有了开端,后面的事情就只差一个导火索了。

就在书信联络完不久,太后趁着洛阳明堂建成的机会,宣布要召集宗室诸王都前去朝见。武则天的命令下来没多久,这帮宗室们的小字条就又开始相互传递了。各式各样的都有,但上面的内容都差不多,大体意思就是:"同志们,生死攸关的时刻到了,武则天这心狠手辣的女人打算趁着这次明堂朝见,指使人随便找点儿由头儿,把大家伙一个不剩的一锅端喽!"本来武则天的意思可能就是让诸王去剪个彩,再顺带敲打敲打他们。但一直以来武则天的所作所为,早把这帮人的胆给吓破了,再加上之前的书信联系,使得他们本来就心虚,内外因的相互作用下,传言也就愈演愈烈。

气氛都烘托到这了,李姓诸王要再不做点儿啥,好像就不是那么合适了。于是李谔就伪造了一份李旦的求救信,信中明确写明:"诸位宗亲,如今朕饱受囹圄之苦,为了我李唐国祚,还请各位叔伯尽早发兵营救我。"琅邪王李冲又伪造了有皇帝玺印的书信说:"神皇要把李唐社稷交给武氏。"先前太后武则天加尊号为圣母神皇,所以书信当中的神皇指的就是武则天。信虽然是伪造的,里面说的事情却有一定的真实性,所以鼓动性还是有的。

越王李贞还派使者去寿州刺史赵瑰那里知会了一声,以便有个万一可以随时策应。赵瑰不是李姓宗室,之所以选择联络他,

狄仁杰：辅周复唐真功臣

是因为赵瑰的夫人是高祖的女儿，越王李贞的姑姑，常乐公主。使者说完事情临走的时候，常乐公主还特地对其嘱咐道："你回去告诉越王，他身为太宗之子，不能不以江山社稷为重。他理应像隋朝的尉迟迥匡救社稷那样，为我李唐出生入死。如今我大唐已经到了危急存亡的关键时刻，如果再犹豫不决延误时机，那这江山社稷怕是要断送在我辈手中了。我李家儿郎顶天立地，此时不站出来，更待何时！退一万步说，就算到时候行动失败，那也是为了忠义而死。也不算白来这人世间走一遭。"

诸王中率先扛起反抗旗帜且迅速采取行动的是琅邪王李冲。李冲是诸王中辈分小、年纪轻的新生力量，拥有其他资深王爷不具备的独属于年轻人的那种虎劲以及不服输的青春热血。有了反抗的理由之后，垂拱四年（688）八月，李冲召见了长史萧德琮等人，命令他们着手开始招兵买马。接着，又派人分别前去联络韩王李元嘉、霍王李元轨、鲁王李灵夔、越王李贞以及贝州刺史纪王李慎，让他们各自起兵，共同前往京师勤王。李冲应该是已经做好了和武则天正面硬刚的准备，所以对保密工作做得不够上心，满天乱飞的小字条，武则天想不知道估计都难。消息很快就传到了武则天的耳朵里，她连忙任命左金吾将军丘神勣为清平道行军大总管，领军出征平乱。

李冲这边动作也很快，带领着招募来的5000多士兵，瞄准

第四章　仁爱刺史

武水县就展开了猛烈的攻击。武水县令郭务悌见状慌忙派人去魏州求救，莘县令马玄素带着1000多人前来支援，因为人少怕打不过李冲，就冲进城跟郭务悌会合，一起守城。李冲派人推着草车放到南门，放火烧草，准备乘火突入城中，这边火刚点着，却发现风向变了。看着朝自己蔓延过来的冲天火光，连熏带烤的攻城士兵们一脸蒙，不知该如何是好。

可屋漏偏逢连夜雨，李冲手下有一个名叫董元寂的，他一看这个阵势，就知道李冲要完蛋了。烟熏火燎间他当场决定反水，于是大喊道："琅邪王与国家作战，他这是在造反。"士兵们一听，乱作一团，当即作鸟兽散。很快，乱七八糟的战场上就只剩下头上还插着一根根乱草且一脸茫然的李冲和十来个家僮。城内的郭务悌和马玄素更是一头雾水地看着城外忙个不停的叛军，一时也搞不清这些人到底是在闹哪样。但李冲这个时候缓过神来了，朝着自己的根据地博州方向掉头撒腿就跑，眼看着马上就要进城了，不承想在城门口被守门人给杀掉了。

丘神勣大军赶到博州，一到城门口，就看见了一群身着素服的大小官吏，正恭恭敬敬秩序井然地候在那里，哪里还有什么叛军的影子。但刀已磨利，总不能就这样无功而返，丘神勣大手一挥，只见他身后的士兵冲上前来手起刀落，城门口有一个算一个，尽数人头落地。大军进城后，百姓也没能逃过此劫，被杀的

狄仁杰：辅周复唐真功臣

达到千余户之多。博州，就因为李冲在这儿当刺史，就因为在这儿谋划起事而成了人间炼狱。

李冲起兵共计7天宣告失败，可笑的是，在李冲正式起兵后，真正有动作响应的，仅仅是他的老爹越王李贞。其他的王爷们，别看平时口号喊得挺响亮的，但真的到了开干的时候，就都当了缩头乌龟了。归根结底，大家都是荣华富贵享惯了，投鼠忌器，舍不得手里的瓶瓶罐罐。自古打江山易，守江山难。想当年，高祖李渊、太宗李世民马上打天下，刀光剑影，出生入死，这才短短几十年，子孙们就成了一帮丧胆之徒，不知道高祖、太宗在九泉之下该作何感想。

越王李贞得知自己的儿子起兵了，立马在豫州起兵响应，出兵攻陷了上蔡。武则天命凤阁侍郎张光辅为诸军节度，左豹韬卫大将军曲崇裕为中军大总管，夏官尚书岑长倩为后军大总管，率兵10万讨伐李贞。没几天，李贞听说李冲已经兵败被杀，官军又来势汹汹，言谈举止间就又流露出准备投降的意思，还要把自己锁起来等候太后发落。就说这个脑子，怎么可能是武则天的对手！裴炎位居中枢，在废中宗这件事儿上，还曾经是武则天并肩作战的盟友，仅仅是说了一句要让武则天还政于睿宗都惨遭屠戮。你李贞本就是人家的眼中钉，肉中刺，这边都拉开架势明晃晃地抽了人家一巴掌，现在又想去道歉说抽你我错了，请你原谅

第四章 仁爱刺史

我吧。这事儿无论从哪个角度想,都不可能行得通。

李贞很快也意识到了这一点,再加上他手下的傅延庆又招募了2000多人,这才又勉强打起精神决定和武则天决一死战。于是,李贞对众人说:"琅邪王已经攻陷了魏州、相州,兵力已达20万,马上就跟我们汇合了。"其实李冲兵败被杀的事情早就在军中传得沸沸扬扬,士兵们又都是被迫跟着造反,这番骗人的鬼话当然不可能激起他们的斗志。但主帅李贞这会又是一副势在必行的样子,大家自然也就只能心有戚戚地维持现状,等待一场暴风雨的来临。

李贞这边刚把思路理顺,就收到了线报称曲崇裕已经带着人马杀到了豫州城东40里,形势危急。于是他命自己的儿子李规和裴守德领兵出城迎击,可不料竟一触即溃,大败而回。这当头一棒把李贞那原本就不坚定的决心给彻底粉碎了,接连痛失爱子,前线失利,这一连串的打击让这位曾经风光无限的王爷彻底失去了站起来的资格。自古胜者为王败者寇,等到曲崇裕来到城下时,李贞全家早已悉数自尽。

至此,李贞、李冲父子二人闹剧般的勤王之路,就此画上了句号。这俩人虽然没有闹出像样的动静,但绝对不能因为规模小、影响小就对其失败的原因置之不理。他们毕竟代表着当时社会所坚决维护的正统秩序,那所谓的血缘正统为什么难以与一个篡夺者相抗衡，甚至双方压根就不处在一个重量级上，这里面所隐含的问题是需要我们去思考的。

其实，他们之所以败得这么快、这么彻底，是由多方面的因素造成的。首先，最为直接的原因就是，李贞、李冲二人势单力薄，其他宗室并没有起兵响应，使得武则天得以集中力量放开手脚对他们进行清剿。其次，就是指挥者军事能力的欠缺。李冲一出场就采用了错误的作战方式，对战机的判断也不准确，导致了他这支队伍迅速失败；李贞在作战过程中，态度摇摆不定，一会决定反，一会又不敢反，来回反复导致军心涣散，也是行动失败的一大原因。照他这样的表现来看，要不是他的儿子已经在前面冲锋陷阵了，估计他也跟其他宗室一样，缩在后面看热闹了。

而行动失败的根本原因则在于，无论是士兵还是普通百姓，他们打心眼里就不想打仗。自李唐建国社会平定以后，历经高祖、太宗、高宗三朝，社会稳定，百姓安居乐业，已经70多年没有大的战乱了。后来武则天临朝，虽说是一介女流，但她治国理政的能力绝对是巾帼不让须眉，也很好地延续了之前的治国方略。尽管她杀了许多官员，但作为百姓是基本感觉不到风波的。在这么长的时间里，普通百姓的生活是安稳的，是美满的，他们又怎么会放着好好的日子不过，而跟着别人去造反呢？

对李姓宗室诸王而言，他们策划军事行动是为了李唐的江山

第四章 仁爱刺史

社稷，是合情合理的。然而本该是齐心协力、舍命一搏的事情，可无奈众人就是马尾穿豆腐——提不起来。闹剧般结尾，也着实让人同情和难以接受。对于武则天来说，李姓宗室诸王虽然在短时间内给她造成了一点儿麻烦，但也未必不是一件好事。这帮人就算这次不找茬，这股火也迟早会发出来，反正是一颗定时炸弹，还不如尽早解决，而且还不用逐一筛选甄别，反而省了不少事儿。

事情虽然没有闹大，但众人都付出了极为惨烈的代价。琅邪王李冲在攻城时为官军所杀，越王李贞在兵败时举家自尽。事情到了这，当然还没算完。傻子都知道如果只有李冲、李贞二人的话，他们是绝对不敢起兵造反的。所以武则天现下要做的，就是要将他们的同党一网打尽。对她来说，要是能把那些高高在上的李姓王爷们通通撂倒，让他们再无还手之力，一劳永逸地扫清障碍，自是最好不过的了。

为了将这股反对势力连根拔起，武则天把案子交给了监察御史苏珦。苏珦，雍州蓝田（今陕西省蓝田县）人。武则天当时要是足够了解这个人的话，是绝对不会想要把这件事儿交给他的。纵观苏珦的一生，其实有很多地方和狄仁杰是有共通之处的。同为明经及第，同样明察秋毫，同是李唐江山的守护人，同为年老致仕，同样得以善终。

狄仁杰：辅周复唐真功臣

韩、鲁诸王的案子开始审理之后，苏珦来来去去鼓捣了好长时间，都没有挖出个像样的同谋来。其实从实际情况来看，就是没有什么实质性的所谓的同党。除了李贞、李冲二人，其他人也顶多就是在旁边有心没胆地起了起哄，真刀真枪干起来的时候，他们跑得可比兔子还快。说到底，就是一群乌合之众，不足为虑。可对于武则天来说，不怕一万，就怕万一。对这些人，还是永绝后患会更好一些。

这件事儿，武则天想要什么样的结果其实已经不言而喻，但苏珦这个人就是不上道。这个时候就有人跳出来不怀好意地诬告苏珦和韩王、鲁王等人是同谋，可又没什么像样的证据。武则天只好把苏珦叫过来，让他当面说清楚。苏珦也不是好惹的，武则天质问他的声音大，他比武则天的声音还大。他义正辞严地说了好多，总体意思就是自己是好人，是被冤枉的。被苏珦喊得头昏脑涨的武则天虽然不高兴，也只好对他说："爱卿是大雅之士，我这还有别的重要差事交给你做，这件事情就不劳你费心了"，随即就把苏珦贬为河西道监军。

苏珦被贬后，案子又交到了著名的酷吏周兴手上。周兴可就完全不一样了，为了升官发财，他没有任何底线可言。在这些乌七八糟的事情上，这些人就是武则天手里的一杆枪，指哪打哪，顺手得很。他把韩王李元嘉、鲁王李灵夔、黄国公李譔、常乐公

第四章　仁爱刺史

主都抓到洛阳，假模假式地审了一段时间，很快就逼着他们自杀了。就像那些爱给人起外号的人一样，武则天也有这个癖好，给政敌改名换姓是她比较热衷的一种泄愤方式。杀了他们后，武则天还是不解恨，心想：你们这帮人不就是因为自己姓"李"，才搞出这些事情吗？既然如此，你们也别想姓"李"了，姓"虺"去吧（传说中的一种毒蛇的名字）。

除了这些人，还有青州刺史霍王李元轨、东莞公李融、江都王李绪、殿中监裴承先、济州刺史薛颢、薛颢的弟弟薛绪以及太平公主的驸马薛绍都被查出来与李贞等人合谋造反，最后也都以各种各样的形式被折磨致死。这样的结果真的是让人不由得感叹一句"哀其不幸，怒其不争"，无论反还是不反，最后都要沦落到这样的下场，那当初还不如大家齐心合力，群起而攻之，保不齐还能赢得一线生机。

这么多人头都落地了，事儿却还没算完。原豫州刺史李贞兵败被杀，豫州（治所在今河南汝南县）刺史之职空缺，而且还得有个人前去收拾残局，在这种情况下，狄仁杰就被外派到豫州当刺史去了。对于李贞父子起兵反武以及行动失败后武则天针对此展开的大范围杀戮，狄仁杰持什么看法，史书上并没有相关的记载，我们也无从得知。但是我们作为后人，有一个很显而易见的优势，就是可以通过后面发生的事情，往前进行推理。从后来狄仁杰拥立庐陵王来看，狄仁杰的心思还是能够推测一二的。

当然，尽管说狄仁杰支持李唐，但这并不能表明狄仁杰支持李冲等人起兵。狄仁杰从来都不是一个只有一腔热忱的书呆子，就如同高宗所称赞的一样，他是一个有高度、识大局、能看清形势和事物本质，并且善于变通的人。他知道，武则天浸淫政务多年，手段又非常人可比，再加上李唐宗室这一盘散沙的状态，要想反抗成功，可以说基本是不可能的。狄仁杰也不会为了一件必然失败的事情，而将自己置于危险的境地。所以对于李冲、李贞等人的起兵，狄仁杰应该是从心里面不赞同的，对于大批李姓宗室被牵连，以致被杀，狄仁杰则是抱以同情以及惋惜之情，但是他自己的这种情感又是不能表达出来的，只能藏在心里。

四、平反百姓

被派去豫州的时候，狄仁杰刚在文昌右丞任上不满三个月。这么些年，自出使岐州开始，他并没有像那些整天喊着要匡复李唐的人一样，整天发牢骚，倒苦水。而是俯下身子一步一个脚印地东奔西走，为百姓办实事，办好事。百姓的利益高于一切，这是狄仁杰区别于那些人的根本所在。也幸亏这个差事是让狄仁杰去了，他要是再晚去几天，说不定豫州就要变成下一个博州了。

第四章 仁爱刺史

有之前到宁州当刺史的经验,狄仁杰第二次担任地方行政一把手想必内心不会太过紧张。但一个地方一个情况,豫州作为李贞反武的起兵之地,情况也自然会比宁州要复杂得多。最为要紧的,也是武则天最关心的,就是对全豫州的人进行逐一筛选甄别。标准也很明确,即是否曾经参与反叛。这一点,是狄仁杰必须完成且要出色完成的一项首要任务。上任途中,狄仁杰其实已经对即将可能会面临的问题提前做了一个预设,也做好了充足的心理准备。可没想到,情况远远要比自己想的还要糟。

走马上任之后,还来不及对全州的情况做一个摸排了解,狄仁杰没敢歇息,开始着手对李贞案件展开了调查。监牢里乌泱乌泱的人头攒动,看得狄仁杰一个头两个大。当初曲崇裕杀到豫州的时候,连一场像样的抵抗都没有遇到,那又从哪儿冒出来的这么多人谋反的呢?都是人命关天的事,容不得有片刻耽搁,他立即详细地查看了相关卷宗,才知道因为越王谋反而连坐的有六七百人之多,被籍没为奴的又有5000多人。如果是为了迎合太后的心意,这些人宁可错杀一千也绝不放过一个,这些无辜被牵连的人又有什么错呢?人命难道就如此卑贱吗?

就在狄仁杰正思考着该怎么办的时候,突然司刑使来了,他跟狄仁杰说:"刺史大人,那些逆贼关进监牢也有些时日了,原先之所以迟迟没有处理,本是因为豫州刺史之职空缺,无法决断。如今大人您也到任了,还请刺史尽快将他们明正典刑,我好回神都复命。"狄仁杰知道司刑使只是奉命行事,人也不是他抓的,就笑着说:"大人,他们都是老百姓,什么也不懂,李贞说什么他们就信什么,不是他们想谋反啊!劳您在这多待几日,我马上就奏请太后,请太后放他们一条生路。还望大人宽容几日。"司刑使看着一心为百姓着想且言辞恳切的狄仁杰,只能点点头答应下来。

晚上回家后,狄仁杰随便扒了几口饭,就一头扎进了书房。书桌前,他背着手来回踱步,心里百转千回。他已经为官多年,又怎么会不知道只要是跟李贞沾上边的,无论是王公大臣,还是皇亲国戚,没有一个能有好结果的。尤其是在告密之风盛行的当今,为官做宰本就如泥菩萨过江,自身难保。如果自己在这个关头替那些与李贞有关联的人说话,届时再有好事者添油加醋一番,保不齐自己甚至全族都性命难保。但如果就这么听之任之,这么多无辜百姓势必难逃一死,那自己和那些草菅人命者又有什么分别呢?做这个刺史的意义又在哪里呢?门口的侍从当然不知道此时狄仁杰内心的痛苦与挣扎,他只知道这一晚,窗户上的人影来回晃动许久直至夜半三更。

古语有云:"鱼,我所欲也;熊掌,亦我所欲也。二者不可得兼,舍鱼而取熊掌者也。""鱼"和"熊掌"是一道选择题,面

第四章 仁爱刺史

临生死抉择时，鱼虽能果腹，但要让先贤孟子来选的话，他会义无反顾地选择"熊掌"，只因"大义"就如"熊掌"一样珍贵。在孟子看来、在无数仁人志士看来，这个世界上远远有比活着更加重要的东西。从狄仁杰的为人与做官经历来看，他也绝对不会是一个选鱼的人，绝对不会是一个为了自己的身家性命而置万民众生于不顾的人。思及此，狄仁杰不再犹豫，他径直走到书桌后，染翰操纸，慨然而赋。

狄仁杰在这封写给武则天的表中写道："蒙太后信任，微臣此次得以刺史豫州，自当结草衔环，为朝廷办事，为国家尽忠。自古君者舟也，民者水也，深知此中紧要的微臣现有一件事不知道当讲不当讲。跟您说，似乎是在替这些反贼说话求情；不说，又害怕违背您体恤臣民的一片慈爱之心。实不相瞒，这封奏表微臣写了又撕，撕了又写，实在拿不定主意，万般思量之下，才终于决定一吐为快。如今承蒙太后英明，百姓才能安居乐业。想来造反之事绝非他们的本心，很多人都是受人蒙蔽胁迫才犯下这滔天大祸。上天有好生之德，还望您看在他们是被连累的分儿上，就免了他们的死罪吧。"

奏表刚写完，狄仁杰打开窗户向外看去，天空已泛起鱼肚白。彻夜未眠的他没有一丝疲累，反而有一种心事得以解脱后的松快感，接下来要做的也就只有等待了。出乎所有人意料的是，

狄仁杰：辅周复唐真功臣

狄仁杰的奏表一递上去，武则天就同意了，直接下令免除了这些人的死罪。但是死罪可免，活罪难逃，这些人全部都要被流放到丰州（今内蒙古自治区河套地区西北部及其以北一带）去。虽说还是免不了要遭受刑罚，但至少也是捡回了一条命。很长一段时间以来，因反叛而流的血已然太多了，但这些人因为狄仁杰实实在在地活了下来。从让几千人成功死里逃生这件事情足以看出，一方面武则天对狄仁杰十分了解和信任；另一方面武则天作为实际上的最高统治者，她对于百姓还是足够重视的。

从来没有想过还能捡回一条命的豫州一众人等，带着劫后余生的狂喜和感动，从监牢里出来直接就向着未卜的前路出发了。巧的是，他们去丰州的路上会途经宁州，也就是原来狄仁杰当过刺史的地方。他们一到宁州，发现路边竟然站着很多人，大家手里面还拿着很多吃的喝的，似乎在等谁。正当众人疑惑之际，路边的人发现他们来了，竟一拥而上，将他们团团围住，又是送吃的，又是喂喝的，好不亲切。这是什么情况，囚犯居然还有人来迎接，难道我们中间有人跟宁州人沾亲带故的，这一路上也没听谁说起过呀。

也顾不上多问，一路奔波劳累的众人确实早就饥肠辘辘，也就来者不拒，埋头大吃了。吃饱喝足之后，人群中走出来一位颤颤巍巍的老人，笑着对他们说道："是我们的狄公让你们活下来

第四章 仁爱刺史

的呀！"豫州众人这才恍然大悟，原来宁州父老也是受过狄公恩情的呀！话说完之后又把他们带到当初为狄仁杰所立的碑前，看着此情此景，被流放的众人终于放声大哭起来，尽情宣泄着这些日子担惊受怕所积攒下的委屈。在宁州父老的热情挽留下，豫州众人又住了三天才重新上路。一路跋山涉水，众人终于到达了丰州，落脚后，就自发组织起来给狄仁杰建了一座碑，以示感激之情。

要填李贞捅下的娄子，麻烦事当然不可能只有这一件。凤阁侍郎、同凤阁鸾台平章事张光辅在领兵平定李贞叛乱的过程中自认为立下大功，在豫州基本上都是拿鼻孔看人，尾巴就快要翘到天上去了。有样学样的将士们也都恃功而骄，不断伸手问州里要东要西。这事儿要是换作别人，可能就答应了。毕竟张光辅为堂堂宰相，又节度诸军，还刚立了大功，哪里敢随便得罪。可狄仁杰压根不惯他们的臭毛病，合理的我就给，只要不是合理的需求，门儿都没有。碰过几次钉子的个别将士看不惯狄仁杰的这般做法，就跑到张光辅跟前打小报告去了。

张光辅听了手下无理搅三分的鬼话之后，顿时火冒三丈，直接找上门去，指着狄仁杰的鼻子就大声喝道："你一个小小刺史，竟胆敢轻视本帅？"狄仁杰没想到，堂堂宰辅、三军元帅不能约束手下的骄兵悍将也就罢了，居然还要替他们出头，真是岂有此理。狄仁杰看着趾高气扬的张光辅，压根没拿他当盘菜，言辞犀利地说道："让河南发生动乱的本是一个越王李贞而已，可如今一个越王李贞死了，千万个李贞又来了！"

张光辅一听这话，差点儿被气得背过气去，浑身的汗毛都立起来了。好你个狄仁杰，本帅为官立功的时候，你小子还不知道在哪个墙角和泥玩儿呢，如今居然也敢拿这些话来恶心我！只见张光辅脑门上青筋暴起，咬牙切齿地吼道："大胆狄仁杰，你别以为自己当个刺史就了不起，是谁给你的胆子，敢这么跟本帅说话！今天你要是说不出个所以然来，那我就要让你知道，本帅绝不是随随便便就能让人数落的。"

狄仁杰本就对张光辅到豫州后的所作所为有诸多不满，只是一直没有机会发泄出来而已。一听这话，狄仁杰也就不打算再忍下去了。你张光辅既然要往枪口上撞，那就不能怪我不给你面子了。只见他伸手拂了拂飞溅在空气中的唾沫星子，面露不屑地说道："阁下您手握30万重兵，所要诛杀的只有越王李贞而已。当初李贞尚在城中据守之时，城中百姓听闻您率军到来，无不暗自窃喜。更有人偷偷翻出城墙请降，人多到四面城墙下都被踩出了几条小路。这些人本就是奔着生路去的，可您又干了什么呢？您对部下不加约束，纵容士兵杀降为功，以致无数人死于非命，城外血流成河。所作所为，又与李贞等人有什么分别呢？这不是

第四章 仁爱刺史

千万个李贞，又是什么呢？可恨我手中没有尚方宝剑，不能把剑抵在您的脖子上。要是有的话，我为了豫州百姓，必要将你斩于剑下，视死如归！"

肺管子被戳得生疼的张光辅脸上一阵青，一阵白。今天本是他上门训人，到了反而被人家指着鼻子一通臭骂。他根本没想到，狄仁杰居然毫不畏惧自己元帅、宰相的权威，竟然还敢当面扬言说要杀了自己。但他面对铮铮事实，也无言以对，只能强忍不快，嘴里骂骂咧咧地离开了。

好，狄仁杰，你真是好样的，咱俩骑驴看唱本，走着瞧！输人又输阵的张光辅班师回朝后，叽里呱啦地说了一大堆狄仁杰的坏话。武则天看着义愤填膺的张光辅，感觉自己要是再不安抚一下这位功臣，恐怕他就要把自己给气死了。虽然她很清楚狄仁杰的为人和行事作风，但眼前这个恼羞成怒、倚老卖老的张光辅，才刚得胜回朝，资历又摆在那儿，总不好现在就让他下不来台，看来只能暂时先委屈狄仁杰，再从长计议了。再者，派狄仁杰到豫州去，本就是想着豫州战乱后需要一个得力的人来安抚百姓、稳定生产。现在豫州在狄仁杰的治理下，相关工作也都基本步入了正轨，狄仁杰也算完成了自己的任务，那就顺了张光辅的意吧。于是，武则天下令让狄仁杰到复州（今湖北省仙桃、天门、监利等市县）去当刺史。虽说都是当刺史，可复州在唐代属于偏远地区,这样算来狄仁杰属于被贬。

嚣张跋扈的张光辅重新找回了体面,得意扬扬地继续当着自己的宰相;想方设法为百姓办实事的狄仁杰,却被罚到复州当刺史去了。这样看来,武则天也不容易,即使是她也不是想干什么就能干什么的。这就是政治,不是简单的你错我对,强势如武则天,也不得不在诸多考量、诸多权衡后有所妥协。

对狄仁杰而言,在豫州当刺史和在复州当刺史并没有什么不同,他只是一心想干事,在哪里干又有什么分别呢?不过也许是上天都看不下去豫州那么多的无辜之人就这样枉死,也有可能是张光辅平时为人处事过于张扬以致遭人忌恨。就在狄仁杰被贬复州后不久,张光辅就出事了。狄仁杰想要的那把尚方宝剑,以另外一种方式抵在了张光辅的脖颈间。

事情还得往前追溯,徐敬业兵败后,他的弟弟徐敬真也受到牵连,被流放到了绣州(今广西桂平市南)。在唐代初期,从整体上来说,大部分南方地区的开发程度还是要比北方差一些的,尤其是西南地区,人烟稀少,被视作烟瘴之地。徐敬真哪里遭过这种罪,他怎么看绣州怎么不顺眼,日子很不好过。原来的锦衣玉食变成了粗茶淡饭,就连潮湿的气候也让人难以忍受,最让他难以忍受的是失去自由。他无时无刻不在幻想着,有朝一日能离开这个鬼地方。可徐敬业犯的事儿太大了,当初没把他徐敬真的

第四章　仁爱刺史

脑袋一并砍掉就算不错了，要想离开这里，那绝对是天方夜谭。

可徐敬真压根不管这些，毕竟事在人为，总不能就一直待在这个鸟不拉屎的地方，坐一辈子牢吧。可"溥天之下，莫非王土"，不想在这里，又能去哪呢？经过一番冥思苦想，他终于下定决心准备一路北上，投靠突厥。从理论上来说，徐敬真的这个想法还是比较可行的。这些年来，突厥骨笃禄可汗领兵连年寇边，给大唐带来不少麻烦，单是大将黑齿常之就前后出征多次讨伐突厥。敌人的敌人，那就是朋友，投靠突厥，除了能有一席立身之所外，说不定还能有机会报全族被灭的血海深仇，岂不快哉！

可徐敬真这个想法在实际操作的时候存在一个比较大的漏洞，就是时间。怎么样能做到在官府还没有发现他消失之前，尽可能逃得比较远；而在官府发现人不见了之后，又能躲过二十四小时全方位的通缉追捕，顺利到达突厥的势力范围；除了这些，逃跑途中维持生命的吃喝问题如何解决。这些都是他提前必须要考虑清楚的问题。可区区一个囚犯，又怎么可能把这些关节全部打通理顺。算了，拼一把吧，万一能成功呢？

就在所有人都认为徐敬真不可能离开这里，对他的看管甚至都有了一些松懈时，终于被他逮到了机会。一天晚上，徐敬真趁着监管不严备，立刻头也不回地逃跑了。他不敢走官道，只能找小路走，一路上披星戴月、风餐露宿，终于来到了洛阳。洛阳有他的两个好朋友，一个是洛州司马弓嗣业，一个是洛阳令张嗣明。他偷偷找到二人，说了自己的近况，还说自己准备去北方投靠突厥。

这两个人也很够意思，冒着风险给了他盘缠，就连忙让他又上路了。绣州好端端地原地蒸发了一个大活人，还是朝廷钦犯，这要是有什么差池，可没人能承担起这么大的责任，主管马上就向朝廷上报了这件事情。对朝廷而言，只要徐敬真人还在大唐境内，抓住他也仅仅就是时间问题而已。隐姓埋名又乔装打扮的徐敬真脚程也不慢，他把心提到嗓子眼，一口气都不敢多喘，没多少时间就到了定州（今河北定州市）。眼看一只脚就快踏进突厥领地了，却一不小心暴露了行踪，很快就被当地官员抓捕归案，北逃突厥功亏一篑。

徐敬真是徐敬业的弟弟，可他还真没有他哥哥那两把刷子。徐敬业当年尽管失败了，但从个人担当来说，那也是一条铁骨铮铮的汉子，但徐敬真却是个十足的软骨头。按说，他到洛阳时，跟过街老鼠差不多，谁要是和他沾上点儿边，就算是包庇逃犯了。况且他还不是普通的逃犯，逃跑不就等于想造反嘛。弓嗣业、张嗣明二人当然很清楚这一点，徐敬业之事牵连了多少人，流了多少血，他们可都是见证者。但是，这两个人还是以义气为

第四章 仁爱刺史

重,想都没想就把一家老小的身家性命都押在上面,毫不犹豫地资助他了。

这天大的恩情,也没能把徐敬真的那一身软骨头给支棱起来。他进了监牢以后,早把这些所谓的恩义抛诸脑后了。为了活命,他将二人悉数供出,甚至还把当初他到洛阳,几个人怎么见的面,说了些什么,这两人给了他多少钱,又是怎么分开的,交代了个一清二楚。不仅如此,他还把自己要北上突厥,然后带领突厥人攻打大唐的伟大计划和盘托出。就这脑回路,说他是猪,都是对猪的一种侮辱。就这样,两位讲义气的朋友也被抓进了监牢。弓嗣业胆子小一点儿,自知没有活命的机会了,惊慌失措间就上吊自杀了。

张嗣明则和徐敬真一样,在生死关头激发出了巨大的求生欲。这俩人秉着好死不如赖活着的原则,彻底抛弃了做人的底线和原则,像疯狗一样到处胡乱攀咬。他们决定跟那些因告密而升官发财的人走一条路,弄好了,说不定能免于一死;要是活不了,那大家就一起毁灭吧。于是,徐、张二人在牢里只是上嘴皮碰下嘴皮,一长串名单就脱口而出,而且每个人犯的事儿还说得有鼻子有眼的。可怕的是这边一说完,朝堂上就会有一批当朝权贵被拉下马,张光辅就是在这个时候成为其中一员的。张嗣明谎称,张光辅在豫州平叛的时候不好好出力,骑墙观望、首鼠两端，准备看谁占上风就帮谁；还说张光辅私下里偷偷看图谶、天文之类的书。

　　结果想都不用想，武则天最恨的就是那些背叛她的人，张光辅也没有比别人多长两个脑袋，又怎么可能会因为曾经收拾过一个李贞就被轻易饶恕。永昌元年（689）八月，张光辅、徐敬真、张嗣明同时被诛，并抄没家产。至此，豫州之事也算是告一段落。事情发展至此，也让人不免感叹一句："天网恢恢，疏而不漏，不是不报，时候未到"。徐、张二人歪打正着，给了豫州城外平白死伤的乡亲父老一个交代。

第五章
阶下之囚

狄仁杰在复州任上也就是走了个过场,时间并不长。永昌元年(689),狄仁杰转任洛州司马,在洛州司马任上,狄仁杰干了什么事,史书上并没有记载,但应该也是相当不错。因为在天授二年(691)九月,也就是武则天称帝的第二年,狄仁杰就被提拔任命为地官侍郎,与冬官(工部)侍郎裴行本并同平章事。地官侍郎,也就是户部侍郎,正四品下;平章事,即同中书门下平章事,带有此职的,就是正式的宰相了。而这一切,都与武则天的欣赏看重是分不开的。

狄仁杰：辅周复唐真功臣

一、初登台阁

载初元年（690）八月，南安王李颖等12人，故太子李贤的两个儿子相继被杀，唐之宗室至此基本被屠戮殆尽。九月，侍御史傅游艺见现下大局已定，就组织号召了关中900余百姓，浩浩荡荡地行至皇宫前上奏表，请求改国号为周。看着这么大的阵仗，武则天高兴极了，但还是故作矜持没有答应，但不久就把傅游艺提拔为给事中。众人一看这个风向，也都非常上道，百官及帝室宗戚、远近百姓、四夷酋长、沙门、道士共计6万余人，都纷纷上表要求改唐为周；就连皇帝也上表请求改姓武氏。

不久，群臣奏称："有凤凰自明堂飞入上阳宫，聚集在左台门口的梧桐树上待了很久才又往东南方向飞去了；还有数以万计的朱雀飞集朝堂"。这么多人集合请愿，再加上天降吉兆，唱戏的台子已经搭建完毕，就只等主角登场了。为了顺应天命民意，武则天于是同意了皇帝与众臣之请，大赦天下，以唐为周，改元天授，上尊号为圣神皇帝，以皇帝李旦为皇嗣，赐姓武氏。中国历史上第一位也是最后一位女皇帝闪亮登场。

天授二年（691），御史中丞知大夫事李嗣真认为，如今武则天已然登基为帝，既诸事已定，那这令人闻声胆寒的酷吏政治实

第五章 阶下之囚

在是没有任何继续下去的必要了。于是他以告事虽多，但虚多实少，且案件不经秋官（刑部）审理，不由门下进行复审，而单凭个人决断，恐怕成为社稷之患为由上书武则天，恳请停止酷吏政治，但没被采纳。虽然武则天不听，但其实臭名昭著的酷吏政治确实已经在慢慢接近尾声。但也是这个尾声，差点儿要了狄仁杰的命。

同年九月，洛州司马狄仁杰被任命为地官侍郎，同平章事。当宰相是一件光宗耀祖的事情，是无数寒窗苦读的学子们梦寐以求的理想高度。但在这个特殊的历史时期，狄仁杰所要面临的政治环境实在是不容乐观，所以容不得半点儿马虎。

就在当月，宰相傅游艺，武则天身边的大红人，突然就被打入监牢并当即自尽。傅游艺是汲县（今河南卫辉市）人，行事为人与周兴、来俊臣等人差不多，因此后世史家将其排入酷吏奸臣之列。这个人，没什么才华，一年前还只是个左补阙，就是因为上书称武氏祥瑞，倡言武周革命，一下说到武则天的心坎里，这才为自己赢得了升迁机会。武则天看他这么上道，也是对其连连提拔。先是升为给事中，没几个月，直接加凤阁鸾台平章事，让他当宰相了。同月内，又加朝散大夫。武则天称帝后，直接赐姓武氏，把他当作自家人了。

傅游艺可以说是红得发紫，被人称作"四时仕宦"，说他一年之内官服从青色到绿色，再到朱色、紫色。一天晚上傅游艺梦见自己登上了湛露殿，早上起来就随口对亲近的人说了几句。在告密成风的政治环境下，多少人的伦理道德都被磨灭了，亲近之人见他这么快速地升官发财，自己也想据此立功，转头就把傅游艺给告发了。原因是当时有规定，如果没有皇帝的允许，臣子是不能擅自进入宫殿的。你傅游艺虽然近来炙手可热，但居然敢做梦进入宫殿，难道还不是想要谋反吗？

　　武则天这个人非常之现实，人有用的时候，可以不顾一切地迅速提拔；在没用的时候，就会更为迅速地将其撇开。虽说傅游艺首倡革命，立有大功，但是现在武则天早已登上皇位，傅游艺本人又没有什么治国理政的能力，对武则天来说早就没什么用了。再者，武则天也知道，众多官员对傅游艺升迁过速也有不小的意见。眼见有人告发，即使是用如此奇葩的一个理由，武则天还是毫不手软地把他扔进了监牢。傅游艺了解女皇的为人，清楚酷吏们的手段，在监牢中都没顾得上感叹自己的大起大落，就自行了断了。

　　到了十月份，武则天又杀了文昌右相、同凤阁鸾台三品岑长倩，司礼卿兼判纳言事欧阳通，地官尚书、同平章事格辅元，鸾台侍郎、同平章事乐思晦，右卫将军李安静等人。岑长倩、欧阳通、格辅元三位宰相因同一个案件而死。之前，凤阁舍人张嘉福

第五章 阶下之囚

为了讨好巴结武承嗣,就派一个名叫王庆之的人,带领数百人上表请愿,请求立武承嗣为皇太子。其实,武则天本人此时应该也搞不清楚到底要立谁为太子。从娘家选吧,侄子哪有儿子亲近,也不是那么回事儿;立儿子吧,他又姓李。这可如何是好。也正是因为她的不清楚,才让以武承嗣为代表的诸武众人非分之想不断。

这么多人上书奏请,武则天还没发话,宰相岑长倩也上了一道奏章,他写道:"现在皇嗣还在东宫,不应该有这种提议,应处罚上书的人,让他们散了。"武则天听了后,又去问另一位宰相格辅元。格辅元更是言辞激烈地表示反对。武承嗣心心念念的好事就这样被二人破坏,又怎么可能轻易放过他们。更为关键的是,这件事导致的结果不仅仅是武承嗣不高兴,而且还直接引起了整个武氏家族的不满。虽说如今李旦姓了武,但说到底人家身体里到底流淌的是李氏的血,要让他当太子,那他们这些人将来能有好下场吗?

于是,经过精心谋划,武氏众人就准备对这些宰相动手。首先是岑长倩,诸武借他被派去征讨吐蕃之机,凭空捏造谋反罪名,人还没走到前线,就被用计召回,直接被扣押入狱。后来武承嗣又把岑长倩谋反之事做大,诬告格辅元为其同党。还让来俊臣胁迫岑长倩的儿子岑灵原,让他攀咬欧阳通等十多位大臣共同

狄仁杰：辅周复唐真功臣

谋反。欧阳通是条硬汉子，不管来俊臣怎么严刑拷打，欧阳通都没有承认罪名。最后实在没办法，来俊臣只好伪造了欧阳通的罪状，引为同谋。就这样，三位宰相和十多位大臣一起因谋反的罪名被砍了头。

右卫将军李安静则是因为在武则天登基时，没有像其他大臣一样上劝进表，被来俊臣以谋反的罪名诬陷入狱。来俊臣在审问李安静时，李安静正色说道："我是大唐老臣，要杀就杀！如果要问谋反的事，我无可奉告！"来俊臣一怒之下，将其杀害。乐思晦犯了什么事，史书中并没有说，估计也是跟其他人差不多。总之，在武则天手下当官，尤其是这些朝中要员，他们所从事的是一项高危职业，根本没人能预料到什么时候自己就会人头落地。同僚们的悲惨下场，时时刻刻都在警醒着狄仁杰要小心行事。

自高宗显庆元年（656）至天授二年（691），30余年的时间，狄仁杰从一个怀揣梦想赴京科考的年轻士子已经成长为大唐王朝的宰相。风风雨雨，宦海沉浮，这一年，他62岁了。对于一位年过花甲的老人来说，精力衰退、疾病侵袭难以避免，但宰相的担子本来就重，如今这个大环境又得屏气凝神处处加以小心，狄仁杰心里也不免产生了一种力不从心之感。他不禁对自己能否胜任宰相的职位，能不能履行宰相的职责产生了一丝怀疑。以前，

第五章 阶下之囚

这种自我怀疑在狄仁杰身上很少出现，但现在看着铜镜里两鬓斑白的华发，也不得不服老，他不由得生出"逝者如斯夫"之感。好在这个念头只是在狄仁杰的脑海中一闪而过，很快思绪就又被拉回到了现实之中。

狄仁杰从来都是一个务实的人，伤春悲秋也只能徒增烦恼而已，曹操曾言："老骥伏枥，志在千里"，此时还远远没有到可以告老还乡的时候。如今女皇登基已经一年，朝堂内外武家子弟窃居高位，而中宗却被囚禁于房州；酷吏横行，忠臣被害，李姓宗室也被剪灭殆尽，李唐王朝的基业已然是分崩离析。这绝不是狄仁杰想看到的，他自幼熟读圣贤书，自然能明是非，分善恶。江山乃李家之江山，且皇嗣虽囚仍在，他无数次在深夜里暗自发誓，一定穷尽毕生之力匡复李唐，以报高宗皇帝的知遇之恩。这一点，绝对不会因为有人因此流血丧命而动摇半分。但他也知道，要想完成这一目标，还是要先把对武则天的成见放在一边，先把眼前有利于国计民生的事情做好，再从长计议。这样做一方面可以维护国家大局稳定；另一方面还能保存自身实力，静待时机成熟。

有一次，武则天闲来无事，召狄仁杰进宫闲聊。武则天笑着对狄仁杰说："狄爱卿，朕知道你在汝南的时候干得不错，但那时候其实有人在朕跟前说过你的坏话，你想知道他是谁吗？"狄

狄仁杰：辅周复唐真功臣

仁杰拱手说道："如果陛下认为臣做错了，那么臣自当改正；如果陛下知道臣没有过错，那就是老臣的幸运了。臣不知道是谁进谗言，臣把大家都看作善友，还请陛下不要告诉我。"武则天听了狄仁杰掷地有声的回答，不由得感慨自己没有看错人，赞叹狄仁杰果然有宰相的风范。

还有一次，太学生王循之因为家中有事，要回去一段时间。为此，他专门给武则天写了一张请假条。武则天看到以后，也没多想，认为这是人之常情，就批准了。唐朝在长安设立国子监，专门招收贵族子弟入学读书，这些学生就是太学生。这张假条会摆在武则天的桌子上，绝对是管理的流程出现了问题。一个太学生，也没有什么特殊之处，就是要回个家，竟然把假请到了一个国家的最高统治者身上，这简直是难以想象。

狄仁杰听说了这件事情后，就对武则天说道："陛下您高居深宫而治理天下，不听无益之言。微臣听说，为人君者，唯独生杀之权不能假手于人。除此之外，至于一些公文政令的杂事，就应当大胆放权，交由相关部门去处理。左、右丞不处理徒刑以下的事，左、右相不处理流刑以下的事，更何况天子您呢？像太学生请假之类的事情，本应当是丞、簿之类官员的职责本分。如果由陛下您特意来下敕令决定的话，那么类似的事情都需要您亲力亲为。仅太学生就有3000人之多，总共又需要多少敕令呢？如果皇帝您厚此薄彼，别人就会说您不公平，对您产生怨恨。还请陛下着人完善这方面的规章制度，以后再出现类似情况都照章办理即可。"武则天听完后，正色说道："狄爱卿，如果不是你说了这些话，朕又哪里能听到这些道理啊！"

二、锒铛入狱

狄仁杰当上宰相，刚准备要大展拳脚轰轰烈烈地干一场，命运却跟他开了一个不小的玩笑。天授三年（692），在来俊臣等人的诬告下，狄仁杰从宰相变成了阶下囚，罪名同样是"谋反"。在此之前，不管有没有谋反之实，凡是戴上这顶帽子的人，基本就没有活着走出大牢的。短短三年的时间，从司马到宰相，由宰相至囚犯，狄仁杰坐的这趟"过山车"，着实是刺激又吓人。可这飞来横祸是怎样砸在狄大人头上的，跟前面的许多宰相重臣一样，同样还是得追溯至武则天大肆兴起的酷吏政治。栽在这一疯狂又恐怖制度上的，狄仁杰不是第一个，也不是最后一个，之前我们对此也已经有一些涉及。但由于狄仁杰是本文主人公的关系，所以将这一制度放在此节进行系统阐述。

武则天本就是多疑的性格，自从徐敬业造反后，她的疑心更是大增，怀疑全天下的人都要造她的反。再加上她自己乾纲独断,行为多不正直,权力也并非承自正统,宗室大臣们心里也都不服气,对她有很大的意见。为了巩固自己的统治,武则天决定广开告密的门路,并在此基础上大开杀戒,清除异己。她鼓励全民告密,允许告密者直接跟她汇报,不许臣下过问。让无数官吏惶惶不可终日的酷吏政治由此开始。垂拱二年(686),为了迎合武则天排除异己的心思,侍御史鱼承晔的儿子鱼保家,发挥自己的聪明才智和卓越的动手能力,制作了一个铜匦,将其放到了朝堂上。

这个铜匦,说简单点儿,就像我们现在收寄信件的邮筒。当然,如果只是一个简单的邮筒的话,那也不值得我们大书特书了。这个铜匦设计得非常巧妙,它内部可以分成四部分:东边叫延恩匦,用于投放歌功颂德、请求做官之类的信件;南边叫招谏匦,用来投放议论朝政得失、为国建言献策的信件;西边是伸冤匦,专门投放申诉冤屈,要求法度公正的信件;北边是通玄匦,投放预言天象灾变以及军机密计的信件,四个部分各自独立又浑然一体。整个设计更为奇妙的一点是信件只要投进去,除武则天下令用特制的钥匙打开,其他人根本拿不出来,大臣们也无权过问,保密性非常高。这就使得铜匦在后来的使用过程中,更多地变成了告密者的专属"邮箱"。不得不说,铜匦的出现在很大程度上满足了武则天的迫切需要,因此,鱼保家也受到了褒奖。

第五章 阶下之囚

不过，就在鱼保家刚沉浸在立功的喜悦中没几天，就被武则天下令诛杀了，世事变幻无常，令人唏嘘不已。那这位优秀的发明家究竟做了什么事情，让武则天翻脸比翻书还快呢？还得从他热衷于科技发明说起。就在铜匦被置于朝堂不久，一封举报鱼保家的密信被投入了铜匦。密信中说鱼保家为发动叛乱的徐敬业制造了不少先进的武器，而这些先进的武器又造成了平叛将士的大量伤亡。武则天在看到这封密信之后，勃然大怒，迅速下令逮捕鱼保家，并将其处死。不知临死之前的鱼保家，又是何心情？作茧自缚，殊为可叹！

其实从个人能力来说，鱼保家大小也算是一位创新型人才。武则天这样做，一定程度来说是一种不太明智的做法，毕竟人才的浪费就是国家的损失。发现人才并任用人才是一个成熟的政治家应该做的事情，武则天不是一个昏聩无能的掌权人，她的认识绝对能达到这一层面。在她统治时期，整个国家和社会较于贞观之时有了更大的发展，实现了贞观与开元两个盛世的完美过渡。武则天虽为女流，但执政能力毫不逊色。事实表明，武则天只有在跟有人要造她反的有关事情上，才会表现得如此疯狂病态。比如她对徐敬业、鱼保家之流用的是辣手无情的铁血手腕，在其他的人事上又表现出了应有的理性与克制。

同年，宰相苏良嗣和武则天的内宠薛怀义有了一次不小的冲

狄仁杰：辅周复唐真功臣

突。客观来说也不能算是冲突，简单来说就是苏大人命人把薛怀义暴打了一顿。薛怀义自恃深受太后宠幸，一贯骄横跋扈，无法无天。有一次，薛怀义在路上碰到了右台御史冯思勖，因为冯思勖曾弹劾过他，他就让手下人把冯思勖打了个半死。身为武则天内宠，堂而皇之地于大街上殴打朝廷命官，可见薛怀义的嚣张程度。只不过，碰到苏良嗣，算他倒霉。

那天，薛、苏二人于朝堂相遇，薛怀义估计也没料到那天碰到的是硬茬子，对着苏良嗣就一通彰显他的傲慢无礼。苏大人气得胡子都快立起来了，心想你是个什么东西，自己心里要是没数的话，老夫今天就教教你怎么做人！老先生也不来虚的，喝令左右拉住男宠，正对着他那俊俏的脸蛋狠狠地招呼了十来下。薛怀义什么时候受过这种气，转头就找武则天去了。他气急败坏地跟武则天讲述了苏良嗣这家伙的恶行，要让武则天给他伸张正义。没想到武则天却轻飘飘地说了一句："你应该从北门出入，南门可是宰相们出入的地方，你以后不要去冒犯。"

由此看来，权力是武则天绝对不能让人触碰的红线，无论是谁，只要有可能对她的统治地位造成威胁，她处理起来都是毫不留情。况且当时所处的仍然是相对落后的农业社会，自给自足的小农经济处于绝对的统治地位。科技对社会进步的推动作用远没有现在这么大，统治者对这方面的考量不用太多。鱼保家虽说是

第五章 阶下之囚

个专业人才,也算有功,但不得不杀。一来徐敬业一众确实可恨,与其相关者皆要杀之而后快;二来必须杀鸡儆猴,就是要以此告诉全天下的人,无论你给朝廷立下多大功劳,只要跟谋反沾边,全部一票否决,没有余地。由此不难看出,她剪除李唐宗室、铲除异己的决心已达到极致。

发明铜匦的人死了,但铜匦的使用却仍在继续。这个类似于检举箱的匣子成了武则天遍布全国各地的眼线耳目。为确保言路畅通,铜匦由专职官员负责管理。同时又下发了一项重磅规定:凡是来告密的人,不管是什么身份,即使是农人、樵夫,都由官府统一提供一路上的住宿车马,享受五品官的用餐标准,由武则天亲自接见。尤其值得注意的地方是,但凡告密属实,属有功,朝廷予以破格任用;如果所告不实,也不会问罪。一时之间,各地的举报信件就像纷纷扬扬的雪花一样从全国各地飘洒而至。

设置铜匦的本意是要使天下所有的反对势力无所遁形,也确实在民意上达方面能起到一定的作用,但这个机制本身还是弊远远大于利。最大的问题就是告密这个行为不在法律的监管范围内,这就好比是拉开场子,任由孙悟空大闹天宫,却许诺绝不给他念紧箍咒一样。反正就算是诬告也不会坐牢,还不如随便碰碰运气,弄好了还可以混个一官半职,告不倒,也没啥损失。这就给了很多宵小之徒以可乘之机。

狄仁杰：辅周复唐真功臣

就这样，铜匦用起来了，索元礼、周兴、来俊臣、侯思止、王弘义、卫遂忠、郭弘霸、李仁敬等人粉墨登场。这些人，史称酷吏，皆以滥施刑罚、执法严酷、手段狠辣著称。他们的工作范围大致是，告密人检举揭发的案件，不经刑部等正规部门，直接交给他们全权负责审理。没有那么多的条条框框，主打一个"快"字。后来，出于酷吏们升官发财的需要，在他们的多番努力下，工作范围有所扩大。他们除了负责审理案件之外，还负责生产制造案件。简单来说，就是同时担任告密者和审理者双重身份，看不惯谁，就检举谁，然后再想尽办法处理谁，弹无虚发。

总之，经这帮人审理的案件，涉案之人能活着挺过来的没几个。这几人之中首先不得不提的就是胡人索元礼。索元礼不仅是一个少数民族之人，他还是因告密制度加官晋爵的酷吏集团之当朝楷模。此人生性残忍好杀，审案时无所不用其极，每审一个"犯人"，总是有办法能让其牵连出百十个同谋来。更要命的一点是，这胡人的养子正是武则天的男宠薛怀义。有了这层关系，再加之他本身"审案能力"出众，由是颇为武则天所赏识，任命其专门负责处理告密案件，手中的权力也越来越大。

看着索元礼迅速走红，眼红的人自然不少。长安人周兴、万年人来俊臣等人就是在这个时候找到了组织，明确了以后人生的发展方向。为了在这个工作岗位上发光发热，他们牢牢依托武则

第五章　阶下之囚

天势必要清除政敌的坚定决心，肆无忌惮地发挥想象力和创造力，通过不断刷新自己的底线和良知，从各个环节入手，把事业推上了一个新台阶。

首先，为了保证饭碗能够长久可持续地端在手里，他们拉起了百十来人的混混队伍，专门从事告密事务。这伙人天天横行街头，鱼肉乡里，看谁不顺眼或对谁对其稍有得罪，就告谁谋反。逮捕之后，严刑拷打，重刑之下，岂有不招之理，一时间人人自危。

其次，他们还意识到光有盲目的行动是走不长远的。为了提升工作的高度，来俊臣还参与编撰了一本教材《告密罗织经》。这本书就是专门用来教他的这帮小弟如何科学合理地把一个无辜清白的人完美塑造成反贼，打造出来的案件如何能做到有理有据，细枝末节一清二楚。

最后，就是在审讯上做文章了。为了提高工作质量，除了有理论的加持，手上还必须要有趁手的工具作为辅助。由他们创新制作的各种刑具款式新颖，名号响亮。比如用铁笼梏住囚犯的头，外加木楔，以致脑裂髓出而死；用横木捆住犯人手足，再加揿转，称之为凤凰晒翅；光是大枷就有10种，分别为"定百脉""突地吼""死猪愁""求破家""反是实"等。严格点说，以索元礼为首的酷吏帮也称得上是善于发明创造。"审讯专家"们都想在审讯时省时省力，尽快解决问题。所以每次有了新的囚犯，他们都是先让这些发明亮个相。也确实仰仗这些发明的威力，审讯成效非常显著。犯人们光是看，就大多吓得汗流浃背、瑟瑟发抖，招供迅速异常。

从这些腌臜事来看，这些人的品行之不堪、德行之卑劣实在让人不敢恭维。他们以制造冤狱为能事，稍有过节，就栽赃陷害，动辄杀头灭族，非搞得对方家破人亡不可。想当初，还远在高宗朝的时候，周兴以河阳令的身份得到召见。高宗本打算重用他，但当时不知道是谁给高宗提意见说，周兴并非清流人士，目前不符合提拔标准，高宗也就放弃了这个计划。沉浸在高升美梦中的周兴只知道高宗准备起用他，还不知道这个噩耗。他每天翘首以盼，激动得不知如何是好，有好几次等得实在焦急，就到殿前张望。很多官员在殿前见了他，都没理他，毕竟得罪人的事情谁也不愿意干。只有魏玄同看他可怜，把这件事跟他说了之后就让他回去了。被一盆冰水浇了满身的周兴回去了，但他默默地把这笔账算到了魏大人的脑袋上。好你个魏玄同，咱们无冤无仇，竟敢在背后暗害我，咱们走着瞧！

周兴踩着索元礼的脚印走到人前之后，终于有能力做这件在脑海里不知道思虑过多少遍的事情，他又怎么会错过这个为自己报仇雪恨的机会呢？其实此时条件之所以成熟，除了周兴已经具

第五章 阶下之囚

备了这个实力之外，还因为武则天与魏玄同二人之间已早有嫌隙，而且不止一点。在高宗麟德元年（664），魏玄同就因为联合上官仪谋废武后而获罪流放岭外。另外，魏玄同素来与裴炎交好，这俩人的关系很铁，铁到流传下来一个专门用来形容他们友谊的词语，叫作"耐久朋"。处朋友没什么，坏就坏在裴炎身上。光宅元年（684）的时候，裴炎不是因主张还政于睿宗，获谋反罪名而被杀了嘛，周兴做了一个简单的推理，裴炎既然是乱臣贼子，那你又和这个乱臣贼子好得穿一条裤子，能是什么好人吗？周兴决定，就利用武则天的疑心，扳倒魏玄同。

于是，他立马上奏太后，诬告魏玄同曾经说过"太后老了，还是辅佐睿宗才更能长远"这样大逆不道的话。太后听闻后大怒，立马下令将魏玄同赐死于家。毅然赴死前，监刑御史房济出于同情对他说："大人您何不先告密，等到太后召见，届时您就有机会可以为自己洗刷冤屈了呀？"魏玄同站立良久，毅然决然地大声说道："人杀还是鬼杀，又有什么区别呢，怎么能与告密之人同流合污呢？"壮哉！君子有所为，有所不为，气节也。一任当朝宰相，就因为周兴一句子虚乌有的话，就此殒命。

更恶劣的还有来俊臣，这个人从根子上就坏，家族基因就决定了他绝对能够成为一名优秀酷吏。他的父亲名叫来操，是当地有名的赌棍，为人行事十分令人不齿。常言道，朋友妻不可欺。

狄仁杰：辅周复唐真功臣

可来操不是寻常人，他与同乡一个叫蔡本的人是好朋友，却在蔡本眼皮子底下跟人家老婆长期保持不正当的男女关系。更过分的是，两人有一次闲得无聊，坐在一起掷骰子耍钱。没想到情场失意的蔡本，赌场也失意，输得是倾家荡产，无以为偿，最后只能用妻子抵债。估计这蔡本并非是真的要献妻还赌债，只是想跟自己的好朋友表示一下还债的态度，希望来操能推辞掉。谁知道来操一点儿也不和兄弟客气，竟照单全收。早就已经珠胎暗结的一对有情男女，自此得以光明正大地双宿双栖。过了门没多久，就生下了一个孩子，这个孩子就是来俊臣。

这种家庭环境下长大的来俊臣，自是青出于蓝而胜于蓝。从小就是问题少年的他，玩起这些审讯手段来，更是如鱼得水、花样百出。这些犯人谁要是敢稍稍让他不痛快，他就将谁定为重罪并进行株连，手下的冤魂前后就有千余家。而且凡是来俊臣负责审讯的囚犯，进去的时候不管罪行轻重，都要经过一道固定工序，就是统一先把醋灌进鼻子里，浅尝一记下马威，然后再把人关进地牢，等候提审。他又让人在监牢内泼满粪便，犯人们只要走进这人间炼狱，除非死了，否则别想出来。

作为酷吏，不管是对敌人还是对同道中人，来俊臣都能做到一视同仁的残忍。就在陷害狄仁杰等一众大臣入狱前一年，有人告发周兴与丘神勣谋反，案件交到了来俊臣手上。按理说，来俊

第五章　阶下之囚

臣和周兴也能算作同事吧，大家都是一条道上的，怎么着也得照顾一下。来俊臣也确实这样做了，审问的时候也没用他那各种吓人的刑具，而是采用了温和的对话方式进行，两个人吃着饭就把事给办妥了。去吃饭之前，周兴压根不知道这是一顿鸿门宴，还以为是同行之间进行业务切磋，聊心得，谈体会呢，反正兴冲冲地就去了。

席间，来俊臣无比真诚地向周兴请教说："遇到犯人不痛快招供这个问题，咱们应该怎么办呢？"周兴心想，看来我超强的业务能力备受同行认可啊，连忙高兴地说："嗨，这还不简单嘛！你去取一个大瓮来，把人放进去，四周放上炭火烤，用上这个办法，就不存在他不招的情况。"来俊臣一听，转头立马叫人拿来了家伙什，全部按照周兴说的办法摆放好。周兴一看，小伙子行啊，先进经验吸收得还挺快，孺子可教也。可没想到，来俊臣转过脸对周兴说："兄弟，有人举报你与丘神勣密谋造反，现在东西也已经准备好了，请吧。"周兴吓得脸刷白，他就是干这个的，怎会不知其中厉害，还是免去不必要的皮肉之苦要紧，就赶紧跪下来磕头认了罪。大酷吏周兴因此被流放，在途中被仇家所杀。来俊臣闹这一出，不仅解决了周兴，还给后人留下了"请君入瓮"的成语。

在这样恐怖的政治生态中，凤阁侍郎、同凤阁鸾台三品刘祎

狄仁杰：辅周复唐真功臣

之,太子通事舍人郝象贤,右武卫大将军黑齿常之,地官尚书、同凤阁鸾台三品韦方质,左金吾大将军丘神勣,玉钤卫大将军张虔勖以及我们之前提到过的岑长倩、格辅元、欧阳通、乐思晦、李安静等重臣要员,在先后几年时间里都以谋反之名被处决。陈子昂、李嗣真等官员眼见这年头杀个高级官员就跟砍棵白菜一样简单,不免心生忧虑。尽管知道这样做肯定会惹武则天不高兴,但他俩还是数次犯颜直谏,通过对告密的起源、具体实施过程中存在的问题、任由事态发展带来的危害等多个方面进行深入细致的分析,对武则天晓之以理,动之以情,但均未被采纳。

归根结底不难看出,武则天任用来俊臣这帮地痞无赖,无非就是为了巩固自己的统治地位。她手中的权力本身就承自李唐,且身为一介女流,皇位继承的合理性以及自古男尊女卑的传统,都给她的统治带来了巨大的阻力。徐敬业扬州谋划起兵,振臂一呼,不过月余,响应者竟达10万之众。这种种因素无时无刻不在提醒着武则天,只有想办法把权力牢牢掌控在自己手中,才不会被别人抢走。正因为如此,尽管武则天知道来俊臣等人就是一群乌合之众,但还是要把罗织罪名、剪除李氏宗亲、铲除异己、打击政敌这样的任务交给他们。纵然有一大部分无辜之人也被牵连其中,但是只要能让她稳稳站在这万人之巅,宁肯错杀,也绝不会放过一个。

第五章 阶下之囚

就在这样的背景下，长寿元年（692），左台中丞来俊臣罗织罪名诬告同平章事任知古、狄仁杰、裴行本，司农卿裴宣礼，前文昌左丞卢献，御史中丞魏元忠，潞州刺史李嗣真等人谋反。七个人当中，除李嗣真、魏元忠二人得罪过酷吏外，其他人都是莫名其妙就被牵连进去的。李嗣真我们之前就提过，因对酷吏横行的局面深感忧虑，曾上书规劝武则天砸了这帮人的饭碗，从而得罪了他们，而魏元忠则是因为与酷吏郭弘霸之间有过节。

郭弘霸，庐江人，善表忠媚上，凭借溜须拍马的本领混了个"四其御史"的名号。有一次，郭弘霸上司御史中丞魏元忠因病告假，卧床在家。底下的这些个御史知道领导生病了，就相约着去看他。郭弘霸是最后去的，从他为人处世的风格来看，最后去显然是不符合常理的。这不，一进门，他就急切表达了对领导生病的无限担忧和牵挂。寒暄之际，见魏元忠刚如厕后还没来得及清理的便桶摆在角落里，郭弘霸突然灵光乍现。古时勾践正是尝了吴王夫差的粪便才获得信任的，如今机会来了，他就照着勾践的样子无比虔诚地照做起来。

郭弘霸尝了那些东西还没怎么样，倒是差点儿把魏元忠吓得从床上跳起来。元忠大人瞪着溜圆的眼睛，看见郭弘霸面露喜色地说道："大人有所不知，如粪有甜味，那疾病痊愈估计还得些时日。您的粪味发苦，看来是立马就要康复了呀。"郭弘霸用他

狄仁杰：辅周复唐真功臣

夸张的行为艺术把刚正不阿的魏大人恶心了个半死。估计是刺激太大，一个人实在是消化不了，魏元忠销假上班后，逢人就说这件事，二人的梁子这算是结下了。

就这样，狄仁杰一干人等被关进了监牢里。在此之前，来俊臣为了进一步优化审讯程序，提高工作效率，特地为犯人们求来了一条优惠政策。即如果一经审问，就立马承认谋逆，这种情况等同于自首，可以免于死罪。狄仁杰也不例外，进去之后首先要做的就是把犯的事儿交代清楚。虽然不抱期望，但来俊臣还是照例宣读了这一坦白从宽、抗拒从严的宽大政策。让他没想到的是狄仁杰立马说道："大周革命，万物惟新。而我是唐室旧臣，反是实，甘从诛戮！"呦呵，这老汉不愧是前司法工作者，不仅律法条文理解得透彻，执行速度也堪称一流。既是一时权宜，又是发自肺腑的一句话，让狄仁杰成为了来俊臣眼中的贪生怕死之徒。

狱中狄仁杰因为表现良好，并没有受什么皮肉之苦。但由侯思止负责问讯的魏元忠就没有这么好的待遇了。魏元忠毕竟是经历过战场厮杀的铮铮汉子，见识过刀光剑影，这些屈打成招的小伎俩一开始还真的没被他放在眼里。侯思止眼见常规手段不起作用，就气急败坏地命人把魏元忠倒挂起来，魏元忠挣扎着喊道："侯思止，你要是想要我魏元忠的头，直接拿去便是，何必非要

第五章 阶下之囚

让我担这造反的污名!"一把老骨头在受尽百般折磨之后,实在是挨不住了,才无奈认罪。

判官王德寿也是一个小人,他眼见这些酷吏靠着罗织罪名,一个个都飞黄腾达了,也是心痒难耐。但他自己胆子又小,不敢直接诬告别人,怕受到牵连,只好把主意打到这些犯人头上。经过这些天的观察,他认定狄仁杰是个贪生怕死之徒,于是借机对狄仁杰说:"尚书大人,您谋反的事情现在已经告一段落了,您的死罪也已经免去了。现下官有一个不情之请,还劳烦大人帮忙。"狄仁杰微笑着说:"在下现为阶下囚,还请王大人每日多多关照,哪里能帮上您的忙呢?"王德寿小心翼翼走到狄仁杰跟前,低声道:"大人有所不知,德寿现在官职卑下,还想更进一步。大人能不能把杨执柔牵连进这个案子里来,助小人一臂之力?"狄仁杰强忍不适,蹙着眉说:"怎么牵连呢?"王德寿一听有戏,立马高兴地说:"杨执柔曾在您手下任官。您只要说他也参与了这次的谋反事件,就可以了。"只听得狄仁杰厉声喝道:"皇天后土在上,你这宵小之辈,竟想让我狄仁杰做此等龌龊之事!"话音刚落,就一头撞到了眼前的柱子上,霎时间,血光四溅。王德寿见状,连忙一边道歉,一边飞也似的落荒而逃。

这就是狄仁杰,灵活、善于变通却始终坚守原则。承认谋逆只是审时度势之后的权宜之计,但要无故攀咬无罪之人,他宁愿

狄仁杰：辅周复唐真功臣

身死而不为！

三、惊险逃脱

众人既然已经承认谋反，问讯环节就算基本结束，接下来就是等着判罪量刑。每日身处这暗无天日的监牢之中，面对阴险滥杀的牛鬼蛇神，狄仁杰其实心知生还希望渺茫。但自己还有好多事没做，还有很多梦想没有实现，此等结局如何让人心甘？不！绝不能坐以待毙！

有一天，狄仁杰瞅准监牢看管相对放松的时机，从狱卒处要来笔墨，悄悄地把被子上的布撕下来，将自己的喊冤文书及入狱之后的种种都写在布上，塞进了棉衣里头。待所有事情都秘密办妥之后，他就对王德寿说："现在天气正是热的时候，请您帮我把这件衣服给我的家人，换一件薄的来。"要说这王德寿不知道是怎么想的，一个无亲无故的反贼，热就热吧，换哪门子衣服呢？可他偏偏还就同意了。或者可以理解为王德寿很自信，毕竟自己亲自经手且这里看守森严，谅他狄仁杰也耍不出什么花样，棉衣就这样顺风顺水地到了狄仁杰家人手中。

狄仁杰之子狄光远，看到送来的棉衣，心知其中必有蹊跷。待狱卒走后，就一通里翻外找，终于发现了藏在棉衣深处的书

第五章 阶下之囚

信,救父心切的他不敢耽搁片刻,立刻按照书信中父亲的安排,马不停蹄地把这封手书上交到武则天手中。女皇看完之后,心里也开始犯嘀咕。狄仁杰、任知古、裴行本这三个人可都是当朝宰相,还有魏元忠在镇压徐敬业这伙反贼之时更是立有军功,这些人要都是屈打成招,那影响可非同小可。她随即召来俊臣前来问道:"你之前说狄仁杰等人都已经认罪了,如今还有人来御前喊冤,是什么原因呢?"来俊臣假装无辜辩解道:"这七个人入狱后,臣不曾对他们动用私刑,如果不是事实的话,那他们又为什么要承认谋反呢?"为搞清楚事情真相,武则天于是命通事舍人周綝前去狱中调查清楚。

本来双方各执一词,找第三个人去调查其实再合适不过。但这个周綝偏偏是一个胆小怕事之徒,等他到监牢的时候,来俊臣早已准备周全,狄仁杰等人早已穿戴好狱卒事先拿来的衣物,在西边站成一排等待检视。按说这么多人,又都是原来的高官,站在哪都很难让人忽略。可这周綝愣是不敢往西边看,他那个脖子就像落枕了一样,夸张得歪向一侧,视线只管往东边扫。狄仁杰看着眼前这个唯唯诺诺的东西,心都凉了,这绝对是天要亡我狄某人啊!

与狄仁杰相反,来俊臣对这位识时务的周大人很是满意。他一脸得意地看着狄仁杰,这厮竟敢暗度陈仓,真是天堂有路你不

狄仁杰：辅周复唐真功臣

走，地狱无门你自投，这下可休怪我无情！在调查工作草草结束后，来俊臣示意周䌷留下，悄悄地给他塞了一份伪造狄仁杰等人署名的谢死表，要他代为呈上。来俊臣等单方面审查不可信，又派去的周䌷更是带回来几个人的谢死表，眼下看来，案已成铁案，事情已无丝毫转圜之余地。

古语有云："天将降大任于是人也，必先苦其心志，劳其筋骨，饿其体肤，空乏其身，行拂乱其所为，所以动心忍性，曾益其所不能。"这次入狱也许就是老天为使大唐国祚得以延续从而故意安排给狄仁杰的一场劫难。在狄仁杰尝尽狱中百般滋味，历经苦楚后，终于山重水复，柳暗花明。但又有谁能想到，已经是一盘死棋却又突然全盘复活的契机竟然是一个不满10岁的小男孩带来的。

这个小男孩就是曾经当过宰相的鸾台侍郎乐思晦的儿子，他肩负着沉甸甸的责任，走进金銮殿，走进了一片血雨腥风。想当初，乐思晦仅当了几个月宰相就被来俊臣构陷致死，整个家族皆遭株连，这个孩子因年幼才得以幸免。作为罪臣之后，他是通过何种途径入朝觐见的，已不得而知，但想必绝对是有有心人在幕后运筹帷幄。也正是因为身负血海深仇，才使得这个乳臭未干的孩子敢鼓起勇气接受天子问话。

朝堂之上，武则天问他入朝所为何事，只听得一个稚嫩却又

第五章 阶下之囚

掷地有声的声音响彻大殿:"我的父亲已经死了,我的家也没了,在这世间小臣已没什么好挂念和在意的了。只有一样,就是实在不忍那象征公平正义的国之法度被来俊臣这群宵小之徒就这样肆意玩弄。陛下您明察秋毫,臣恳求您能挑选一些您信任有加的官员,假意怀疑他们有谋反之嫌,然后把案件交由来俊臣等人来负责审理。臣年龄虽小却也敢拿人头担保,届时这些人的谋反罪名,就没有定不下来的。请陛下明鉴,来俊臣等人蒙蔽您已经很久了呀!"

说来也怪,多少大臣替狄仁杰等人求情,武则天也没有理睬。但这个小男孩说的,她竟奇迹般地听进去了。也许是武则天好奇这后面究竟是何人运作,用这种方式替狄仁杰等人喊冤;也许是包括三个宰相在内的七位大臣同时下狱确实容易引起朝野震动;又或者是小男孩的话,让武则天想起了曾经对狄仁杰有多看好和信任。反正不管出于哪种因素考量,结果就是武则天决定亲自过问此案。于是她召见狄仁杰等人问道:"既然你们是被冤枉的,那又为什么要承认谋反呢?"七个人赶紧回答说道:"圣上英明,臣等不敢不认啊,若不承认,早就死在严刑拷打之下了呀。"武则天又问道:"那又为什么要写谢死表呢?"七人立马喊冤:"陛下,臣等可从未写过什么谢死表啊!"武则天当即下令取出周兴拿回来的那份有七人署名的谢死表,仔细一看,这才发现笔迹分明就是伪造的。

至此，案件终于水落石出，他们的族人这才免受株连之祸。不过这七人即使无罪，却还是没有免于处罚。经过一段时间考量之后，武则天决定贬任知古为江夏（今湖北武昌）令、狄仁杰为彭泽（今江西彭泽）令、裴宣礼为夷陵（今湖北宜昌）令、魏元忠为涪陵（今重庆涪陵）令、卢献为西乡（今陕西西乡）令，裴行本和李嗣真则被流放岭南。

按理来说，当时谋反案由来俊臣等人负责审理之时，这七个人可都是承认谋反并上了谢死表的。既然现在谋反罪名不实，那来俊臣等人就应当判处诬告朝廷命官之罪。但这让人惶惶不可终日的酷吏政治，此时还远远未到消亡的时候，这伙人非但没有被问罪，反而仍然全须全尾地站在朝堂之上为他们这次的失手疯狂进行补救，非置狄仁杰等人于死地不可。更有霍献可为了讨好武承嗣进行政治投机，在朝堂上义正辞严地对武则天说："陛下您不杀裴宣礼，臣就死在您面前。"说完就一头撞在了殿阶之上。要说这霍献可，他可真是能豁得出去，裴宣礼可是他亲舅舅，为了自己的官帽子，他连舅舅也不要了。但好在武则天看着告密集团这些人小丑一样的表演，最后也没有改变主意。至此，狄仁杰身上的官司总算告一段落。无论处罚结果如何，至少是捡回一条命。

第五章　阶下之囚

自垂拱二年（686）以来，武则天设铜匦、用酷吏，前后诛杀唐宗室贵戚、大小官吏不计其数。无论酷吏这伙跳梁小丑如何上蹿下跳、如何被重用，武则天心里始终都清楚，这只是集权过程中的一个过渡阶段罢了。在需要的时候，无论别人怎么说、后世如何评论，她都不会放弃；而她地位稳固之际，也就是酷吏政治灭亡之日。就在狄仁杰被贬之后不到一年，酷吏政治结束的征兆已见端倪。此时告密的人越来越多，再加上武则天年岁已高、精力有限，于是告密之事她不再亲自处理，而是授权给监察御史严善思。严善思为人正直、敢于作为，一上手就以雷霆万钧之势迅速查办了850余虚假告密之人。紧接着，朱敬则、周矩等人接连以如今大局已定为出发点，上奏阐明酷吏影响之恶劣以及扫除告密罗织之必要。武则天皆采其言，令酷吏集团遭受了一定打击。罗织之风因此也有了些许衰颓迹象。

神功元年（697），在酷吏政治的作用下，李唐宗室及反对势力早就该杀的杀、该流放的流放。来俊臣为了让手中权力进一步扩大，于是就想要罗织罪名诬告武氏诸王、太平公主、皇嗣李旦以及庐陵王李显伙同禁卫军谋反。有句话说得很好，"上天欲其灭亡，必先令其疯狂"。事业上的风生水起让来俊臣彻底忘了掂量自己究竟几斤几两，他几乎以一种明知山有虎，偏向虎山行的状态在勇攀人生的另一高峰。可没想到，在他还没有采取任何实际行动的时候，制定的计划就已经被卫遂忠外传并昭告天下了。来俊臣要诬告李唐宗室等人谋反可能没什么难度，可就是不知道为什么要把武氏诸王也加进来。来俊臣虽然啥也没干，马蜂窝却已经捅完了。

诸武及太平公主等人凝聚前所未有的团结之力，共同告发来俊臣的罪行。你不是告我嘛，那我也告你，主打的就是一个以其人之道，还治其人之身。有这么多王公贵族当原告，再怎么说都够他来俊臣喝一大壶的。果不其然，很快他就被下了监狱，并被有关部门判处死刑。看到要处死来俊臣的报告后，武则天首先想的就是要怎样赦免他，奏章都摆到桌子上三天了，武则天愣是压着不批复。从这一点来说，这来俊臣之所以敢同时告发这么多人，确实不是盲目自信。后来还是在王及善、吉顼的极力劝谏下，武则天这才下令将其斩首示众。来俊臣人头落地后，那些曾经被他迫害过的人和怨恨他的人纷纷走上刑场，争相剐他的肉，不一会肉就被剐干净了。就这样，在作恶多端的来俊臣身死族灭之后，酷吏政治也基本宣告结束。

言归正传，长寿二年（693）的一个秋日，经过长途跋涉，头顶骄阳的狄仁杰终于风尘仆仆地到了彭泽县。一到任，他就一头扎到田间地头考察去了。秋天的田垄，本应该是满目金黄、处处硕果累累，但这里目之所及，皆是一片荒凉。看着穿梭在自己

第五章 阶下之囚

周围的受苦受难的人们,狄仁杰走到人群中间心痛地问道:"怎么会出现这样的情况呢?"百姓们像看到救世主一样,争先恐后地回答:"大人您有所不知,咱们这个地方自从春夏以来,是一滴雨也没下啊,我们只能眼看着庄稼硬生生旱死在地里。现在这个时节已经不能改种别的了,家里面早就没米下锅,只能靠吃草度日了。"

听完,心情沉重的狄仁杰没敢休息,就又马不停蹄地考察了彭泽当地的地形地势,查看了人均土地占有数量以及往年收成情况等资料。待所有情况摸清之后,他深感问题严重,于是立马上奏朝廷说明情况,请求减免当地赋税。狄仁杰在奏疏中写道:"臣见彭泽地方狭小,并且都是山区,可耕种的土地很少,一户人家不过十亩、五亩土地。按往年惯例,就算是丰年,百姓在缴纳赋税后,剩下的粮食也只够吃半年,还有半年要饿肚子。像今年这样的大旱天气,粮食是一点儿都收不到,百姓们该怎么生活呀?从春天到夏天,有许多人已经饿死了。臣检查户籍,有一半人已经除名了,每里每乡,都有不少人家已经绝户了。这么严重的情况,臣下不敢自作主张,恳请皇帝圣裁。"

狄仁杰就是这样始终抱着为百姓办实事的精神,怀着一腔热忱在一个小县潜心工作。从宰相到县令、从京师到地方、从都市到乡间,他没时间抱怨命运不公、悲叹时运不济。他从不计较个

狄仁杰：辅周复唐真功臣

人得失，而是以天下百姓为己任，为老百姓办实事、办好事。所以奏表递上去以后，武则天不无触动地减免了彭泽赋税，还高度赞扬了狄仁杰这种心系百姓的务实精神。有了皇帝的支持，狄仁杰在当地的工作开展得也更为顺利，彭泽县百姓在他的带领下，日子也越过越好。

第六章
辅周国公

万岁通天元年（696），是来俊臣被剐成一具白骨的前一年，也是酷吏政治基本结束的前夕，在狄仁杰被贬彭泽不到四年之际，在整个河北岌岌可危之时，他又被重新起用，跨越800多公里，从彭泽远赴魏州（今河北大名县附近），担任魏州刺史。这么遥远的路途，狄仁杰走得很辛苦，但这是对他沉冤得雪、忍辱负重、心系百姓的最好奖励。也是从这开始，狄仁杰终于有条件，专心致志朝着他辅周复唐的最终目标大步迈进。

狄仁杰：辅周复唐真功臣

一、安抚河朔

万岁通天元年（696），位于东北的契丹部落发生了严重的自然灾害，契丹百姓食不果腹，哀鸿遍野。看着眼前民不聊生的惨象，契丹松漠都督李尽忠日日寝食难安。李尽忠，别看这是一个完全汉化的名字，他却是一个根正苗红的契丹人。一个契丹人为什么姓李呢？这是有来由的。

大唐贞观二十二年（648），契丹大贺窟哥等首领率部众请求内附。太宗为了妥善安排这些人，特置松漠都督府，任命窟哥为左领军将军兼松漠都督、封无极县男、赐姓李氏，所以大贺窟哥也被称为李窟哥。李尽忠就是李窟哥的嫡亲后裔。

万般无奈之下，走投无路的李尽忠决定硬着头皮去请求营州都督赵文翙协助赈济灾民。作为武周藩属地，这个时候请求帮助属实理所应当。可正如自己预想的一样，赵文翙非但坐视不理，还像打发叫花子一样把自己轰了回来。窝了一肚子火的李尽忠回去后和大舅哥孙万荣一合计，两人桌子一掀，反正这样拖下去早晚也是个死，去他的，反了！

五月，说干就干的李、孙二人率部出击，营州警报拉响。面对这些受难已久、眼冒绿光的契丹铁骑，赵文翙失去了往日的刚慢与傲慢，取而代之的是六神无主、手足无措，根本组织不出有效的防御。很快，契丹铁骑便攻破营州城，赵文翙也死于叛军刀下。消息传到洛阳后，武则天旋即派左鹰扬卫将军曹仁师、右金吾卫大将军张玄遇、左威卫大将军李多祚、司农少卿麻仁节等二十八将率大军以数倍兵力抵御契丹。七月，又任命春官尚书、梁王武三思为榆关道安抚大使，姚璹为副使，作为防备契丹叛军的第二梯队；并改孙万荣名为孙万斩，李尽忠名为李尽灭。

占据营州的李尽忠自称无上可汗，有了充足的军备粮草，就以孙万荣为前锋大将，率大军继续前进。孙万荣一路攻城略地，势如破竹，前后不过十来天，兵力已达数万之众。为了进一步壮大声势，他对外谎称10万，声名大噪。随后，契丹进犯崇州，俘虏龙山军讨击副使许钦寂。接着，契丹人又将安东包围，命令许钦寂劝说其属下投降。安东都护裴玄珪正站在城楼上，许钦寂对他喊道："狂贼为天所罚，灭亡就在朝夕之间，您只管勉励士兵严密防守以保全忠诚和气节。"契丹人因此把他杀了。随后，叛军进围檀州。

当日李尽忠攻陷营州之后，兵锋正盛，但他并没有沉迷于眼前的胜利，而是思忖着如何应对马上到来的朝廷大军。李尽忠与孙万荣商量了几天，终于想到了一条好计策，他们决定利用刚刚俘获的几百周兵来做文章。于是就派看守周兵的契丹将领来到牢中，装模作样地对牢里的周兵抱怨道:"军爷，你们不知道，其实我们一家老小天天都在挨饿受冻，又哪里想造反呢？只是这营州都督赵文翙太可恨，竟见死不救，我们实在是快饿死了，逼不得已才走上这条路呀。现在就只等着官兵来了就立马投降，都是老百姓，谁不想在家好好过日子呢？"说完就打开牢门把俘虏们放了出来，又给他们吃了一点儿用糠熬成的粥。随后，无奈地说道:"我就算想养着你们也没有足够的粮食，又不忍心杀了你们。算了，救人一命胜造七级浮屠，你们走吧。"

死里逃生的周兵千恩万谢后一口气就跑到了幽州。在找到组织后就赶紧把自己差点儿用生命换来的情报一股脑儿地上报了。二十八将所率各部听到消息后，立马就沸腾起来了，李尽忠啊李尽忠，你自己是什么实力自己心里没数吗？就这条件还敢玩谋反这套，现下收拾你还不是易如反掌吗？不过也得谢谢你，兴许我们后半辈子的高官厚禄可就靠你了。

头脑发热的将领们生怕错失这一建功立业的良机，顾不上派出斥候验证消息，就立即整顿大军出发。在将领们的带领下，各路大军争先恐后地埋头向前冲，一路向前，来到了黄獐谷。与此同时，李尽忠源源不断地派出小股老弱残兵投降周军，并遗弃老牛瘦马在道路两旁以迷惑周军。眼前这些等待受降的老弱残兵和老牛瘦马不时刺激着大周将士们飞黄腾达的雄心，曹仁师等人索

第六章 辅周国公

性令骑兵轻装速进,不再等待步兵与辎重,头也不回地闯进黄獐谷了。

只要对军事稍微有一点儿了解的人都知道,凡峡谷者皆属险地,若无万全准备擅入,必定九死一生。可先前的情报和路边的景象让周军对即将到来的胜利深信不疑。浩浩荡荡的队伍行进到山谷正中时,突然间喊杀声四起,众将士抬眼望去,契丹军士从道路两旁的草丛中、石头后面冒了出来,已将周军团团围住。正当周军将士在惶恐之中还没反应过来之时,契丹将领李楷固已扔出飞索将张玄遇、麻仁节两位周军主将绊倒,一众契丹军士一拥而前,将之擒获。由于契丹军队是从周军队伍中间发起的进攻,又由于峡谷道路狭窄,这样一来,周军被人从中间一分为二,首尾已然不能相顾,又加之前后被围,主将被擒,将士们无心恋战,顿时大乱。契丹军冲将过来,唐军一触即溃,众军士如无头苍蝇一样不知该往哪里跑。契丹将士则越战越勇,杀得周军血流成河,连黄獐谷里的天都好像被染红了一样。此役,周军两位将领被生擒,将士们的死尸布满山谷,鲜有逃脱者。

激战过后,李尽忠正与众将领商量应如何对付后续周军的进攻,忽然手下来报,称缴获了周军主将的军印。李尽忠顿时大喜,决定要再复制一次今日的胜利。李尽忠笑着对众将领说:"今天我就唱一出连环计,和周军好好玩玩兵法。"

狄仁杰：辅周复唐真功臣

于是，李尽忠立马让人伪造了一份文书，逼张玄遇等人签上名后，就给周军总管燕匪石、宗怀昌等人送去了。文书中写道："我们今天已经大破了契丹叛军，如果你们不抓紧时间赶来，继续逗留不前，贻误军机，那么等我们到达营州后，你们军官都要斩首，兵卒都不加勋级。"燕匪石、宗怀昌等人看过文书后，急得像热锅上的蚂蚁一样，他们怎么也想不到契丹军竟如此不堪一击，以至于使自己的稳步推进看起来竟像是迁延不前，以致得罪主将。

军令在身的燕匪石、宗怀昌急忙令手下将士轻装疾行，向营州而去。一路上将士们顾不上吃饭、睡觉，昼夜兼程，只是向前赶路。正在周军人困马乏之际，忽然契丹军士从道路两旁冲出，周军被迫仓皇迎战。经过几天的急行军，周军哪还有力气与契丹军对战，不久，周军便全军覆灭。

得知周军战败的消息后，武则天只能抓紧时间征兵，而短时间内又征集不到足够的兵员，只好下令从天下囚犯和官民家奴中挑选孔武有力的人，由官府出钱赎买，整编之后直接发往前线以抵御契丹。同时，朝廷又下令崤山以东靠近边地的各州都要设置武骑团兵，任命同州刺史、建安王武攸宜为右武威卫大将军，充任清边道行军大总管，以讨伐契丹。

不利的局面搞得武则天每天焦头烂额，然而就在这个时候，

第六章　辅周国公

突厥首领默啜似乎觉得热闹还不够大一样,不知从哪个地方跳了出来横插一脚,让整个局面的走势又变得更加扑朔迷离。

本来一西一东这两个地方的问题迟迟得不到解决就够让人闹心了,可屋漏偏逢连夜雨,突厥可汗默啜突然领兵数万人攻打凉州(甘肃省永昌县附近)。凉州都督许钦明,是许钦寂的弟弟,当时他正外出巡查辖地,忽遇突厥,力战不敌,被突厥掳走。西北局势也骤然紧张起来。

然而没过多久,想趁机捞点儿好处的默啜又主动派遣使者前去洛阳求和,还带着一些附加条件:请武则天收他当儿子;在武周为他的女儿找一门好亲事;希望武周能把河西丰、胜、灵、夏、朔、代六州降户赐归给突厥等。默啜表示,只要武则天答应这些条件,他便可率部替武周征讨契丹,也算是师出有名。

这些条件对武则天而言,自然不算什么,可默啜这个人,却不能轻易相信。也许是因为游牧民族的生活习性使然,造就了默啜不走寻常路的行事风格,由他领导的突厥一贯畏威而不怀德,见利忘义,反复无常。默啜现在说是要帮着打契丹,可到时候万一出现什么情况,说不好这小子就要调转枪头,帮着契丹打武周官军了。思来想去,武则天为了集中精力对付契丹,避免大周两线作战,还是答应下来。随后,武则天派遣豹韬卫大将军阎知微、左卫郎将摄司宾卿田归道前去突厥,册封默啜为左卫大将

狄仁杰：辅周复唐真功臣

军、迁善可汗。

尽管这段时间以来契丹军所向披靡，大胜不断，但契丹人也没有高兴太久。十月，李尽忠病死。雪上加霜的是，刚被武则天册封为迁善可汗的突厥首领默啜，趁机偷袭了契丹的松漠本部，甚至还把李尽忠、孙万荣的老婆、孩子都给抢跑了，契丹元气大伤。武则天非常高兴，又派人册封默啜为颉跌利施大单于、立功报国可汗。

面对危局，开始独挑大梁的孙万荣急需一场胜仗来扭转颓势。他迅速集结余部，派契丹将领骆务整、何阿小等率领愤怒值、战斗值都已拉满的将士们一举攻陷了冀州。身负仇恨的契丹人把家破人亡的怒气都撒在了新占据的冀州土地上，不仅杀了刺史陆宝积，还屠杀了官民几千人。他们在冀州稍事休整后，又立刻剑指瀛州，攻陷了瀛州几个属县，河北全域告急。

河北地界上最让朝廷神经紧张的当数魏州。魏州北邻冀州，南靠黄河，历来为兵家必争的战略要地，如果契丹一旦攻陷魏州，以此为依托，那么黄河以南就无险可守了，东都也就直接暴露在契丹的兵锋之下了。魏州的重要性不言而喻，然而现任魏州刺史独孤思庄却是个胆小无能之辈，要指望他来固守此地，无异于痴人说梦。

契丹军相继攻陷营州、冀州，独孤思庄早就被吓破了胆，估

第六章 辅周国公

计咆哮的寒风对他来说都是契丹攻破魏州城门的号角。为了给足自己安全感，他下令不管住在城里城外，所有百姓都得入城修缮防御工事，全力打造金汤城池。这简直就是瞎搞！身为一方父母官，保境安民才是职责本分，加强戒备是必须做的，但因此而本末倒置，扰乱人民正常的生产生活，岂不是因噎废食嘛！闹不好到时候契丹军队还没来，百姓们就先造反了。河北一团乱麻的局面，让武则天揪心不已。她思来想去、权衡再三，决定重新起用被贬彭泽的狄仁杰来救急，让他顶替独孤思庄来驻守魏州。

百姓们得知狄大人即将离开升任魏州刺史，心里万般不舍。狄大人来的这几年时间，彭泽发生了翻天覆地的变化。家家户户的赋税担子都轻了，吃穿用度也没有之前那么紧张了，眼看着小日子是越过越红火了，狄大人怎么就要走了呢？狄大人走了之后，朝廷又会派来什么样的官员呢？还会像狄大人这样勤政爱民吗？虽然百姓们心里都不想让他走，但狄仁杰毕竟是高升，为了狄大人的前途，百姓们也不能去阻拦呀！为敬表爱戴之意，百姓们自发联络起来，为狄大人立了一座生祠，让他永享彭泽香火。

看着道路两旁携老扶幼给自己送行的乡亲们，狄仁杰的眼眶也忍不住红了一次又一次。他始终认为为官就本该如此，无论品秩高低，无论身处何地，身受朝廷俸禄，享用民脂民膏，自当造福一方百姓。而自己只不过是做了职责本分内的事情，竟获得了

狄仁杰：辅周复唐真功臣

百姓们如此之高的礼遇与厚爱，又何德何能能担当得起呢？狄仁杰清楚，现在官员中能秉持为政为民的并不多，如果大家都能以民为先，急民之所急，彭泽百姓又何至于能感激他至此！官员们做得不是太多，而是太少了呀。但狄仁杰也明白，官场风气并非自己一个小小的刺史所能改变的，自己现在能做的只能是保持自己的初心，坚守自己的本心，以爱民安民为先、为重。就这样，带着彭泽百姓的祝福与思念，狄仁杰出发了。

时节已至深冬，呼啸的北风响彻耳际。狄仁杰一行人迎着风、踏着雪跋山涉水而行。眼看着魏州越来越近，狄仁杰却没有心思高兴，反而内心充满了疑惑。据他观察，从上个驿站出发后，路上行人是越来越少。等到距离魏州十来里的时候，路上更是连一个人影也看不见，就连附近的村庄也都没有炊烟升起，就像是无人居住一样。这就很奇怪了，魏州是河北大镇，商贾辐辏之地，为何没人进出城门呢？难道是因为信息接收不畅，契丹军队已经打过来了吗？他百思不得其解，但所经之地，又没有任何打过仗的痕迹，他也就只能继续前行。

狄仁杰来到魏州城中，也顺利见到了前刺史独孤思庄。两人进行工作交接时，他这才得知，附近村庄之所以空无一人，正是因为眼前的这位刺史大人。独孤思庄为了防患于未然，下令将城内外所有百姓全都召集到城中修缮防御工事。一听说这种做法，

第六章 辅周国公

狄仁杰顿时火冒三丈，这才明白朝廷为什么会选择在这个时候临阵换将。狄仁杰完全没考虑独孤思庄的面子问题，也不屑于搞虚与委蛇那一套，毫不客气地说道："独孤大人，契丹反贼离我们还远得很，用不着这样！就算契丹人真的来了，自有我狄仁杰来抵御，必然与百姓无关！"一番话数落下来，独孤思庄的脸面也确实有点儿挂不住，但他现在没有心情也没有必要跟狄仁杰计较，他还想抓紧时间收拾行装，远离这个危险的地方。

独孤思庄走了以后，狄仁杰直接下令，让城外的百姓各自回家，不用再修缮城防工事了，恢复正常的生产生活，百姓们无不欢欣雀跃。随后，狄仁杰一方面命令守城部队加强戒备，积极完善防御工事；一方面缓赋宽役，劝课农桑，全力保障百姓安然生产。大家各司其职，互为依托，却也互不干扰。此时的魏州，田垄上有农人穿梭，屋顶上有炊烟袅袅，村舍间鸡犬相闻，哪里又有半点儿清冷肃杀的战前气息呢。孙万荣见此情状，难以辨明虚实，竟没敢轻易出兵攻打。狄仁杰也用事实证明，采取这种外松内紧的防御政策是非常正确的。

魏州的安全在狄仁杰的努力下可暂时确保无虞，但契丹带给武周的威胁并没有被根除。为此，神功元年（697）三月，武则天又重新起用王孝杰为清边道总管，统兵17万出征契丹。

王孝杰出身行伍，战功赫赫，凭借着从吐蕃手中收复安西四

狄仁杰：辅周复唐真功臣

镇的功劳，官拜宰相。虽此后又因与吐蕃交战失利而贬官，但绝对算得上是大名鼎鼎的一员战将。自从贬官后，王孝杰心里一直憋着一口气，想要重新证明自己。这次出征的画面，他已经在脑海中预演过好多次了。

王孝杰率大军行至东硖石谷时，就与契丹军迎头打了个照面。虽然又是峡谷，但王孝杰压根就没放在心上。他心想自己既不是曹仁师，也不是张玄遇，这种低级错误就算是闭着眼睛也是绝对不会犯的。他亲率精锐为先锋，向前发起攻击，一路稳扎稳打，且战且前，逼得契丹部队节节败退，真可谓是老将出马，一个顶俩！随着契丹军队退却，王孝杰率队追赶，一直追到一处悬崖上。唐军背靠悬崖，契丹突然回兵杀来。王孝杰所率前锋兵少，力战待援，可谁知后军总管苏宏晖看见契丹兵多，早已率军临阵逃脱了。王孝杰久待后援不至，战斗间坠崖而死，所率将士为契丹所杀及践踏而死者殆尽。又是峡谷，又以官军大败而告终！

前线战事再次失利，屡战屡败的武则天并没有气馁。四月，她任命右金吾卫大将军武懿宗为神兵道行军大总管，与右豹韬卫将军何迦密领兵迎击契丹。五月，又任命娄师德为清边道副大总管，右武威卫将军沙吒忠义为前军总管，统兵20万出征。仗打到这个份上，被赤裸裸地摆在桌面上的一个事实就是，并不是人多就能打赢一场战役。军队之间的配合,尤其是将领的个人素质都能成为决定胜负的关键因素。但很显然,武则天并没有认真地做战后总结,也有可能是她觉得小小契丹不足为虑,所以只是单纯仗着人多,不断地发起车轮战。先是曹仁师等二十八将轻进,后又有苏宏晖吓逃,如今又非要派一个武懿宗去。

武懿宗这个人,单看他的姓氏,就知道来头不简单。作为武则天的堂侄,凭借着这层血缘关系,他稳步高升,权倾朝野。武懿宗阴险毒辣,杀人无数,凭着手上流淌的汩汩鲜血,荣获了"周、来之亚"的称号。作为审案能力仅次于周兴、来俊臣的能人,在出征前的几个月,他刚以奇谋运作并审理了箕州(今山西左权)刺史刘思礼的谋反大案。

刘思礼从小有一个爱好,就是给人算卦看相,为此还专门拜术士张憬藏为师,进行系统学习。有一天,张憬藏满心欢喜地对他说:"徒儿,为师看你这面相,贵不可言。想必不日,你就会担任箕州刺史,有朝一日,你还必将位至太师。"刘思礼一听,高兴坏了。

后来,著名文学家王勃的哥哥王剧,被朝廷任命为天官侍郎。常言道"一人得道,鸡犬升天",这个王剧跟刘思礼关系很好,因着这层关系,就把刘思礼推荐到箕州当刺史去了。之前,刘思礼对自己老师张憬藏所说的话还半信半疑,这下一来,刘思礼就已经开始畅想自己当了太师之后的样子该当何等威风了。高兴得有点儿飘的刘思礼找到洛州录事参军綦连耀,对其说道:"参军,鄙人学习相人之术不敢说是精通,也算是颇有心得。今观足下气质华贵,体内似有龙气游走,您恐怕马上要担负更大的责任啦!"綦连耀平时白日梦也做得挺多,也很上道,立马端起架子回答道:"大人您姓带金刀,恳请您尽心辅佐我。"就这样,两人一来二去,就把这层君臣关系敲定了。

话说刘思礼这波操作属实让人觉得有点儿摸不着东西南北,哪跟哪呀,人家师父说的好像也不是这个意思吧。但刘思礼是有自己的逻辑的,他认为太师之位,属人臣之极,除非跟随皇帝打天下,有从龙之功,才能获得;否则,在这太平之世,定然终生难以企及。既然现在已经不具备这个前提条件,那还不如自己动手去创造。这么一说,刘思礼的考虑还真是有点儿道理的。考虑到两个人力量微薄,刘思礼就开始利用自己的特长,满世界给人画大饼。他逢人就给人看相,一看还都有当三品官的命。别说,有一些官迷还真的被呼扇起来了。等到气氛烘托得差不多的时候,刘思礼就暗自奔走联络说:"洛州录事参军綦连耀名应图谶,是真龙天子,大家都要尽全力助他一臂之力,共取荣华富贵。"

事关所有人的身家性命,刘思礼在暗中串联的时候就一再强调保密工作的重要性。可人多了,嘴就多了,刘思礼双拳难敌四

第六章 辅周国公

手,又哪里能管得了那么多呢?明堂尉吉顼,为人阴毒狠辣。一天晚上,吉顼与自己的亲戚、监察御史王助(王助是王剧的弟弟)同宿。王助便悄悄对他说了此事,并按规矩要求其保密。吉顼一听,整个人虽然躺在榻上,大脑却在疯狂运转,搞不好这就是自己飞黄腾达的一个绝佳之机啊。于是他转头就将此事告诉了来俊臣,让其上报皇帝。事情到了来俊臣这里,自然就上达天听了。还没等到他们这个闹剧般的谋反活动掀起任何风浪,一众人等就都被抓进大牢了。

这个案子,武则天交给了武懿宗和吉顼来负责。武懿宗从接手案子开始,就没有想着要尽快结案,而是想着如何能公报私仇,把更多的人都给拉进来。武懿宗在牢里见到刘思礼后,笑着说道:"刘大人,你怎么敢谋反呢,不怕诛灭九族吗?肯定是有人陷害你啊!"跪在地上的刘思礼一听,冷汗直流,口中急忙喊道:"武大人英明!小人哪敢谋反呢,是有人陷害于我!"武懿宗扶起刘思礼,拍拍刘思礼衣服上的尘土,慢慢地说道:"刘大人,我知道你不曾谋反,也可以放你出去,可是还有许多反贼隐藏得太深,你能不能把他们抓出来,戴罪立功呢?届时我一定在皇上面前替你美言,保你性命无忧!"

刘思礼一听有活命的机会,哪里还顾得上想其他,忙不迭地答道:"我听大人的,我听大人的!"武懿宗从衣袖中拿出一张纸，上面密密麻麻地写满了姓名，这些人全都曾经跟武懿宗有过过节。他一边递给刘思礼，一边说道："我怀疑上面这些人都参与了谋反，我现在放你出去，你把他们都抓进来吧！"刘思礼颤抖着双手接过纸，只是一眼，刘思礼的冷汗就又止不住地往下流，足足看了半刻钟，刘思礼才将姓名都记了下来，又把纸还给了武懿宗。武懿宗接过纸，塞进袖中，说道："刘大人，此事天知地知、你知我知。"武懿宗说完，就带着刘思礼离开了牢房。

这个时候的刘思礼，早已经让诛灭九族的罪名给吓傻了。他也不细细梳理一下，有哪个参与过谋反的人还有命活着走出监牢呢？就他犯的这个事儿，压根就不可能会有活路。不过求生心切的刘思礼自以为抓住了救命稻草，按照名单上的姓名，一个挨着一个编排其密谋造反，说得是绘声绘色，跟真的一样。除了这些人外，刘思礼以为可以活命，还攀咬了许多曾经得罪过他的官员。由他污蔑牵涉的大小官吏有30余位，一共株连了诸位官员亲族在内共1000余人，连凤阁侍郎、同平章事李元素，夏官侍郎、同平章事孙元亨这两位宰相也赫然在列。可笑的是，直到临刑前，刘思礼还不自知，还在外面逍遥快活。等那批"谋反"的官员被处死后，武懿宗才将刘思礼收押，随后明正典刑。

手段狠辣的能人武懿宗，亲率20万大军，一路上威风凛凛地来到了赵州（今河北石家庄市赵县）。军队刚驻扎好，就有斥

第六章 辅周国公

候来报,契丹将领骆务整正率骑兵往冀州方向移动。武懿宗听完斥候汇报,在朝中作威作福的威仪早已消失不见,冀州距离赵州不过160里,契丹骑兵不日就能到达。思及此,他不由得吓出了一身冷汗。连名将王孝杰都打不过契丹铁骑,我更不是对手,还是早点儿溜吧!武懿宗立刻召集亲信,准备丢弃大军,往南逃跑。这下就连他身边的亲信也蒙掉了,不可置信地说道:"武大人,根据线报来看,骆务整所率骑兵虽不少,但并没有携带粮草等物资,只能靠抢掠补给。如果咱们按兵不动,就地据守,时间一长,他们的补给肯定跟不上,敌军只能作鸟兽散。等他们一逃跑,我们在后面追击,肯定能大获全胜。"可无奈武懿宗早被契丹铁骑吓破了胆,听完亲信所说,还是死活不同意,硬是拉着队伍一口气往南撤到了相州(今河北临漳县附近)。因为撤退得比较仓促,一路之上,武器装备还丢了不少。差一点儿就逃到河南的武懿宗,就这样远远地看着契丹骑兵攻入赵州,大肆屠杀百姓。

赵州百姓是可怜的,但武懿宗是可恨的。把权力赋予这样的人,是朝廷的悲哀,是国家的耻辱。对于淳朴平凡的河朔百姓来说,安居乐业就是他们此生最大的愿望。但很显然,在很长的一段时间里,他们就连这么简单的愿望也无法实现。就在赵州被屠城后没几天,也许是上天都不忍心再看河北百姓遭受苦难,战乱竟以一种意想不到的方式结束了。

孙万荣大破王孝杰后,为了轻装上阵,就在柳城(辽宁省朝阳市境内)的西北方向据险建造了一座新城,把契丹的老弱妇孺、通过战争抢来的武器装备以及金银珠宝都悄悄安置在这里,并安排自己的妹夫乙冤羽负责安保工作。后方安顿妥当之后,孙万荣就率领精兵去攻打幽州了。人虽然已经奔驰在行军路上,他心里却直打鼓。之前的惨痛教训让他无比清楚,自己要面对的敌人绝对不仅仅是武周,还有一直神出鬼没、让人不得不防的默啜大军。为了防止后方被偷袭,孙万荣决定找默啜求和,邀请他一起攻打幽州。

孙万荣一共派去了五位使者,不知道怎么回事,其中有三位使者率先到了黑沙(大概位于今蒙古高原中部的大戈壁)。三个使者到了之后,对默啜说:"我们前段时间刚打败王孝杰的百万大军,毫不夸张地说,武则天的胆子早都让我们吓破了。现在,我们想请可汗跟我们一起乘胜夺取幽州。"默啜听完,很是高兴,赏给他们每人一件红色的官服。事情谈好了之后,落在后面的两位使者在这个时候气喘吁吁地赶到了。按说,这二人迟到并不要紧,路上有些耽搁也是可以理解的。但不知默啜是怎么想的,对于这两个人的迟到行为异常生气。"来呀!"只听得帐中默啜怒吼一声:"将这二人给我拉出去砍了!"二人一看这架势,赶忙

第六章 辅周国公

跪下说道："可汗能否让我二人说一句话，说完再杀也不迟。"默啜心想都死到临头了，我倒要看看你们还有何话可说。得到说话机会的二人，毫无职业操守地把孙万荣后方空虚的实情揭了个底儿朝天。

默啜一听，还有这等好事，怪不得孙万荣这小子这次这么殷勤，敢情是怕我抄他老巢啊！去柳城新城发财可比去幽州容易多了，那又何必要舍近求远呢！于是，默啜果断把先到的三个人杀了，又把红色官袍转交给卖主求荣的二人。就这样，很快适应了自己新角色的二人立马调转枪头当起了向导，不带任何犹豫地带领着突厥士兵行进在攻取契丹新城的路上。开拔前，默啜还搞了一个出征仪式，把原先俘虏的凉州都督许钦明杀了祭天。默啜这个人想问题的脑回路和正常人就是不一样。要是他听了前三个契丹使者的话，和孙万荣一起去夺取幽州，那把许钦明杀了就还可以理解。但现在是要去攻打契丹新城，说到底还是和武则天站在一条道上，那把这位曾经的凉州都督杀了究竟是何目的呢？反正许钦明被杀了祭旗之后，默啜就领兵火速赶往契丹新城，在围城三日后，攻破城门，将财富洗劫一空，就离开了。临走前，默啜还充满挑衅意味地故意把乙冤羽放出去，让他去向孙万荣报告这一消息。

默啜这一手杀人诛心实在是太损了。当浑身是血、神色慌张的乙冤羽踉踉跄跄地跑到幽州阵前时,契丹与武周的交战正处于胶着状态,孙万荣正在军帐中苦思破城之策。突然闻此噩耗,契丹将士军心大乱,再无攻城之志。依附于契丹的奚人见形势不妙,立马改投武周,开始在后面攻打契丹。前面有神兵道总管杨玄基带领的大军,后面又有奚人,双方立呈夹击之势。腹背受敌、被夹在中间动弹不得的契丹军大败,将领何阿小被俘。迫于重重压力,孙万荣只得率几千骑兵快速从战争中抽离,败退东逃。

　　一心活命的契丹人自是逃得飞快,然而前军总管张九节,早已经在他们逃跑的路上部署了一支部队,等着他们自投罗网。契丹军一入包围圈,四周喊杀声震天,孙万荣哪里还顾得上一起逃亡的士兵们,趁着战局混乱,和自己的奴人偷偷溜了。两个人一刻也不敢停,上气不接下气地跑到潞水以东的一片树林里,实在跑不动了就停下来就地喘息片刻。树林里静悄悄的,只有微风穿过树林拍打树叶的沙沙声。孙万荣突然悲叹道:"如今就是想要归顺武周,奈何罪过已经太大了。归顺突厥是死,归顺新罗还是死。天下之大,竟无我孙某人立锥之地!"这番话如同一枚炸弹一样投进了一旁的奴人心里。哼,如今你就像过街的老鼠一样,人人喊打,既然你已经没有能力让我依附,那就用你的项上人头给我换一条生路吧!思及此,奴人就以迅雷不及掩耳之势手起刀落，将孙万荣斩杀。最后，所剩契丹余众以及原归附于契丹的奚人皆投降于突厥，契丹之乱终于告一段落。

正愁眉苦脸策划下一步行动的武则天，骤然得知胜利的消息，欣喜若狂。然而她不知道的是，有人竟比她还要高兴，那就是默啜。别说这默啜平时有些不着调，但最后坐收渔翁之利的还偏偏就是他。他一方面从武周获得了封号、降户、农器、种子，另一方面又从契丹抄掠了大量人口、金银以及孙万荣战败身死后留下的契丹兵士、原先归附契丹的奚人。一言以括之，鹬蚌相争，渔翁得利，默啜这次赚大发了！

站在李尽忠、孙万荣的立场来说，当时举兵造反，其实也是迫于灾难下的无奈之举。但是，他们纵兵屠城，杀害无辜，无疑是丧尽天良之举。最终身首异处，也算是咎由自取。其实，像在边境这样的敏感地带，朝廷就应该任用一些能妥善处理民族关系的官员，武周营州守将赵文翙显然是不合格的，他在这件事情上负有不可推卸的责任。如果一开始，他能够站在国家大局上通盘考虑，怀着推己及人的仁爱之心，拯救受苦受难的契丹普通百姓于水火，那事情就不会一发不可收，后续的战争更是无从谈起。这一仗，武周官军屡战屡败，虽然最后侥幸获胜，但对整个国家、对于广大的河北百姓、对于普通的参战士兵来说，无论怎么算，都是一笔惨重的损失。

狄仁杰：辅周复唐真功臣

契丹初平，河朔地区百废待兴。武则天命武懿宗、娄师德及狄仁杰兵分三路安抚河北。在魏州任上不满一年的狄仁杰，收拾好行囊准备再次出发。如同狄仁杰曾经待过的很多地方一样，狄仁杰的善政也得到了魏州百姓的热烈拥护。魏州百姓听说狄仁杰要走的消息后，非常伤心，又自发串联起来，给狄仁杰建了一座生祠，以表达对他的爱戴敬仰之情。

关于魏州的这座生祠，还有一些比较有意思的记载。有一段时间，武则天突然发现一个奇怪的现象，就是狄仁杰每逢初一上朝的时候，总是面带醉意。女皇很是疑惑，想着这狄仁杰怎么大早上喝酒呀，难道是有什么发愁的事情吗？可转念一想，也不对啊，狄仁杰一向是不喝酒的！连续好几个月都是这样，武则天终于忍不住了，就问狄仁杰究竟是怎么回事。狄仁杰不好意思地说，是因为自己的生祠建好后，每月初一魏州的百姓总是到生祠去供奉香火，用酒拜祭他，所以他初一总是醉醺醺的。武则天听完后，一脸不可置信，心想这个狄仁杰不会是为了趁机显摆自己，就随便拿这些鬼话来糊弄我吧。于是，就真的派人去魏州查验，没想到居然是真的。

还有一件事，是在后唐庄宗李存勖镇守河朔时发生的。一天夜里，有一个人喝醉了，就躺在狄仁杰祠的庙廊下睡着了。半夜睡得迷迷糊糊的刚翻了一个身，突然看见台阶下面赫然站着一个

第六章　辅周国公

人,正恭恭敬敬地拿着办公文件,好像要向谁请示。醉汉酒一下就吓醒了,浑身汗毛也竖起来了,正不知该如何是好之际,就又听见祠堂中响起一个庄重威严的声音,询问台下之人有什么事情。阶下之人回答说:"我奉命前来魏州索取一万多人的性命。"良久,只听得祠堂中人说道:"近些年来魏州灾祸连年,损耗不断,你去别的地方完成任务吧。"请示之人回答道:"好的,请允许我回去报告一下。"

醉酒之人还没来得及起身,那个人就又回来了,说道:"现在已经改到去镇州完成任务了。"说完就彻底消失不见了。果真这一年,李存勖派兵征讨镇州,从起兵到攻克,交战双方死伤无数。当然,这两件事情肯定不是真实的,却能真切地反映出狄仁杰在当地人民心中的分量,这也是百姓们多次给狄仁杰建造生祠的希冀所在。他宛如神祇一样,肩负着人们对美好生活的向往和寄托。

狄仁杰勤政爱民获得了魏州百姓的爱戴,没想到,数十年后,他的儿子狄景晖,却亲手毁掉了这一切。因缘际会之下,狄景晖也来到了魏州当官。也许是平时工作任务过于繁忙,背负的责任过于重大,世人眼里形象接近于完美的狄仁杰没有时间对他的子女进行悉心管教,身为司功参军的狄景晖,竟残暴贪财,成了百姓的祸害。时过境迁,此时的魏州百姓对狄仁杰的事迹已知之甚少,由是也对狄仁杰心生厌恶,一怒之下就连带着把狄仁杰的祠堂塑像给捣毁了。

武懿宗是个什么鬼德行,我们每个人都很清楚,想要靠他安抚灾民那简直是天方夜谭,他不给河北百姓添乱就该烧高香了。自打负责安抚工作开始,武懿宗就暗下决心,一定要向世人证明自己绝非胆小如鼠之辈。他一扫赵州颓势,高举着彻底扫清契丹余孽的大旗宣布:凡是原先跟着契丹跑了,如今又跑回来的人,一律按谋反罪处理,格杀勿论。抓到这部分人后,就是用哪种方式杀他们,武懿宗也有进一步规定。先要生取其胆,然后再砍头,简直就是惨无人道。刑场上、监牢里,到处都是这些无辜之人的鲜血和泪水,武懿宗站在这血泊之中,恢复了往日的神勇。

武懿宗的残暴,让无数河北百姓失去了亲人和生命。人们敢怒不敢言地将其与契丹将领何阿小并列,相互传言云"唯此两何,杀人最多"。这是什么意思呢?原来,孙万荣入侵河北的时候,手下将领何阿小攻陷了冀州,杀人无数。现在武懿宗残忍好杀,就跟何阿小一样,武懿宗又曾为河内王,所以人们将其并列,称为"两何"。但表面上的残忍好杀并不能掩盖武懿宗是一个胆小如鼠之人的事实,他当初是怎样被契丹人吓得夹着尾巴逃跑的,没有人会忘记。对外软弱无能,望风溃逃,对内残害无辜百姓,他真可谓是无耻之尤。

第六章 辅周国公

尽管已经做到这个份上，但武懿宗还是觉得没有达到效果，于是在他返回京师后，就上奏武则天说："陛下，反贼实在可恨，要不是有那些河北刁民暗中相助，我们断不用下这么大的劲，才将这伙蛮夷消灭。现在只杀跟随契丹跑的人还不够，要把他们全族都一并诛灭才行。"可见武懿宗这个家伙是何等残暴！这番话说完，左拾遗王求礼实在是忍不住了，他直接说道："百姓们素无武器装备，根本没法跟契丹人作战，跟着契丹人走，只不过是为了保一条命而已，哪里又有什么叛国之心呢？武懿宗坐拥10万雄兵，连敌人都没见到，就吓得逃到相州，以致赵州沦陷。百姓的血流得还不够多吗？现在还想要把罪责推到无辜受难的百姓身上，实在是无耻至极。身为臣子，却不能尽忠，应该先斩武懿宗以谢河北百姓！"被这一番话噎得说不出话的武懿宗自知理亏，只好悻悻作罢。就这么僵着也不是回事，也不可能真的逼迫皇帝把自己的娘家人拉出去砍了，司刑卿杜景俭见状上奏说："陛下，这些人都是被威胁裹挟而去，并非逆党，还请对他们都能予以原谅。"心知肚明的武则天也就顺坡下驴答应了。

狄仁杰的安抚措施与武懿宗截然相反，从他一贯的行事风格及治理各地的善政就能看出。在他担任安抚使时，尤其是在如何处理李楷固、骆务整两位契丹将领的归降问题上，着实让人不得不为之称道。李楷固，善于套绳、骑射和舞矟，每次进入战阵，

狄仁杰：辅周复唐真功臣

就好像鸷鸟进入乌鸦群中，所向无敌。黄獐谷之战，唐将张玄遇、麻仁节就是被他用套绳套住，才被活捉的。骆务整，也曾多次打败唐兵。孙万荣死后，他们两个相约投降唐朝。

有关部门认为，如果他们两个能早早地弃暗投明，那么我们就勉强接受他们的投降。现在，连孙万荣都死了，他们两个走投无路才来投降，再加上他们杀了我们那么多人，还不如趁早把他们全族都杀干净，免留后患。于是，持此意见的大臣就上奏表示，对这两个人，不予受降。狄仁杰在知晓这件事情以后，立刻上了一封奏章说："李楷固等人骁勇绝伦，绝对是打仗的一把好手，之前的事情不过是各为其主罢了。况且他们追随前主时能够不遗余力，如今他二人来归降，也必定能尽心为我朝效命。请陛下尽心安抚他们，让他们为我朝所用，岂不美哉！"

当狄仁杰的这封奏章写完要往上交的时候，引来了身边亲友的极力反对。有人说："这两位契丹降将给我们造成了多么大的损失啊！要不是他们，我们早就平定契丹的叛乱了。况且现在皇上最忌讳的就是谋反，您现在替他们说话，如果有不怀好意的人借机大做文章，肯定也免不了要受到牵连。退一万步说，契丹人反复无常，这两位您也并不了解，如果日后他们又反叛了，您可是要吃不了兜着走呀！"看着满脸焦灼的众人，狄仁杰微笑着说道："这两位勇猛善战，如能为我所用，定是国家幸事。我们

第六章 辅周国公

做事之时只需要考虑是否有利于国家,哪里还能考虑自己的私利呢?"跟之前在魏州一样,武则天又一次选择了相信狄仁杰,很快就批准赦免了二人。但跟之前不一样的是,狄仁杰并没有满足于只是保住这两员大将的性命。赦免的命令下来之后,狄仁杰又拿起笔杆,洋洋洒洒地写了一封奏章,替二人向武则天要官,大有不达目的誓不罢休之势。武则天见糊弄不过去,只好任命李楷固为左玉钤卫将军,骆务整为右武威卫将军。

至此,李、骆二人满怀着对狄仁杰、武则天的无限感激,重新披挂上阵,替朝廷去收服契丹残部。久视元年(700),李楷固大胜回朝,献俘于含枢殿,武则天特别高兴,特赐其武姓,授为左玉钤卫大将军,赐爵燕国公。封赏典礼结束后,还特设宴席,犒劳他,并且专门邀请了古稀之年的狄仁杰来参加庆功宴。宴席上,觥筹交错间,武则天不无感慨地对狄仁杰说:"狄国老,正是因为有你,我们才会有今天的大胜啊!"狄仁杰闻言,只是淡淡地说了一句:"陛下谬赞,老臣惶恐。我朝有今日之大胜,原是朝堂上陛下英明神武,战场上将士们舍生忘死的结果,臣哪里有什么功劳呢?"

值得一提的是,李楷固的女婿叫李楷洛,而他就是大唐名将李光弼的父亲。李光弼为平定安史之乱作出了巨大贡献,为延续李唐国祚立下了汗马功劳。因此,狄仁杰这一生,无论是有意还

狄仁杰：辅周复唐真功臣

是无心、直接还是间接，绝对可以称得上是辅周复唐真功臣。

安抚河朔的任务结束以后，狄仁杰也没有再回魏州，而是又被派任为幽州（今北京一带）都督。不过，狄仁杰在幽州屁股都没有坐热，就又被武则天调回京师，加升他为鸾台侍郎、同凤阁鸾台平章事，加银青光禄大夫，兼纳言。五六年的时间，狄仁杰又一次回到了那个本来就属于他的位置。

二、利国大谋

第二次当宰相，狄仁杰仍旧初心未改，只是时过境迁，摆在他面前亟须解决的问题也与之前不大一样。不过好的一点是，他此时已经基本不用再去担心因遭人构陷而朝不保夕；但不好的方面就是，边境常年动荡，东北有契丹残余为乱，西北有突厥时常骚扰，西南方向的吐蕃虎视眈眈，四境不宁，百姓困于战守，以致田土荒芜，民生凋敝。看着本该安居乐业的百姓在痛苦里煎熬挣扎，狄仁杰如坐针毡，痛心入骨。

早在贞观十四年（640），唐太宗灭了高昌，设立安西都护府，用于管理西域军政事务。为了进一步加强管理，贞观二十二年（648），唐廷在龟兹、焉耆、于阗、疏勒四个地方建置军镇，由安西都护府统管，史称安西四镇。不过，由于西北地区民族交

第六章　辅周国公

融，情况复杂异常，所以安西四镇的设立，并未能让唐军在西域的统治稳定下来，多方势力的角逐，让这里一直战事不断，也让唐廷不能完全掌握安西四镇，经常是得而复失，失而复得。

长寿二年（693），武周从吐蕃手中重新夺回了安西四镇（四镇已经变成了碎叶、龟兹、于阗和疏勒）。好不容易才又重新夺回的地盘，武则天自然是要加派人马，加强守卫了。于是，大量的府兵来到西北边陲，为祖国守卫边疆。由于安西四镇地处偏远，所以按照规定，府兵是要轮番更替驻守的。可就在国家已经投入了巨大的人力和物力后，西北边疆却依然不能安定下来。这样一来，导致的一个最直接的结果，就是不能进行正常的人员更换。将士们常年驻守边陲，回乡又遥遥无期，所以时常军心不稳，怨声四起。这件事儿，如果要是放在那置之不理，早晚必成大患。

深知情况严重紧急的狄仁杰在苦思许久、权衡多方后，心里终于有了结论。他认为，朝廷若是想要彻底消除这一隐患，其实没别的路可以走，只有放弃西域。但狄仁杰也清楚，这个想法实在算不得是在解决问题。这就好比是，有一户人家发现家门口有个地方经常有老鼠出没，这个家伙成天东躲西藏地偷吃，可就是逮不住也打不死。为了保护粮食，干掉老鼠，家里面是猫也养过，老鼠药也放过，甚至还专门派人一天啥也不干，就扛着铁锹

狄仁杰：辅周复唐真功臣

死死等在这只老鼠经常出没的地方打伏击。尽管各种办法都试了，可还是没什么用。专门负责打老鼠的这个人逮不到老鼠，就老得待在这一动不动，没几天人就烦了。主人家正愁不知该如何是好的时候，突然有一个人跳出来说，要不然这块地方咱们别要了吧。

所以说，狄仁杰的这个想法只要提出来，绝对会遭到大多数人的否定与批判。一个国家的完整首先就是领土完整，如果就这么轻易放弃的话，那太宗当年为了平定高昌国所付出的努力，这些年来攻防转换将士们所作出的牺牲，不都全部付诸东流了吗？且不说武则天绝对不会答应，即便她能舍得放弃西域，那些站在朝堂之上的大多数官员不会答应，流血牺牲的将士们及其亲人也不会答应。可即使如此，狄仁杰明知不可为，还是决定要上疏劝说女皇，要其放弃西北疏勒等镇，以减轻百姓的负担。狄仁杰在疏文中写道：

臣听说天生四夷，都处于先王的疆土之外。因此东边有大海，西方有流沙，北边有大漠，南边有五岭，这正是上天用来隔绝中华与夷狄的天然屏障啊！自有文字记载以来，声教所及，三代不能到达的地方，现在国家已经将其全部纳入版图。先代时，太原、江汉等地方还是夷地，曾经还有一些诗人专门赞美周宣王北伐到达太原，文王将教化推行于江汉流域，可见我们现在的一

第六章 辅周国公

些内陆区域,就是当时的边疆地带。西汉时,匈奴每年都来侵略我边地,杀掠官民;东汉时西羌侵略汉中、三辅、河东、上党,兵锋几乎到达洛阳了。照这样来说,陛下今天所掌控的地区,远远超过汉朝了。

如果继续在荒蛮之地用武,在绝域逞功,耗费国家仓库的财物,以争夺连草都不长的荒漠,得到人却不能增加国家收入,得到地却不能用来耕种。只为了增加虚名,不实行固本安民的政策,这是秦始皇、汉武帝的做法,不是三皇五帝的行为。如果要越过荒漠才能达到边界,竭尽国家财力来满足您的欲望,这种行为不仅浪费民力,还会导致失去天心。

昔日秦始皇穷兵黩武,以求扩大疆域,使男人不能在田间耕作,女人不能在家里纺织。长城下面,死者如麻,导致叛乱迭起。汉武帝为了报高祖、文帝时期的旧怨,凭借先祖的积蓄,攻打朝鲜、平定西域、北击匈奴、南定百越,以致国库空虚,叛乱四起。百姓把自己的妻子外嫁,把自己的子女卖掉,无家可居,流离四方。汉武帝末年时,逐渐觉悟,息兵止戈,封丞相为富民侯,因此上天才保佑他。前人曾说:"跟翻掉的马车在同一条道路走的时候,不能心安。"这话说的虽然是小事,但是可以说明大道理。

近年来国家连连出征,耗费不少,西边要镇守四镇,东边要

狄仁杰：辅周复唐真功臣

驻守安东,征发的民夫、调拨的财物越来越多,百姓日渐穷困。镇守西域相当于在全是石头的地里耕种,花费不少,却得不到什么好处。百姓不停地要转运财物,国家要越过荒漠派兵去驻守,百姓服役时间太长,怨气很大。现如今关东地区有饥荒,蜀汉地区民众大量逃亡,江汉以南,国家又不停地在征收赋税。如果百姓不能安居乐业的话,那他们就会聚集在一起当强盗,国家的根本就动摇了,会造成很大的祸患。之所以会出现这种状况,都是因为竭尽国家财力,让百姓在远方戍卫,以争夺不毛之地,乖离了养育天下苍生的政策。

昔日汉元帝采用贾捐之的建议,罢弃了朱崖郡;汉宣帝听取魏相的建议,放弃了车师这个地方。难道他们不贪图这种虚名吗?只是害怕浪费民力啊!贞观年间,太宗克平九姓后,就册立李思摩为可汗,让他统管各部落,这正是因为,如果夷狄叛乱的话,我们就讨伐他们;如果夷狄投降的话,我们就要安抚他们,以获得推翻行灭亡之道的国家,巩固实行生存之道的国家的道义,没有百姓需要远戍边疆的劳役啊!这正是近来国家所实行的令典和政策。

臣认为,阿史那斛瑟罗是居住在阴山一代的贵族,世世代代雄踞沙漠。如果国家把四镇交付给他,封他为可汗,让他统领各部落抵御敌寇,那么朝廷就有了延继存亡的美名,少去了转输财

第六章 辅周国公

物的烦劳。以臣之见,请陛下放弃四镇以充实国家,废弃安东以充实辽西,这样既能节省军费,又能将兵士集结于塞北,以巩固恒、代等重镇,稳固边防。况且安抚夷狄,主要是防止其侵略我们,让他们不能为患边境,何必要跟他们一般见识,将他们赶尽杀绝呢?

再者说,君临天下的王者,没有外患的话就有内忧,这大概是不勤勉操持政务的缘故吧。恳请陛下不要再思虑安西四镇之类的边务了,不要因为遥远的边疆还没平复而念念不忘。只要下令让守卫的军队小心谨慎地守备,养精蓄锐以等待来犯之敌,等敌人自己送上门了,再痛击他们,这是当时李牧打败匈奴的方法啊。当今最重要的事情,莫过于让边镇加强警惕,远远地派出斥候,不断收集军事物资和粮草,让兵士们养精蓄锐。以逸待劳,士兵们的战斗力就会倍增;以主御客,就会给我方军队提供便利;坚壁清野,入侵之敌就会一无所获。这样一来,外敌深入的话,就会有身陷重围的顾虑;外敌短距离骚扰的话,又得不到什么利益。用不了几年,我们都不用攻打吐蕃、突厥这两个外敌,他们就会自己臣服。

不出所料,狄仁杰的奏疏递上去以后,武则天根本就没接他的话茬,这件事情也就只能不了了之了。但是当时的有识之士有很多人都很认可狄仁杰的看法,并佩服他敢于说真话的精神和勇

狄仁杰：辅周复唐真功臣

气。当然，以我们现在的眼光来看，狄仁杰放弃四镇的做法也确实是不可取的，但不能否认的是，这个想法也确实存在一定的合理性。他更多地站在了当代数万戍守边疆的将士以及百姓的立场，不想为了一些什么其他的东西，牺牲掉现实当中这么多人的利益和幸福。太宗固然伟大，流血牺牲的战士们固然可敬，可往事已成风，实在不应该为此再搭更多人进去了。所以，从这个角度来看，我们也不必执着于苛责古人了。

请求放弃西北诸镇的奏疏没有得到回应，狄仁杰也不气馁。本着解决一个是一个的原则，他又献策建议女皇废弃安东都护府，恢复高氏为君长，以减轻百姓负担。这又是怎么回事呢？早在总章元年（668），李勣攻克平壤城，俘虏了高丽王，将大唐的疆域扩张到了朝鲜半岛。为了便于管理，唐廷于是在此设立安东都护府，并派兵驻守。既然有军队驻守，就必须保障后勤补给，因此百姓们常年要漂洋过海，乘船往安东输送粮食、物资，这无疑给他们日常的生产生活造成了很大影响。狄仁杰的这个建议，武则天虽然也没有听从，但她知道，无论是舍弃西北诸镇还是废弃安东都护府，狄仁杰其实都是切切实实地在替普通老百姓考虑，所以没过多久，就又升狄仁杰为检校纳言、兼右肃政台御史大夫。

圣历元年（698）九月，突厥突然发难，河北危急。军情紧

第六章 辅周国公

急,国家危难,狄仁杰以一介文官之身挂帅出征,远赴北境杀敌。这一年,狄仁杰已 69 岁。究竟是怎样凶险的局面,才需要一位没有上过战场的老臣亲自挂帅上阵,这一切还得从三个月以前说起。

圣历元年(698)六月,契丹李尽忠、孙万荣反叛之时,曾经答应与默啜和亲的武则天为了兑现承诺,就命武承嗣的儿子淮阳王武延秀北上突厥,纳默啜之女为妃。豹韬卫大将军阎知微兼任春官尚书,右武卫郎将杨齐庄兼任司宾卿,携带金银财宝无数作为聘礼一路护送。武则天虽然知道默啜这个人品行卑劣,但这次和亲她也没有糊弄。据说,武延秀这个人"美姿仪,善歌舞",他本人风度翩翩又是皇亲国戚,他的老爸虽然人品差点儿,但也权倾一时,家门显赫。所以在要啥有啥的武延秀看来,这个靠放羊起家的默啜能与自己结亲,那绝对是家里祖坟冒了青烟了。

可没想到,武延秀一行人历经两个月,好不容易才到了黑沙南庭,却被赤裸裸地嫌弃了。突厥默啜一听说前来迎娶女儿的是一个姓武的小子,当即嘴就要噘到天上去了。他先是把一行人带来的金银财宝收拾妥当,然后便毫不客气地对阎知微说道:"我家小女要嫁的是李氏儿郎,你们怎么能随便用一个姓武的就来打发我呢?我突厥世世代代受李氏圣恩,如今听说李氏已经被屠戮殆尽,只有两位皇嗣尚留人间,今天我就要替天行道,出兵帮其重夺王位。"默啜这一番胡搅蛮缠的话,可是把武延秀和阎知微吓得腿都软了,可他自己偏偏越说越来气。敢情把人家的钱都收了,闺女却不想嫁了,还要指着别人的鼻子骂人家丧尽天良,简直岂有此理。

身为使臣之首的阎知微本该据理力争,可他的腿早已抖如筛糠,哪里还有半分使臣气度。默啜一看他这个样子,反倒不生气了。他当即下令把武延秀软禁起来,封阎知微为南面可汗,让其领导汉人助自己一臂之力。阎知微一听这话,立马高兴地跪下来俯首称臣,还说了一些一定誓死效忠之类的话。默啜见状,大步上前一把扶起脑袋已经贴在地上的阎知微,意味深长地笑了。他随后转身下令:使臣中凡跟阎知微一样,愿意为我突厥效力者,皆按其原先等级分别赐予五品、三品之官服。使臣中还有一位监察御史名为裴怀古,一众人等领官时齐刷刷地跪倒一片,只有他站得笔直。默啜看他冥顽不化,就把他和武延秀都囚禁起来,还准备要杀了他。裴怀古后来趁人不注意,抓住机会一路南逃,终于衣衫褴褛又满脸憔悴地跑到了晋阳(今山西太原)。后来被他曾经救过的一位驻守太原的将领认出来后,这才得以保全性命。裴怀古在休养几日后马不停蹄地回到神都,面见武则天告知阎知微已反的消息,被升为祠部员外郎。

默啜这边部署停当之后,还给武则天写了一封叫嚣信,列举

第六章 辅周国公

了她的几条罪状：承诺给我谷物种子，可给的种子埋到土里竟然长不出庄稼，此其一也；给的金银器皿都质量不好，都是赝品，此其二也；以前赐给武周使者的高官服装，都被武则天给夺走了，此其三也；给的布匹丝绸都是低质伪劣的，此其四也；我突厥可汗之女要嫁的是天子之子，武氏小姓，门不当户不对，此其五也。信写完，默啜还专门嘱咐信差一定要送到后，就发兵突袭静难（今陕西彬州）、平狄（今山西朔州）、清夷（今河北怀来县东南）等军。静难军使慕容玄崱贪生怕死，竟率众5000投降突厥，大涨突厥之势。默啜随即又发兵进寇妫（今河北涿鹿县西南）、檀（今北京密云区）等州，北境告急。

默啜来势汹汹，脸也被打得乌青的武则天又怎么可能咽得下这口气，她把默啜写得歪七扭八的信撕成渣，又照例给默啜改了个名，叫成斩啜。稍微出了点儿气，她又下令命司属卿武重规为天兵中道大总管，右武卫将军沙吒忠义为天兵西道总管，幽州都督下邽张仁愿为天兵东道总管，领兵30万讨伐突厥默啜；又以左羽林卫大将军阎敬容为天兵西道后军总管，率兵15万为后援。重磅出击的大军还在路上，突厥就迅速攻陷了定州（今河北定州市），默啜在杀了刺史孙彦高及官吏百姓数千人后，稍事整顿，又开拔前往赵州（今河北赵县）。

大军压至赵州，默啜并没有急着动手，而是先把所谓的南面

狄仁杰：辅周复唐真功臣

可汗阎知微派到城下，拿下赵州。驻守赵州的将军陈令英站在城墙上，看见底下阎知微跟一只猴一样又唱又跳，与突厥士兵们拉起手踏起了《万岁乐》。踏歌是一种歌舞形式，踏歌众人或排成圈或排列成行，互相牵手或搭肩，以脚踏地而歌。为了稳定军心，也为了恶心底下那只猴儿，陈令英就在城墙上喊道："尚书大人您曾经位高权重，可现在竟然为胡虏踏歌，难道不会觉得惭愧吗？"只听得阎知微脚上动作不停，小声说道："我这是不得已而为之啊"。

阎知微招降不力，默啜就让人把赵州里三层外三层地给围了起来。还没咋的呢，赵州长史唐般若就已经从墙上翻出来接应了。城破之后，默啜拿着金狮子带、紫袍对刺史高睿说："投降的话，给你官做；要是不降，就得死。"高睿闻言，就转过头去看他的妻子秦氏，只听得秦氏说道："我等报效国家，时间就在今日啊！"听了秦氏所说，高睿不再多言，默啜见状就又把二人关了一个晚上，但还是没能让他们改变心意，于是就把他们都杀掉了。大是大非面前，秦氏比阎知微强，比唐般若强，比很多人都强。后来战争结束以后，武则天追封高睿为冬官尚书，谥号为节。

接二连三的坏消息让武则天彻底坐不住了，于是她又下令让刚刚被册封为皇太子的庐陵王李显为河北道元帅，并以他的名义

第六章 辅周国公

募兵，让其率军前往河北前线征讨突厥；又命狄仁杰为河北道行军副元帅，右丞宋玄爽为长史，右台中丞崔献为司马，左台中丞吉顼为监军使随军出征。不过由于武则天对李显并不放心，让他当大元帅只是一时权宜之计，从而能借机打倒默啜因匡复唐室而发动战争的不实动机；再加上李显对国家政事军情这一块好像也是不太感冒的样子，所以太子是只挂名不出征。武则天就又让狄仁杰知元帅事，代行元帅职权，并亲自到郊外送他出征，这一点也足以表明武则天对这场战事的重视程度以及对狄仁杰的信任度。

狄仁杰率领10万将士浩浩荡荡开赴河北前线，可没料到默啜得知李显被册封为太子，而且还被武则天任命为河北道元帅要来讨伐自己之后，就直接把从赵、定等州掳掠来的数万男女全部杀光，然后从五回道大摇大摆地返回大漠去了。契丹军队边走边抢边杀，所过之处，尸堆成山，血流成河，罔有孑遗。可笑的是，天兵西道总管沙吒忠义等人只敢率领大军悄悄跟在默啜的屁股后面，不敢靠上前去。等狄仁杰到了的时候，连默啜的一根毛也没看见。看着尸横遍野的惨状，狄仁杰恨不得把默啜千刀万剐，别看他年事已高，但还是坚持率领大军沿着突厥撤军的方向全力向前追击了很久，却还是一无所获。其实，狄仁杰应该知道自己肯定是追不上敌军的，中原军队以步兵为主，而突厥军队却以骑兵为主，两条腿又怎么可能追上四条腿。可要是不追，又怎么向这些无辜牺牲的百姓交代呢？

历时四五个月，河北的战争结束了，不过不是四五十万将士打赢的，而是突厥在烧杀抢掠吃饱喝足以后主动放弃的。这个结果，不知道那四五十万参战人员作何感想，也不知道武周那些高居庙堂之上的文武百官作何感想，更不知道被默啜嫌弃、指着鼻子骂、追着打的武则天作何感想。反正默啜率大军回到漠北以后，经盘点发现，此时的突厥拥兵40万，土地方圆万里，还有西北的很多小部落争相依附。可以这么说，默啜现在的胳膊比他以前的腰还要粗。

还有一件值得一提的事儿就是默啜在离开赵州之前，对他册封的南面可汗阎知微说："你跟着我这么长时间，一定有很多地方不习惯吧，不过现在好了，你可以走了，回家去吧。"哪里还有家可回的阎知微整日东躲西藏，后来还是被官军发现逮捕了。武则天听闻这个消息后非常高兴，下令在天津桥南将其处以磔刑，五马分尸以后让百官对着残缺不全的尸体射箭。射成马蜂窝以后，又让人把肉剐干净，锉骨扬灰，还下令灭其三族，就连与他已经很疏远的亲戚都要一同处死。

十月份，鉴于河北遭受这么重大的损失，武则天只好任命狄仁杰为河北道安抚大使，以安抚百姓，恢复生产。当时，河北许

第六章 辅周国公

多民众在突厥大军到来时，因受到武力胁迫，只能跟着突厥大军。现如今突厥退兵，便担心朝廷找他们算后账，所以都逃到山里藏起来了。狄仁杰看到满目疮痍、人烟稀少的惨淡场景，心如刀割。通过实地调查走访，狄仁杰探清了缘由，因此上疏皇帝说：

"据微臣所知，朝中有很多人都认为应该将那些被迫投降、顺从突厥的人全部处以重罪，他们认为，突厥起兵掠夺固然是可恨可杀，但这同时也是一个机会，一个朝廷能够甄别出谁是叛逆、谁是忠良的机会。这些人中有人接受了突厥的官职，还有的人为突厥军队提供补给，做的事情虽然不一样，但已经叛逃的内心却没什么分别。

"在臣看来，正是因为国家征调频繁，百姓拆家卖田，生计困顿，这才导致百姓们纷纷逃亡；再加上，官员欺压百姓，侵占财物，都没有羞愧之心；州县还调发百姓，让他们修缮城池，制造兵器，官吏们用人无度，根本不体谅百姓，还要制定出期限，完不成就要惩罚他们。形势所迫之下百姓们难以生存，这才被逼无奈走上邪路。人跟水一样，四面围堵就成了泉，疏导通了就成了河流，哪有什么一成不变的。

"昔日董卓作乱，皇帝西迁。等到董卓被杀，朝廷没有免去董卓部下的罪行，他们走投无路，只好继续作乱，杀人无算，焚烧宫殿，而这都是因为没有赦免他们的罪行才造成的呀。微臣每次读到这里，没有一次不掩卷叹息的。

"今日逃亡的百姓很多，他们背井离乡，露宿荒野，流窜山泽。如果陛下赦免他们，那他们就能回归家园；如果陛下不赦免他们，那么他们就只有聚众为乱这一条路可走。臣以为边境不宁，并非忧患；中原不安，才是大事。臣听说治理大的国家不能用小道理，处理大事情不能划分过细。身为皇帝，理应宽容，不要受到常规法律的限制。请陛下能够赦免河北百姓，不要问罪惩罚，这样百姓就能安居乐业，军队也可以凯旋。"

武则天看了狄仁杰的奏文，深感有理，就答应了他的请求。批文下来以后，狄仁杰命人在各地贴满告示，还专门命人在告示前给那些不认识字的人进行政策宣讲，人们一传十，十传百，就都知道了。那些被突厥驱赶掳掠的百姓，都由政府出资悉数被送回原籍，同时官府还开仓放粮，接济那些贫乏的人们，帮助他们度过时艰。为了防止军队骚扰百姓，狄仁杰带头吃粗茶淡饭，并严令部队秋毫无犯，违者斩首示众绝不姑息。这一整套安抚流亡的办法一实施。百姓终于得以安心生产，黄河以北也安定了下来。狄仁杰便命人沿途修缮馆驿，以方便军队撤回东都。做好这一切后，他便回京复命去了。因不负所托，久视元年（700），狄仁杰升任内史，位极人臣。

第六章 辅周国公

久视元年（700），是狄仁杰永别人间的一年。虽然知道自己大限将至，但他还是割舍不下对百姓的惦记与牵挂，依旧呕心沥血地努力工作。就在同年的七八月份，武则天想要造一尊大佛像，而造大佛像需要耗费许多的人力物力，于是她下令，让天下的僧人和尼姑每人每天出一文钱，以助功成。

武则天这个人特别信奉佛教，其中有很大一部分原因是佛教为她登上皇位提供了理论支持。在儒家经典中，女人是不能当皇帝的，甚至有"牝鸡司晨"的嘲讽。但佛教就不一样了，佛教典籍中有"女既承正，威服天下"之类的话，因此武则天在登上皇位的过程中，主要就是利用佛教教义来给自己站台，以此证明武周政权的合法性。所以她在登上皇位后，更是不断地建造佛寺，翻译佛经，把佛教的地位大大抬高。

如今已缠绵病榻的狄仁杰听说了这件事情以后深感忧心，于是他挣扎着起身拿起纸笔上疏写道：

"我听说施政治国的根本，首先要注重的是人世间的各种事情。陛下怜悯尘世众生迷惑茫然，可怜那些沉沦丧志、精神无所归依的人们，意欲建造佛像，以像立教，让人们看到慈善的佛像面貌而心灵净化，生出善心。这并非是要佛塔寺庙高大奢华，又哪里用得着下令天下僧尼全部必须布施出钱呢？

"现今的佛寺，规模超过皇宫，极其奢侈壮丽，雕画穷尽工巧，装饰用尽各种宝珠，高大华美的建筑耗尽大量珍材异木。但工程不能借助鬼神之力，只有役使百姓；物资不能从天上掉下来，终究依靠土地出产。不损害百姓，又如何能得到这些东西呢？万物生长都有时间，使用时却不知节制。百姓上供东西，常常不足，还要忍受鞭打惩罚。僧人随随便便一说，以祸福为辞，百姓就恨不得把头发剪下来、衣服脱下来都给他，可即便如此，还嫌给的少。

"有的和尚离间他人骨肉，使他们视亲骨肉如同路人；还有的和尚纳他人之女为妻，却宣扬什么彼我无别。这都是依托佛法，贻误百姓。他们动辄在里巷修造佛寺经坊，甚至在市场也修建佛寺僧房。佛教教化诱导众生所急需之物，往往被人们视作比官府征收赋税还急迫；做佛事所需物品，也被看成比天子诏令征调还要紧急的事情。肥沃富饶的土地和获利丰饶的产业，佛寺大量占有；水碾磨坊和庄园，也有不少为他们所拥有。逃亡的壮丁、躲避惩罚的罪人，往往寄身佛门以求庇护；没有在官府登记造册的僧人，大概有几万人之多，仅仅对都城周围地区核对查实，就有数千僧人没有名籍。而且一个人不耕作劳动，天下尚且受其害，何况不事生产的和尚很多，而这些人还以佛教化缘施舍为幌子，变相劫夺他人财物。我每想起这件事，心里就感到悲痛。

第六章　辅周国公

"南朝时，佛教兴盛，梁武帝、简文帝施舍无度。等到侯景叛乱的时候，佛寺占满大街小巷，穿着袈裟的僧人充斥其间，可哪有僧人来充当勤王之师，以拯救国家危亡的？近年以来，军队频繁出征，水旱为灾，又大量征调劳力，百姓生活困苦不堪。在这个时候，陛下您要修建大佛，恐怕百姓无力承担啊！

"我国功德无量，何必要营建佛像呢？虽说是从僧人那里征钱，但是也抵不上开销的百分之一。佛像巨大，不能让它待在露天地里。那就还要盖个高楼遮盖它，盖个一百层，还恐怕不能全遮住。有了楼，那就还得有走廊之类的建筑。有人说建佛像不用花费国家财物，还不损害的百姓利益，这样的人能称得上尽忠为国吗？

"微臣反复考虑这件事，同时征求很多人的意见，都认为如来创建佛教，以慈悲为怀，普度众生，这才是他的本心，而不是让人劳作，拿这些虚假的东西来充当装饰！现如今朝廷多事，边境不宁，理应宽简徭役，节省不必要的花费。假如雇人劳作的话，百姓为利益所驱使，必然放弃种田。现在不种田，来年必然有饥荒，那又怎么支给劳作人的报酬呢？况且如果没有官府的财物支持，大佛像是无论如何也造不成的。若既花费国家钱财，又征调百姓服役，那假如一方有事的话，又该如何解救呢？"

奏章递上去以后，武则天看完狄仁杰有理有据的分析之后，不无感慨地说了一句:"狄公教朕为善,我又怎么能违背他的好意呢?"这件事情就到此为止了。

从建议武则天放弃西北疏勒等镇,到废弃安东都护府,再到亲自挂帅出征后安抚河北请求能赦免河北百姓,最后到停建大佛,狄仁杰总共给皇帝呈上了四道奏章。此时的他虽居庙堂之高,但这四道奏章中的字字句句都是对百姓的牵挂和关心。尽管心系李唐,但他时刻不忘自己辅国安邦的初心和使命,对武则天的弊政尽心匡正。狄仁杰与徐敬业、李唐各宗室以及无数嘴上念着要匡扶李唐之人的最大区别就是,他始终都和百姓站在一起,从维护整个国家的稳定出发,去谋划复唐事宜。所以在一定程度上来说,辅周是复唐的前提和保证,狄仁杰选择的是一条迂回曲折的道路。而且就是因为他认识到了当时政治局面的深刻本质,精准预判了事情的主流走向,这才有了他辅周复唐的不朽功勋。

三、荐贤无遗

狄仁杰去世之后将近百年,被称为唐宋八大家之一的优秀文学家韩愈写了一篇名为《马说》的文章。文中开篇一句为"世有伯乐,然后有千里马,千里马常有,而伯乐不常有"。这句名言至今都振聋发聩。在这句话中,有一个词特别重要,堪称整篇文

第六章 辅周国公

章的点睛之笔，就是"然后"。韩愈认为，世界上一定是先有伯乐，然后才有千里马，伯乐对千里马能否发挥千里之才起着决定性的作用。这篇文章也深刻鞭挞了那些不能知人善任的统治者，抒发了知识分子怀才不遇的感慨与愤懑。

狄仁杰正是能够知人善任的伯乐。久视元年（700），狄仁杰已经疾病缠身，身体大不如前了，没有重大的事情，武则天也不随便打扰他。有一天，武则天略带忧愁地问狄仁杰："爱卿，朕想要一个品行才学都是上上之选的人才使用，你可有推荐的人选？"狄仁杰一听女皇想要人才，立马正色道："不知皇帝陛下想要何种人才，要做什么用？"女皇郑重地说道："朕要用他为宰相，或者是将军元帅。"狄仁杰面带喜色，不由得说道："陛下如果想要文采好、资历老的人，那么现在的宰相李峤、苏味道也算得上是其中的佼佼者了。可陛下今天特问于我，难不成是想找一位能力更为卓越的奇才吗？"女皇一听，顿时大喜，连连道："国老知我，国老知我！这正是我的想法啊！"狄仁杰说："现在正有一人，是陛下所需，正是荆州长史张柬之，他虽说岁数大点儿，但绝对是将帅之才。"

狄仁杰走后，武则天心急火燎地召来吏部的官员，随口问了下张柬之的基本情况，就准备要提拔。谁知这一问，让武则天火热的心又凉了半截，心里暗想："怪不得我听着耳熟呢，原来是

狄仁杰：辅周复唐真功臣

他呀!"张柬之，字孟将，襄阳人，少年时为太学生，涉猎经史，尤其擅长三礼。后来进士及第，当了青源县丞。一直到永昌元年（689），朝廷下诏征召"贤良方正"，时年65岁的张柬之应召，在上千人的对策考试中，名列第一，这才使得他的名号无人不知无人不晓，成为人们茶余饭后的谈资。一方面，他确实是有才华，先是进士及第，后来又对策第一，可谓是学霸中的学霸；另一方面，他不仅年纪大而且还有不属于这个年龄的干劲与冲劲，别人像他这么大的岁数早都要退休了，回家颐养天年，他却来参加制科。大家听说他名列前茅，有人夸赞他的毅力和才华，又有人背地里暗戳戳地说他是官迷，可张柬之才不管那些。

考中后，朝廷任命张柬之为监察御史，圣历年间张柬之又升任凤阁舍人。当时，突厥默啜可汗请求跟大唐和亲。自古以来，中央王朝和北方少数民族政权和亲，那都是把姑娘嫁给可汗。谁知道，这个默啜可能是看见大唐是女人掌权，就想把自己的女儿给嫁过来。武则天答应了默啜的和亲请求，就想着把可汗的女儿嫁给自己的侄子武延秀。张柬之一听，简直岂有此理，夷狄之女哪能嫁给我堂堂中原儿郎。于是，张柬之就上奏说："自古以来，没有哪位天子是娶夷狄女子的。"武则天一看，这老小子不念我的提拔之恩，居然敢跟我作对。一怒之下，就把张柬之贬到偏远的合州（今重庆市合川等地）当刺史去了。

第六章 辅周国公

武则天一时也陷入了沉思：虽说这个张柬之是有点儿才能的，却跟自己作对，没有眼力见；再者这个人都60多岁了还来参加制科，多少有点官迷，况且他的身体也不一定能吃得消。武则天不禁摇摇头，打消了让他当宰相的念头。她抬头一看，吏部官员还站在一旁等候指令，便挥手让他退下。武则天忖度着，既然张柬之不能胜任宰相的职位，但是我也不好拂了狄仁杰荐贤的美意，还是提拔一下吧！就这样，张柬之从荆州来到了洛阳，成为洛州司马。

不久，武则天又对狄仁杰说起了推荐人才的事情。狄仁杰一听，敢情皇上是没看上张柬之，可这个人确实才能超然，要是错过了那朝廷可就损失大了。于是狄仁杰双手一拱，大声说道："臣之前推荐的张柬之，陛下还没任用呢！"武则天顿时就乐了，笑着说："国老怎么说没任用呢？朕已经升他为洛州司马了。"狄仁杰一脸严肃地说道："臣推荐他是当宰相的，如今陛下却让他当洛州司马，这不能算是任用！"武则天看着狄仁杰郑重的表情，逐渐收回了自己的笑意，顿了顿声音，郑重地说道："狄爱卿，莫要怪罪朕！朕想着，张柬之年老衰朽，恐怕不能担此重任，所以先召回洛阳，看看情形。如果他身体还好，那就予以重任，并非不相信爱卿的眼光！"武则天走到狄仁杰身旁，继续说道："官员升迁自有规矩，得一步一步来，不能超迁。张柬之在洛州任上干得不错，身体也算硬朗，朕已经准备让他升任秋官侍郎了。"狄仁杰见女皇如此说，立马顿首拜谢，口称万岁。

武则天虽然对狄仁杰说是要一步步提拔张柬之，但说到底心里面还是多少有一些顾虑。这个老头曾经出言不逊冒犯天威先不说，就说宰相事务繁重，张柬之这个岁数还能不能吃得消都是个问题。但碍于狄仁杰的情面，武则天也就没有多说什么。不过，张柬之最终还是让武则天打破疑虑，成功当上了宰相。这其中除了有狄仁杰的推荐之功以外，还与另一位大唐名相姚元崇有关。

姚元崇这个人也很厉害，他是陕州硖石（河南三门峡陕州区）人。突厥叱利元崇进犯作乱的时候，武则天一听到这个突厥人名就头疼，所以就不想让姚元崇叫这个名字了，给改成了姚元之。后来，因为要避唐玄宗"开元"年号，又改成了姚崇。所以，姚元崇、姚崇、姚元之都是一个人。他也曾因为被狄仁杰欣赏而获得过举荐，担任过武则天、睿宗、玄宗三朝宰相，有"救时宰相"之美誉，与房玄龄、杜如晦、宋璟四人并称"唐朝四大贤相"。

随着武则天日渐年迈，她逐渐沉迷于享乐，对张昌宗、张易之两兄弟更是宠幸至极。这俩人和之前那个薛怀义一样，都不是啥省油的灯。有一次，张易之看上了京城大德寺的10个僧人，就想要把他们都调到自己在定州的私人寺庙。可没想到这10个

第六章 辅周国公

僧人是打死也不去，事情闹大之后，就让姚崇知道了。他也不惯男宠毛病，直接就把调动工作给拦下来了。张易之收到消息后，就找到姚崇，好一通软磨硬泡、威逼利诱，但还是没能让他改变主意。后来，怀恨在心的男宠回去之后，昼夜不停地给武则天吹枕边风，姚崇的坏话说了一大箩筐。武则天被他缠得没办法，就把姚崇贬为司仆寺卿，但仍保留宰相头衔，后来又充任灵武道行军大总管。

就在姚崇即将启程的时候，武则天让他举荐能够担任宰相的官员。姚崇说道："张柬之虽说年纪是很大了，但他深沉稳重，有谋略，能断大事，希望陛下能尽快重用他。"武则天一听，狄仁杰推荐他，姚崇也推荐他，看来这个张柬之确实有大本事。于是，武则天立马召见张柬之，给他加上了同凤阁鸾台平章事。就这样，在狄仁杰、姚崇的推荐下，年逾古稀的张柬之成为大唐的宰相。

除了张柬之、姚崇之外，桓彦范、敬晖、窦怀贞等人也都曾得到狄仁杰的看重与提拔。

桓彦范，润州曲阿人。他的祖父是桓法嗣，曾当过雍王府谘议参军、弘文馆学士，所以桓彦范少年时以门荫调补右翊卫。圣历初年，升迁为司卫寺主簿。桓彦范为人慷慨豪爽正直，有很多政治观点和狄仁杰都不谋而合。狄仁杰特别看重他，每次相遇都

狄仁杰：辅周复唐真功臣

以高规格的礼仪接待，并且对他说："足下才识高妙，必然能有一番作为。"时间不长，桓彦范就被提拔为监察御史。

桓彦范也没有辜负狄仁杰的信任，他为官勤勉，政绩卓越，长安三年（703），升为御史中丞，第二年又被任命为司刑少卿。就在他被任命为司刑少卿同一年，御史中丞上书弹劾男宠张昌宗联合术士李弘泰意图谋反，请求将其收押候审。可被迷得五迷三道的武则天根本不愿意相信，就没同意。桓彦范见状，就又上书武则天，大骂张昌宗无德无才，还包藏祸心，图谋江山，更是请求把这个人面兽心的东西粉身碎骨，还说了要是不杀张昌宗，江山社稷就要危亡这样严重的话。但即便如此，武则天还是没有同意。

后来，又有内史李峤等人上书要给那些在武则天登基前后，被周兴、来俊臣等酷吏谋害至家破人亡的人平反昭雪。桓彦范更是直接上奏，请求将自光宅元年（684）以后被判为谋逆之罪的人，除李敬业起兵的扬州、李贞起兵的豫州、李冲起兵的博州以及诸谋逆案的主要头目之外，其余一律赦免。就李峤和桓彦范所说的这些，武则天当然不会同意。但桓彦范并没有收手的迹象，反而越挫越勇，前后连着给武则天上了十道奏章，而且用词更为激烈，话也越说越不好听，武则天竟也没想着惩罚他，最后只能在频繁轰炸下被迫同意了。

第六章 辅周国公

常言道"伴君如伴虎",所以在《邹忌讽齐王纳谏》中,邹忌才推己及人,用"宫妇左右莫不私王,朝廷之臣莫不畏王,四境之内莫不有求于王"这样的话语,劝谏齐威王广开言路,改良政治,目的就是要让齐威王能够听得进去自己的意见,还不用惹得他不痛快。但桓彦范不是这样,他说话上奏的方式就跟他的性格一样,比较直接。凡是他上言劝谏遭到皇帝责备,老先生根本就没有忍气吞声这一说,只会争辩得更厉害。他还曾经对他身边亲近的人说道:"如今我既然在大理寺任职,经手的可都是一条条鲜活的人命,就为这个,就不能只是一味顺着皇帝的旨意,以求苟且偷生。"

敬晖,绛州太平人(今山西襄汾县),以明经入仕。他出任卫州刺史的时候,恰逢突厥入侵河北等地,前任刺史不顾秋收,反而征召百姓修缮城池。敬晖到了卫州后,对人说道:"即使是固若金汤的城池,如果没有粮食的话也是守不住的,怎么能让百姓放弃收粮而去修缮城池呢?"于是下令放百姓回家秋收。敬晖的这种做法,跟狄仁杰当时在魏州的做法如出一辙,也因此获得了人们的称赞。长安三年(703),敬晖官拜中台右丞,即尚书右丞。

袁恕己,沧州东光(今河北东光县)人。长安年间,升任司刑少卿(即大理少卿,与桓彦范同职),兼知相王府司马事。唐

狄仁杰：辅周复唐真功臣

朝时，诸亲王都要开府设官，袁恕己不但担任司刑少卿，同时还兼管着相王李旦府中司马的事务，统理府僚，参与军事。

经狄仁杰举荐的张柬之、桓彦范、姚崇、敬晖等人都是刚正不阿的良臣，而且成为后来率领羽林军痛杀企图篡权的男宠张易之兄弟、逼迫武则天还位于中宗的骨干力量。有一条可以肯定的是，他们必然受到过狄仁杰或多或少的影响，双方绝对对这个只可意会不可言传的伟大目标有着共同的认知，狄仁杰临终时又表达过想要匡扶李唐的愿望，再加上他们自身的志向，才使得他们能够冒着身死族灭的风险背水一战。

神龙政变因发生在神龙元年（705）而得名，那个时候我们可尊可敬的狄国老已入土5年之久，发动政变的当天，众人杀入玄武门之后，冲进武则天所在的长生殿控制住了局面。众人顶着来自王者的凌厉气场，强迫女皇退位让贤。武则天一一扫过曾经倚重的这些大臣，转头对着崔玄暐缓缓说道："其他人都是因为有别人引荐才能身居高位，只有你是我亲自提拔的，你跟他们也是一伙吗？"崔玄暐正色回答说："我之所以这么做，正是要报答陛下的恩德啊！"武则天话中的这个"别人"里面，就有狄仁杰，或者说，就是狄仁杰。武则天之所以这么说，肯定是她在和狄仁杰相处过程中的某个瞬间，隐隐约约感觉出这样的结果就是狄仁杰想看到的，所以当她看到这些人在眼前的时候，才会并不

第六章 辅周国公

感觉特别意外。这也是为什么狄仁杰尽心辅佐女皇，却获得了大唐功臣这个名号的原因，所以又怎么能说他和这件事情没有关系呢？

狄仁杰善于发现、提拔人才，还必须要提的一点就是他"内举不避亲，外举不避仇"。圣历三年（700）二月，武则天曾下令要宰相们各推荐一个能当尚书郎的人。唯独狄仁杰推荐的是自己的儿子狄光嗣，武则天也没有说什么，就任命狄光嗣为地官员外郎。后来，狄光嗣在岗位上干得很好，名声外扬，武则天不无感慨地对狄仁杰说："狄公，您跟祁奚一样，举贤不避亲，朕果然得到人才了啊。"

经狄仁杰提拔的还有一个人，他就是元行冲，河南人，后魏常山王元素连的后人。元行冲年少时父母双亡，是由他的外祖司农卿韦弘机抚养长大的。韦弘机，就是前文中给高宗修建宫殿，被狄仁杰弹劾的那位。元行冲博学多才，尤其精通音律和故训之学，中进士后，累次升迁为通事舍人，为狄仁杰所看重。

元行冲的性格跟狄仁杰差不多，不会阿谀奉承，经常说一些规劝别人的话。有一次，元行冲对狄仁杰说："下级事奉上级，就如同一个富豪家中的积储以供生活之用，干肉、腊肉、熟食、脊肉之类，是供食用滋养的，人参、山蓟、灵芝、桂圆之类，是用以预防疾病的。大人您的门下，充当美味的人已经很多了，我

狄仁杰：辅周复唐真功臣

愿意充当您的一味药物，可以吗？"狄仁杰听完，哈哈大笑，对着身边人说道："元行冲正是我药匣子里的药物，一天都不能缺少啊！"虽然狄仁杰曾弹劾过韦弘机，元行冲又是韦弘机抚养长大的，可是狄仁杰还就偏偏十分赏识元行冲，元行冲也愿意跟随狄仁杰，真所谓"君子坦荡荡"也。后来，元行冲在玄宗朝官至太子宾客、弘文馆学士，还撰写了《魏典》，为《孝经》作了疏，做出了一番事业。

曾经有人不无感慨地对狄仁杰说道："天下桃李，悉在公门矣。"这句话不仅是在称赞狄仁杰能识别、提拔人才，更是羡慕狄仁杰有了许多的门生弟子。狄仁杰听了后，并没有感到高兴，而是义正辞严地说道："我是为了国家而举荐贤人，并非是为了我自己。"正是因为狄仁杰有这样大公无私的品性，才能为国家发现了这许多贤才，才获得了人民的尊敬与爱戴。

不过，狄仁杰也有看走眼的时候，窦怀贞就是那个例外。

窦怀贞，是唐高宗时期宰相窦德玄的儿子，响当当的官二代，年少时就非常有名气。由于出身官宦之家，所以家里的宗族兄弟们都过着锦衣玉食、奢侈享乐的生活。但窦怀贞不是这样，他为人谦卑，着装朴素，是一众兄弟里的另类。圣历年间，窦怀贞担任清河令，官儿虽然不大，但他干得很卖力，政绩也非常突出。大概就是在这个时候，狄仁杰看到窦怀贞一点儿也没有出身

第六章 辅周国公

豪门的那种骄纵之气，人又非常踏实肯干，所以就对他提拔任用。有了狄仁杰的举荐，窦怀贞官职升迁节奏非常快，先后担任过越州都督、扬州大都督府长史。每干一任，都以清廉能干而著称。

行文至此，不免让人心生疑虑。这个窦怀贞不是一个挺好的小伙子嘛，怎么能说狄仁杰是看走眼了呢？这是因为狄仁杰尚且在世的时候，窦怀贞还是处于一种相当正常的状态，或者不仅仅是正常，而是优秀。但在狄仁杰去世以后，这个人突然就跟换个人一样。想要积累名声很难，但要是想毁掉它就是顷刻之间。窦怀贞突然就从一个优秀杰出的青年，变成了一个不计形象也要阿谀权贵的人，变成了人们口中讥讽与嘲笑的对象，同时也连累了狄仁杰的名声，为世人所诟病。

神龙二年（706），窦怀贞官拜御史大夫，兼检校雍州长史。当是时，朝中韦后与安乐公主等人干预朝政，权倾一时。窦怀贞便极尽谄媚之能事，溜须拍马，博取母女二人的欢心。后来更是改名从一，来避韦后父亲的讳，为世人所不齿，因此名声一落千丈。景龙二年（708）的年底，除夕这一天晚上，宫中大摆宴席，摆酒奏乐，好不热闹，中宗下令召宰相、诸王等百官入宫共同守岁。宴会之上，君臣觥筹交错，把酒言欢。中宗这天也特别高兴，就不由得多喝了几杯。

狄仁杰：辅周复唐真功臣

酒喝得多了，话也就多了，而皇上说话又有谁敢不听呢？只见中宗对着御史大夫窦从一说："爱卿，听说你已经单身很久了，朕每次一想到这件事儿，就特别担忧。今天是除夕，是一年一次的喜庆日子，朕要在今天，在此地给你办婚事。"这是什么情况，事先也没打过招呼，成哪门子婚呢？但窦从一哪敢想这些，扑通一声就跪下去磕头拜谢了。众人本来以为中宗只是开玩笑，可不一会儿真的就有内侍举着灯笼、步障、金缕罗扇从西边的过道里走了上来，扇子后面也真的有一个穿着婚服、戴着花钗的新娘子。

一众人等走出来之后，中宗命新娘子和窦从一面对面坐好，还让窦从一背诵几首《却扇诗》。唐朝新人成亲的时候，新娘子的脸是拿扇子遮住的。婚礼的仪典全部结束之后，新娘子才会把扇子移开。为了增加仪典的趣味性，观礼群众一般都会起哄说要让新郎背诵《却扇诗》，把新娘面前的扇子拿开。大致相当于当代中国传统婚礼中的"挡门"习俗。莫名其妙被结婚的窦从一没有丝毫推托，当即就大声背诵了几首。新娘的扇子一拿开，众人抻着脖子定睛一看，新娘不是别人，而是韦后的老乳母王氏，中宗与众人当即大笑起来。

笑归笑，但婚事可是要作数的。中宗当场就把这个老奶妈封为莒国夫人，嫁给御史大夫作老婆。知道中宗是在拿窦从一取

第六章 辅周国公

乐,宴会众人都笑得东倒西歪,但新郎官觉得能与皇族结亲是莫大的荣耀,所以非常高兴,也就跟着一直在笑。唐朝把乳母的老公叫作阿䎱,这种叫法大概相当于把入赘的男人称作是"倒插门"一样,不好听。窦从一每次进宫面圣或者上奏章的时候,都会称自己是"皇后阿䎱",人们见状干脆就叫他"国䎱",他也不生气,反而还一副引以为傲的样子。

当时,宦官的权势壮大起来,窦从一就对其特别害怕和敬畏。每次在工作场合,碰到没有胡子的人,他都要把人家当作宦官来接待,恭敬有加。监察御史魏传弓因为太监辅信义骄纵残暴,就要上奏弹劾他。弹劾奏疏都已经写好了,可窦从一在看过之后竟然给压了下来,还特意嘱咐下属魏传弓道:"辅常侍近来是安乐公主身边的大红人,深受公主信任,权势很大。如果因为一句话就给自己招来了祸端,那又何必这样去做呢?"窦从一刚说完,魏传弓皱着眉头大声说道:"如今,就是这帮太监才搞得朝廷乌烟瘴气,如果能够今天把他杀死,即使明日赴死,那我也没有什么遗憾了。"一番掷地有声的话说完,窦从一想了半天,不知道该怎么回答,也就没再说话,但还是坚持把奏章给扣下来了。

韦后擅权行动失败后,窦从一因为是"国䎱",所以也受到了牵连,被贬为濠州(今安徽凤阳县)司马,不久之后又被擢升

狄仁杰：辅周复唐真功臣

为益州大都督府长史。窦从一也没有因为被连累贬谪而气馁，睿宗再次登基为帝之后，他又把目光聚焦到了太平公主身上，也因此又开始官运亨通，被任命为侍中、兼御史大夫。

唐睿宗打算给金仙、玉真二位公主（均为女道士）建两座道观。因为要花费的工料太过昂贵，当时除了窦怀贞，其他人都不赞成修建。窦怀贞为了讨好睿宗以及两位公主，不仅表示支持，还亲自到现场监工。窦怀贞的族弟詹事司直窦维鍌实在是觉得看不下去了，就对他说："兄台你位居台辅，应该为朝廷进献解决问题的良策，辅佐明主。可你现在却校量瓦木，跻身于工匠之间，你这样的做法又如何让这天下臣民学习瞻仰呢？"窦怀贞面对诘问，回答不上来，但还是依旧如故。当时就有人评论他说："窦怀贞之前是皇后阿䬃，后来又是太平公主的邑丞（管理公主事务的官吏，相当于公主的私人秘书）。"

先天二年（713），太平公主谋逆事泄，窦怀贞也涉案其中。后来太平公主被玄宗发兵擒获，窦怀贞害怕被问罪，就跳水自尽了。玄宗还派人把他的尸体给捞起来又再杀了一次，改成毒姓。

窦怀贞一生机关算尽，反误了卿卿性命。他趋炎附势，竭尽谄媚之事，毫无羞耻之心，活成了人们口中的笑话，却还不自知。把这样的人推荐入朝，自然算是狄仁杰身上一个不能去除的污点。

第七章
复唐功臣

圣历元年（698）三月，在狄仁杰等人坚持不懈的劝说下，75岁的武则天终于派人前往房州，将李显带回了洛阳，复唐事业向前迈进了一大步。在这之后，狄仁杰感觉自己身体大不如前，怕自己不能亲自拥护李显即位，于是就把这个希望寄托在了自己的门人身上。他不仅隐晦地嘱咐张柬之、崔玄暐、桓彦范、敬晖、袁恕己等人要"冀各保爱，愿尽本心"，还给他们留下了一定先杀了武三思，方大事可成的临终遗言。拳拳之心，无以言表。

狄仁杰：辅周复唐真功臣

一、智谏女皇

在男尊女卑的封建社会里，武则天能以女流之身当上中国历史上唯一的女皇帝，可谓是太不容易了。然而武则天也没想到，居然有比当皇帝还难的事情。在她当上皇帝后，一件棘手的事情就一直萦绕在她心头，让她寝食难安，夜不能寐，那就是皇位继承人的问题。她在争夺权力的过程中，一门心思只想着当皇帝，哪里顾得上考虑自己百年之后的事情。

然而在她坐上皇位后，她已经接近70岁了，俗话说人生七十古来稀，她不能不开始考虑自己的身后事。从西周开始实行的宗法制，已经在中国社会实行了将近2000年之久。这漫长的2000年已经使得以父系血脉为原则的王位继承观念根深蒂固。武则天是李家的媳妇，她继承了李家的政治遗产，建立了武周。她改国号，改旗帜，改官号，甚至将自己的儿子改姓武，她改变跟李唐有关系的一切东西，但她始终改变不了她是李家媳妇的事实，也改变不了自己继承李唐王朝的事实。她清楚，如果自己不是李治的媳妇，不是李显、李旦的母亲，她的称帝行为，必然会让自己陷入身败名裂的境地。

武则天现在就处于一个两难的境地：一方面，她想要武周王

第七章　复唐功臣

朝传承下去，那么就需要武家子弟来继承皇位，但是武家子弟中跟她血缘关系最近的，也只是她的侄子；另一方面，她的儿子跟她血缘关系最近，她也把他们改姓武了，可是她清楚地知道，只要她一去世，那么她的儿子必然会改回李姓，恢复李唐王朝，她的心血也就灰飞烟灭了。

在这样的处境中，武则天一直在思考，想找出一个万全之策。在武则天还没想好该怎么办的时候，武承嗣率先行动了。武承嗣是武则天哥哥武元爽的儿子，也就是武则天的亲侄子。说到这些，我们还得再说说武家的事情。

武则天的爸爸是武士彟，他娶了两个老婆，一个老婆生了武元庆、武元爽弟兄俩，另一个老婆生了武则天姐妹三个。武则天爸爸去世早，武元庆、武元爽两兄弟和他们的儿子对后妈和妹妹们不太友好，这让武则天的妈妈杨氏很是记恨。在武则天当上皇后发达了以后，杨氏就跟武则天说了不少他们的坏话。武则天是个睚眦必报的人，管你是哥哥还是侄子，一怒之下，将他们都贬到偏远的地方当官去了。武元庆到了地方，就病死了。武则天又用计谋陷害侄子武惟良、武怀运，让高宗杀了他们，并把其他的武氏人员也都流放岭南了。武元爽后来被流放到振州，也郁郁而终。

武则天的哥哥都死了，侄子们要么被杀要么被流放，而她给

狄仁杰：辅周复唐真功臣

自己父亲追封的周国公的爵位就无人继承了。于是，武则天让自己的外甥贺兰敏之改姓武，承嗣周国公。谁知道，这个外甥更是胡作非为，跟自己的外祖母，也就是武则天的妈妈有染。后来，贺兰敏之又逼淫高宗已经选定的太子妃。忍无可忍的武则天将贺兰敏之流放，并让人在途中将其杀死。

俗话说打断骨头连着筋，自己的哥哥已经去世，其中作恶的几个侄子也受到了惩罚，最重要的是在贺兰敏之去世后，周国公的爵位无人继承。于是，上元元年（674），武则天从岭南召回了自己的侄子武承嗣，让他来袭爵周国公，并拜官尚衣奉御。武承嗣仗着有姑妈撑腰，一路官运亨通，在嗣圣元年（684）就当上了宰相。

话说武承嗣这个人确实很聪明，他知道武则天想当皇帝，就一边怂恿武则天，一边找人给武则天称帝造势。他先是奏请武则天要给先祖封王，并立武氏七庙；接着与武三思一同劝武则天除掉韩王李元嘉、鲁王李灵夔等地位尊崇的李唐宗室大臣，企图扫清武则天称帝的障碍；后来武承嗣又找了一块白石头，在上面刻上"圣母临人，永昌帝业"八个字，让唐同泰声称是从洛水中得到的，献给武则天。武则天看到后大为高兴，把石头命为"宝图"。天授元年（690），武则天称帝，封武承嗣为魏王、武三思为梁王。

第七章 复唐功臣

天授二年（691），武承嗣就起了要让武则天立自己为太子的心思，派王庆之去鼓吹，因遭到岑长倩等人的反对而作罢。这件事我们在前文也说了。武则天见到王庆之，问他："现如今皇嗣是我的儿子，为何要废掉呢？"王庆之回答道："祖先不歆享不是他后代的贡品，民众也不祭祀不是他祖先的鬼神。现如今是谁的天下？为何要以李氏为后嗣呢？"武则天听了王庆之的话后，并没有生气，也没有多说什么，只是让他退下。王庆之呢，他看女皇没有拒绝的意思，觉得还有希望，就跪在地上不停地叩头，嘴里继续喊着让武承嗣当太子的话。武则天看着王庆之无赖的样子，就笑着说："朕今天累了，你先退下吧！朕给你一张印纸，以后你想见朕的话，拿着印纸给守卫看，就可以进宫了。"王庆之听到女皇这么说，高兴地拿着印纸走了。

武则天想不到这个王庆之居然是个死脑筋，三天两头地要进宫求见，武则天被他纠缠得烦不胜烦，就下令凤阁侍郎李昭德，要他把王庆之拖出去，打一顿板子，给王庆之个教训。李昭德把王庆之引出光政门外，对着大臣们说："这个贼子想废掉皇嗣，立武承嗣为太子。"说完就让人把王庆之扔在地上。只听"咣"的一声，王庆之被重重地摔在地上，眼睛、耳朵里都冒出了血水。李昭德不理会王庆之的求饶声，冷冷地下令："给我打！"众卫士拿起棍杖来，就往王庆之身上招呼。不一会，王庆之就不挣扎了，被活活打死。

从武则天对王庆之的态度来看，武则天内心其实是有让武承嗣当继承人的想法的，要不然王庆之有十个脑袋也不够掉的。当然，武则天只是被他纠缠得有点儿烦，想给他个教训，没想让李昭德把他打死。只能说他命不好，偏偏落到李昭德手中。李昭德可是铁杆的"保李派"，可不得趁着这个机会，好好收拾一下这些狗腿子。

打死了王庆之后，李昭德还得去复命。他清楚地知道，自己是骗不过女皇的，又知道皇帝也不会真的怪罪自己，所以他为了让场面能过得去，就找了一些借口。李昭德颤颤巍巍走进宫殿中，额头的汗水不停地往下滴，他轻声向女皇说道："陛下，臣该死！卫士们下手没轻重，把王庆之给打死了。"听到李昭德的话，女皇眉头一皱。没等武则天说话，李昭德又轻声说："王庆之看着身强力壮，谁想到居然这么不禁打，没几下，就给打死了。"武则天看着满脸惊恐的李昭德，无奈一笑，摆摆手说道："罢了，这种人死了也好，让朕也清净清净。"武则天又何尝不知道李昭德的小心思呢，只是现在她自己都没想好到底要怎么办，只能先把这件事再拖一拖了。

李昭德擦了擦额头的汗水，又小声说道："天皇（即高宗皇帝）是陛下的丈夫，皇嗣是陛下的儿子。陛下据有天下，应当传

第七章 复唐功臣

给子孙，为万代基业，哪能让侄子当太子呢？自古以来，就没有听说过侄子当皇帝，会给自己的姑姑立庙！并且陛下受天皇照顾，如果陛下把天下交给武承嗣，那么天皇连祭品也享受不到了。"武则天听了李昭德的一番话，突然就想起了自己的丈夫，想起了之前夫唱妇随的快乐日子，不免心生伤感，挥手让李昭德退下。李昭德的话让武则天触动很深，她开始思考把皇位传给武家子弟的想法到底对不对。继承人的问题就这样暂时搁置了。

李昭德不仅劝阻武则天不要让武承嗣当太子，他还从中挑拨武则天与武承嗣的关系。如意元年（692）六月，李昭德秘密跟女皇说："魏王武承嗣所掌握的权力太大了。"武则天吃惊地说："武承嗣是朕的侄子，所以朕才重用他。"李昭德缓缓说道："陛下，姑侄亲还是父子亲？当儿子的还有篡位弑父的，更何况侄子呢？现如今武承嗣既是陛下的侄子，又是亲王，还是宰相，手中所掌握的权力跟陛下您也差不多相等了。臣恐怕陛下不能长久地安享皇位啊！"按说，武承嗣这个人还没有那个胆子，但是武则天不仅权力欲大，疑心也是相当的重。听完李昭德这样说，武则天立马正色说道："朕确实没有想到！"七月份，武则天就罢掉了武承嗣的同凤阁鸾台三品，不让他再当宰相了。

武承嗣失掉了相位，心里也清楚是李昭德搞的鬼，转头就向武则天告李昭德的状。武则天一听武承嗣所说，立马就明白了自

狄仁杰：辅周复唐真功臣

己侄子的来意，她语重心长地对武承嗣说："朕自从任用了李昭德，晚上才能睡好觉，他是替我劳累啊，你不要再说那些话了。"武承嗣碰了一鼻子灰，只好悻悻离去。

春去秋来，时间来到了圣历元年（698），武则天已经74岁了。随着年岁渐长，身体日渐衰老，武则天不得不又开始考虑继承人的问题。这个问题是个难题，经过这几年的思考，武则天还是没能做出选择。

武承嗣经过上次的失败，一段时间以来没敢再贸然出手，而是蛰伏下来，继续耐心地等待时机。现在，武承嗣也看出了武则天想要快点儿把继承人确定下来的端倪。于是，武承嗣趁机联合武三思，不断地派人去劝说女皇："自古以来，天子没有让异姓来接班的。"这些老生常谈的话，让武则天的耳朵都听出茧子了，她只能苦笑一声，不置可否。

看到武承嗣他们已经行动了，狄仁杰也找准时机劝女皇说："我太宗文皇帝栉风沐雨，亲冒锋镝，才打下天下，传之子孙后世。天帝把两个儿子托付给陛下。现如今陛下想把天下传给其他人，这不是天意啊！再者说，姑侄和母子哪个更亲近呢？如果陛下立儿子为太子，那么千秋万岁，陛下都能配食太庙，承继无穷；如果陛下立侄子为太子，那么我没有听说过侄子当皇帝后，会让自己的姑姑配享太庙的。"武则天看着一脸正气的狄仁杰，

第七章 复唐功臣

只好说："这是朕的家事，爱卿还是不要参与了。"

听女皇这么说，狄仁杰更不干了，立马拱手道："王者以四海为家，四海之内，有谁不是臣民呢？有什么事不是陛下的家事呢？"武则天知道自己失言了，只能讪讪一笑。狄仁杰又继续说道："君是元首，臣是股肱，义同一体，况臣身为宰相，哪能不参与呢？"女皇理屈，一时间不知道说什么好，只是看着狄仁杰。狄仁杰见女皇不说话，知道自己所说已经打动女皇了，立刻乘胜追击，继续说："陛下，您春秋已高，庐陵王在房州已经十多年了，何不将庐陵王召回，侍奉在您左右？"女皇一听，狄仁杰这是要一步到位啊，连连摆手道："朕身子骨还算硬朗，目前还不需要他伺候。狄爱卿，你先退下吧。"

话说人老多梦。一天晚上，武则天梦见自己跟人玩双陆（古代的一种赌博游戏方式。有点儿类似下棋，赛盘上两边各置12格，双方各持15枚黑色或白色棒槌状的棋子立于己边，比赛时按掷骰子的点数行走，先走到对方区域者获胜），老是赢不了。第二天，武则天找来狄仁杰，问他这个梦是什么意思。要不说狄仁杰聪明，他小声回答说："陛下，您赢不了双陆的原因，在于您宫中无子啊。"什么意思呢？宫中无子既是说在双陆棋局中没有棋子了，又是说武则天不把自己的儿子放在皇宫中当继承人。狄仁杰的一语双关让武则天陷入了沉思。

狄仁杰：辅周复唐真功臣

还有一次，武则天梦见一只大鹦鹉的两个翅膀都折断了。醒来后，她百思不得其解，于是急忙召来狄仁杰，向他问道："朕昨夜梦见一只大鹦鹉，它两个翅膀都折断了，这是什么征兆呢？"狄仁杰不假思索地回答道："鹦鹉，鹉就是武，陛下的姓；两个翅膀就是陛下的两个儿子。如果陛下能起用两个儿子的话，鹦鹉的翅膀就好了，就能够飞到天上了。"武则天这个人特别迷信，听到狄仁杰这么说，不由得信了七分。从此之后，武则天想要立武承嗣当太子的想法就越来越弱了。

后来契丹孙万荣叛变，在派兵攻打幽州的时候，对朝廷发出了檄文，其中说："还我庐陵、相王来。"武则天看到后，突然想起来狄仁杰所说的话，于是对狄仁杰说道："爱卿曾经为我占梦，现如今应验了。朕想立太子，你觉得谁能当呢？"狄仁杰知道女皇已经转变了想法，就缓缓说道："陛下内有贤子，外有贤侄，怎么选择全凭皇帝您做主。"武则天说："朕自有圣子，承嗣、三思是什么东西。"

除了狄仁杰之外，还有几个人，在武则天决定立李显为太子的过程中也起到了一些作用，他们分别是吉顼、张昌宗、张易之等人。但必须要说明的一点就是，这三个人的观点现在虽说和狄仁杰这一拨人是一致的，但出发点却是南辕北辙。狄仁杰他们是从国家大局出发，这三个人却是为自己的利益考虑，属于搞政治

第七章 复唐功臣

投机。吉顼,就是前文所写的告发刘思礼谋反的那个人。他为人阴险狠毒,审判刘思礼案,广引无辜朝士,杀得是人头滚滚,由此得到重用,升迁为右肃政台中丞。张昌宗,高宗朝宰相张行成的族孙,因为长得比较漂亮,还懂音乐,被太平公主送入宫中伺候女皇。张易之,张昌宗的哥哥,由张昌宗推荐给女皇,所以也被召入宫中,跟弟弟一起当了武则天的面首。

张氏兄弟二人长得白白净净,每天抹粉施朱,穿着华丽,打扮得很好看,颇受武则天的喜爱。武则天不光给他们升了官,还赐给他们许多财物,甚至还让一个官员专门去伺候他们的母亲。以色侍人的张氏兄弟的走红,连武氏都要甘拜下风,竞相巴结。武承嗣、武三思、武懿宗、宗楚客、宗晋卿他们不知廉耻地争相去张家,甚至要争着给他们牵马执鞭,并亲切地称呼张易之为五郎,张昌宗为六郎。武则天后来还专门设置了一个机构叫控鹤府,交给张易之负责掌管。

吉顼和张氏兄弟都是控鹤监供奉,相互之间关系也不错。有一天,吉顼小心翼翼地对张氏兄弟说:"现如今,二位老兄的地位是如此的尊贵,但是这尊贵的地位并非是因为功业而获得的,天下人都嫉妒你们啊。如果你们一直都没有功劳的话,以后如何保全自己呢?我作为你们的朋友,真的很替你们担心啊!"吉顼的一番话正好戳中张氏兄弟的内心。他们何尝不知道自己的富贵来得太容易,又得罪了不少人,待女皇去世后,自己必然会遭到清算。只是,他们又没什么本事,空有一副皮囊,不知道怎么办才好。

于是,张氏兄弟立马向吉顼请教。吉顼顿了顿,轻声说道:"全天下的人都没有忘记大唐的恩德,都思念庐陵王。现如今皇帝岁数大了,需要把天下托付给他人了,而武氏诸王并不是天下人所属意的。你们何不在合适的时候,劝劝皇帝,让她把庐陵王立为太子呢?如果你们这样做了,不仅能免除祸患,还能长久地保持富贵。"张氏兄弟听完吉顼的高论,深以为然,连声道谢。

从此以后,一有机会,张氏兄弟就跟女皇说立李显为皇太子的事。武则天是何等聪明,一看这两位不太对劲,就知道肯定是有高手在背后教他们了。一问,果不其然,原来是吉顼的主意。于是,武则天把吉顼召来,又详细地跟他聊了一番。吉顼也不来虚的,原原本本、一五一十地给皇帝分析了利弊,武则天听得连连点头。至此,武则天也就打定了主意,决定立自己的儿子李显为皇太子。

二、迎立庐陵

经过李昭德、狄仁杰、张易之、张昌宗、吉顼等人的劝说,

第七章　复唐功臣

也出于各种因素的综合考虑，武则天终于停止在自己的侄子和儿子之间到底选谁当继承人这个问题上的左右摇摆，彻底打消了让武承嗣当太子的念想。圣历元年（698）三月的一天，武则天秘密召来职方员外郎徐彦伯，让他去房州接回庐陵王以及庐陵王的妃子和子女。为了避免出现意外情况，武则天让徐彦伯等人秘密行事，还嘱咐他们说如果事情暴露的话，只能声称是庐陵王生病了，需要回神都治病。

徐彦伯只带了几个人，轻车简从，就上房州去了。一路上跋山涉水，倒也没出什么岔子，没几天就到了。看到朝廷派人来了，李显颇有些吃惊，暗想莫不是自己惹上什么麻烦了吧。徐彦伯不敢多说，只是说了一句自己是奉皇帝之命前来房州接他们一家回京去的，其他的一概不知。李显越想越担心，急忙找到韦后，说："夫人，母皇派人来接咱们回神都，是不是有什么大事发生了？会不会咱们一回去，就会杀了咱们？"因为有着同甘共苦的经历，且这个韦氏素来又诸多智计，所以李显对她非常依赖。

韦氏一听武则天命人来接他们一家子回神都了，一时也慌了神，连忙问道："派谁来了？还说了什么没？"李显结结巴巴答道："就职方员外郎徐彦伯带了几个卫士，没其他人。他只说母皇要他接咱们回，其他的都不知道。"李显没等韦后说话，就像

狄仁杰：辅周复唐真功臣

机关枪一样连续发问："咱们会不会被囚禁啊？咱们回去还有活路吗？咱们……"韦氏听了李显的话，思索片刻，顿时心下了然。她连忙摇手示意李显停下，然后笑着说："母皇要杀咱们的话，何必让人接咱们回去呢？直接在这儿下手不就行了，还值得把咱们叫回去再杀吗？"

李显听了自己老婆的分析，觉得很有道理，立马变得高兴起来，不停地对着韦后说："夫人言之有理，为夫惭愧。"韦后笑着说："时间紧张，不要光顾着高兴了，快去通知裹儿他们收拾行李，准备上路。"李显一边应承着，一边走出房外叫人去了。中宗与韦氏一共生养懿德太子、永泰公主、永寿公主、长宁公主、安乐公主五个孩子，其中安乐公主是最出名的一位，也最像韦氏。李显再一次登上皇位后，这位安乐公主就联合韦氏，想要毒死中宗，立自己为皇太女，篡权夺位。安乐公主是李显到了房州以后才出生的，刚出生时，李显亲自脱下自己的衣服把她裹起来，所以起名叫裹儿，她长大以后，被许配给了武三思的儿子武崇训。中宗复位以后，韦后与武三思私通，把持朝政，想要效仿自己的婆婆，当第二任女皇帝。上梁不正下梁歪，安乐公主也有样学样，为人嚣张跋扈，贪污受贿，卖官鬻爵。武崇训死了以后，又嫁给了武延秀，就是原来被武则天派去突厥娶默啜女儿的那个（后来被默啜给放了回来）。后来玄宗李隆基起兵，才将这

第七章 复唐功臣

祸乱朝纲的母女二人给杀死。

话说回来,李显到达神都后,武则天并没有把这个消息公开,因此所有人都不知道庐陵王已经回来了。一天,武则天提前把李显藏到帷帐中,召来狄仁杰,故意跟他聊起了李显。一说起李显来,狄仁杰就停不下来,慷慨激昂,要女皇去接李显回宫。说到后面,狄仁杰情绪激动起来竟涕泗横流,号哭不已。武则天见状,就让人把李显叫了出来,一脸得意地对着狄仁杰说道:"狄爱卿,你看这是谁?朕把储君还给你!"

看着眼前站立的李显,狄仁杰一时间不敢相信,他用力睁大双眼,再仔细一看,那不是李显还是谁呢?狄仁杰又吃惊又高兴,自己日日夜夜想干的事,居然就这样成功了。狄仁杰高兴地跪在地上,口中高喊万岁。没过多大一会儿,狄仁杰突然意识到事情好像不对,他郑重其事地对武则天说道:"太子还宫,这么大的事情,大家居然都不知道,那人们会怎么谈论这件事呢?既然陛下已经拿定主意要这样做,那就应该广而告之;如果继续隐瞒下去,那就名不正言不顺,时间长了也难免惹人非议。"武则天听完连连点头,马上下令让李显回到龙门,然后再用盛大的迎接仪式将李显重新迎回宫中。李显回宫的消息一传十,十传百,大小官员们都争相来到街上,跟百姓们挤在一起观看。

狄仁杰心心念念,冒着生命危险劝说武则天从房州把李显接回来，让他成为皇位继承人。他可倒好，当不好皇帝就不说了，那算能力问题，可是他并没有感激狄仁杰为他所做的事情。他当上皇帝后，发生了一件事，若是狄仁杰地下有知的话，估计也会寒心吧。

中宗重新即位后的第二年（706），立第三子李重俊为皇太子。因为这个李重俊不是韦氏所生，所以为其所厌恶和猜忌。由于当时皇太子得到魏元忠在内的许多重臣的支持，所以也深为当时仍然权倾朝野的武三思所忌惮。安乐公主和驸马武崇训更是不拿李重俊当人看，对他经常凌辱谩骂不断。武崇训还教唆安乐公主去找皇上，请求废太子。太子做到这个份上，也是窝囊透顶了。景龙元年（707），忍无可忍的李重俊联合沙吒忠义等将领，在魏元忠、李多祚等人的暗中支持下，假传圣旨，发动300羽林骑兵杀了武三思、武崇训父子二人。后来攻打宫城，意图杀死韦后等人，却因士兵倒戈而失败。

李重俊率兵诛杀武三思后，武三思的党羽宗楚客为了给他报仇，就想办法想要扳倒魏元忠。他让御史袁守一上奏说："昔日，武则天在三阳宫的时候，生病很重，感觉好不了了。于是，内史狄仁杰奏请要让陛下您监国，魏元忠却私下上奏说不可以。根据这件事，就可以知道魏元忠这个人很久以前就心怀叛逆，恳请皇上将他诛杀。"谁知道，中宗看完袁守一的奏状，居然对杨再思

第七章 复唐功臣

等人说:"在朕想来,这是袁守一说错了。人臣侍候君主,必然要一心一意,哪有皇上身体一不好,就立马请太子监国的道理?这是狄仁杰想要对朕树私惠,朕不觉得魏元忠哪里做错了。这是袁守一假借之前的事情给魏元忠罗织罪名,是没有道理的。"

李显的这番言论,不知道是他已经掌握了事情的真相,还是他真的就是这么想的。如果他确实是这么想的,那确实应该替狄仁杰感到大大的不值。自古皇上病重,让太子监国的事例多如牛毛,因为本来太子就是皇位继承人。如果皇帝好不了,自然是太子即位;如果皇帝身体好了,那再取消太子监国就可以了。名正言顺的事情,怎么到了李显那里就变成了"树私惠"!再者说,武则天多大年纪了,将近80岁的人病重了,提前安排后事不是人之常情吗?让太子监国,本就是要防止在权力交接之际出现权力真空,避免产生政治动乱,以维护国本。狄仁杰维护李家王朝的拳拳之心,居然不被最大的受益者李显所认可,这可真是讽刺之极。

要说李显在其他事情上,也是懂得知恩图报的。李显刚来到房州时,每天都胆战心惊,一听到有武则天派的使臣来了,吓得就要自杀。还好他的媳妇韦后比较冷静,就劝他说:"你胆子怎么这么小?福兮祸之所倚,祸兮福之所伏,哪有一成不变的?难道就差这一死吗?何必如此!"李显听了媳妇的话,这才勉强稳住心神。也正因为李显和韦氏一起在房州同甘共苦了十多年,所以李显对她感情很深厚,他曾经还对韦后发誓说:"一朝见天日,誓不相禁忌。"意思就是说等以后发达了,你愿意干啥就干啥,我也不禁止你。所以后来韦后干了许多坏事,李显也没有怨言。

还有就是李显在房州时,日子过得很不好,且不说身边有各种间谍无时无刻地监督,一些官员对他也不以礼相待,就连生活上也惨兮兮的,吃喝用度都不够。张知謇当房州刺史时,看到这种情况,就对李显加以保护,还供给他丰厚的财物。等李显登上皇位后,还记得张知謇的恩情,把他从贝州刺史升为左卫将军,加云麾将军,封范阳郡公。

在张知謇之后,还有崔敬嗣。崔敬嗣对李显也很亲切,供给他衣食财物,李显很是感动。等李显登位后,有一个益州长史也叫崔敬嗣,因为两人名字一样,所以李显就以为是之前的恩人,每次下面递上来给崔敬嗣授官的文书,李显就拿笔给改为更高的官位,一共这么干了四次。后来,李显叫这位官员前来问话,才知道是自己弄错了。李显马上叫人查找那个崔敬嗣,才知道他早已经去世了,就让中书令韦安石给他的儿子崔汪封了个官。哪知道这个崔汪很爱喝酒,每天都是醉醺醺的,也不干活。李显也没有生气,又给他改了官,让他当洛州司功参军。我们可以看到李显这个人并非没有一点儿可取之处,就是不知道到底是出于什么考虑才会说出那样一番话。

在李显回到神都后，武承嗣深感自己无望成为太子，心情抑郁，在当年的八月份就病死了。九月份，皇嗣李旦上书皇帝，表示要让出皇嗣的位置给李显，皇帝同意了。随后，女皇立李显为皇太子，大赦天下。继承人的事情到此就告一段落了。

三、复唐成功

劝阻武则天修建佛像后不久，久视元年（700）九月，狄仁杰在内史任上病故。虽说狄仁杰去世之前并没有看到李唐复国，但是好在李显又当上了太子，自己推荐的张柬之等人也开始陆续走向权力中枢，复国之事后继有人，狄仁杰也能放心离开了。

其实，从武则天晚年的一些事迹来看的话，李显皇位继承人的身份还是比较稳固的，她已经从心里真正接受了由自己的儿子李显来继承大统。长安元年（701）八月，苏安恒上疏武则天，不仅要求女皇禅位于太子，而且还要女皇把诸武的王爵降为公侯，封李显、李旦的儿子们为王。我们知道，之前裴炎说要让武则天还政于李旦的时候，武则天可是一怒之下杀了裴炎的。现在，苏安恒说了这些话后，武则天不仅没有生气，还亲自接见苏安恒，并赏赐给他食物，好声好气安慰了他一番。

狄仁杰：辅周复唐真功臣

长安二年（702）五月，苏安恒又上奏武则天，说了一些更为过分的话，"陛下贪其宝位而忘母子深恩"，"将何颜以见唐家宗庙"，说武则天贪恋权位不顾母子之情，再不退位的话，就没脸去拜谒李氏宗庙和高宗陵墓了，几乎相当于破口大骂了。武则天还是没有生气，没有怪罪苏安恒。以上这些事，都可以说明，在武则天重新确立李显的太子之位后，她已经看清并承认武周王朝终将覆灭的现实，也不再进行无谓的抗争了。所以，抛却其他一切因素，武则天也大概率会传位于中宗。但是这个皇位也不是武则天想传给谁，就能传给谁的，局面已经不在病榻之上的武则天掌控范围之内了。

时间来到了长安四年（704），武则天已经80多岁了。人老多病，武则天也不例外，突如其来的一场大病让她卧床不起。她住在长生院中养病，连着几个月也不召见宰相议事，唯独让张易之、张昌宗在自己身边伺候，传达命令。九月，在姚崇的推荐下，已经80岁的张柬之终于当上了宰相。神龙元年（705）正月，武则天病得更重了，一切政务继续由张易之、张昌宗把持着。武则天稍微有了一点儿精神的时候，崔玄暐曾上奏说："皇太子、相王仁爱孝顺，可以伺候皇帝您服药。皇宫内院至关重要，还请皇帝不要让异姓出入。"矛头直指张易之、张昌宗二人。武则天也知道崔玄暐的意思，但并没有听从他的意见，而是回复说："深

第七章 复唐功臣

领卿厚意"。崔玄暐正直无私、心向李唐,与张柬之又同为宰相,二人一拍即合,开始为恢复李唐王朝而努力奋斗。

张柬之眼见女皇病重,国事又被小人把持着,知道复唐的机会已经来了,他抓紧时间开始了自己的计划。张柬之思忖着,自己作为宰相,虽说权力不小,可是并不掌握北衙禁军,只依靠自己的话肯定是行不通的。他找来了天官侍郎、同中书门下平章事崔玄暐,司刑少卿桓彦范,中台右丞敬晖,相王府司马袁恕己一同商量对策。张柬之、桓彦范、敬晖、袁恕己我们在前文中已经有了一定的认识,现对崔玄暐作一简要介绍。

崔玄暐,博陵安平(今河北安平县)人,以明经入仕,担任库部员外郎。他的母亲卢氏告诫他:"我姨兄屯田郎中辛玄驭曾经对我说:'儿子当官,有人告诉我说我儿子很贫苦,几乎养活不了一家人,这是好消息;如果听说他家财万贯,穿得好吃得好,这才是坏消息。'我听了很受触动,的确如此啊!之前看到亲戚中当官的,经常给父母很多钱财,父母光是高兴,竟然不问这些钱财从何而来。如果说这些钱物是剩下的俸禄,自然是好事。但如果这些钱物是从歪门邪道而来,那么这些人与盗贼又有什么区别呢?即使没有受到处罚,难道内心不会愧疚吗?昔日孟母不受鱼鲊之馈,也是因为这样啊!如今你坐食俸禄,已经很好了,如果不能尽忠守清,何以自存于天地?"他时刻谨记母亲的教诲,不敢有半分懈怠。

崔玄暐小的时候,还经常作一些诗赋文章,到了晚年之后认为这并非是自己所擅长的,于是也就不再写这一类的文章了。只一心一意地研究经学,著有《行己要范》10卷、《友义传》10卷、《义士传》15卷、训注《文馆辞林策》20卷。崔玄暐为官以清廉著称。在长安四年(704)六月,以天官侍郎知政事,正式成为宰相。

诸人经过商量后,一致认为:若想要革命成功,起码要先达成两个条件。一是获得太子李显、相王李旦的支持,他们二人是复兴李唐的基础和旗帜,尤其是李显,如果李显不支持的话,那么一切都是空中楼阁;其二是要掌握军事力量,来充当事变的主力,其中尤以掌握北衙禁军最为重要。事情商量好后,诸人开始分头行动。

唐朝时,北衙禁军是宫廷禁卫军,是专门负责保卫天子的亲军,驻防在皇城北边的宫城和禁苑中,由皇帝直接掌握。在武则天时期,北衙禁军主要是指左、右羽林卫,各有正三品大将军一员、从三品将军二员。如何让自己人掌握羽林军就成了张柬之等人的头等大事。

右羽林卫大将军李多祚,是个靺鞨人,家中世代都担任酋长。李多祚因骁勇善战而受到高宗提拔,成为右羽林卫大将军,

第七章 复唐功臣

在北门宿卫20多年。一天,张柬之忽然登门拜访。李多祚受宠若惊,根本想不到宰相会来拜访自己一个武人,连忙把张柬之请入房中。二人坐定后,张柬之示意李多祚屏退左右,轻声问道:"将军,您守卫北门多少年了?"李多祚颇为疑惑地回答道:"20多年了。"张柬之接着说:"将军,您位高权重、富贵无比,难道不是大帝(即高宗)的恩德吗?"李多祚肯定地回答说:"是。"张柬之顺了顺自己的胡须,接着说道:"如今大帝的儿子还在东宫,张易之、张昌宗这两个小人日日夜夜都想着要除掉太子,难道将军不想报大帝的恩德吗?"李多祚慷慨激昂地说道:"只要是对国家有利,我就听相公您指挥,我丝毫不会考虑自己和家人的后路。"张柬之听完,顿时松了一口气,高兴地握住李多祚的手,不停地赞美其大义。就这样,二人指天地发誓,商定了后续事宜。

搞定了右羽林卫大将军李多祚,张柬之又提拔自己人来担任左、右羽林卫将军。之前,张柬之升任荆州长史时,前任是杨元琰。他们两人在交接工作后,一起泛舟于江中,一边欣赏美景,一边交谈。欢声笑语中,张柬之忽然说到了武后革命、诸武专权跋扈,杨元琰反应颇为激烈,言语间也有匡复李唐之意。张柬之听了后,也没有继续再说下去,只是记下了这个人。在张柬之当了宰相后,立马提拔杨元琰为右羽林将军,并对他说:"您还记

狄仁杰：辅周复唐真功臣

得昔日在江中所说的话吗？今天授您此职正为此事。"随后，张柬之继续推荐桓彦范、敬晖、李湛三人为左、右羽林将军。就这样，张柬之等人把羽林军牢牢掌握在手中，为复唐事业打下了坚实基础。

不久，姚崇从灵武返回洛阳，张柬之、桓彦范见他回来了，就对他说："一应事项都已安排妥当了。"随后就将整个安排谋划说了出来，姚崇的加入，又给革命的胜利增添了一分胜算。

眼看着即将要起事，桓彦范看着家中垂垂老矣的母亲，内心愧疚不已。自古谋事在人成事在天，此事万分凶险，万一有哪个环节出了问题，自己掉脑袋倒是其次，就是可怜老母亲生养儿女一场，老了还要被自己拖累。想到这，桓彦范不禁悲从中来。但如今已是箭在弦上不得不发，他于是就将自己要做的事情都说与母亲听了。没想到老人家听了以后，只是说了一句："忠孝不能两全，我儿必当先国后家，吾心甚慰。"一句话，令桓彦范泪流满面，但匡复李唐的心愈加坚定。

按照计划，桓彦范、敬晖二人借助在北门守卫的机会，趁机成功与太子李显取得联系，向他说出了计划。担惊受怕的日子，李显早就过够了，一听有这么多人支持自己当皇帝，立马就应许下来了。把李显搞定之后，事情就已经成功一半了。张柬之等人随即又对行动当天的路线、可能会遇到的问题反复推演了好多

第七章 复唐功臣

次。终于，时机成熟了。

神龙元年（705）正月二十二日，张柬之、崔玄暐、桓彦范以及左威卫将军薛行思等人率领左右羽林军500多人如期来到玄武门前，并派遣李多祚、李湛以及内直郎、驸马都尉王同皎前去东宫迎接太子。王同皎是相州安阳人（今河南安阳），娶了李显的女儿定安郡主。浩浩荡荡的一群人来到东宫，跟李显说明了来意。谁知道李显是个扶不起的阿斗，之前答应得好好的，事到临头却反悔了，居然不跟他们走。众人根本想不到会出现这种局面，顿时冷汗狂飙，今天要是太子不同意，我们这不是成了谋反了吗？不要说身家性命，九族也得诛灭了！

形势紧迫，众人一时间也没有其他办法，只能让李显的女婿王同皎再抓紧时间劝一劝。王同皎上前拱手说道："先皇把天下交付给殿下您，您无端被废，又被幽禁于房州，人神共愤，已经整整23年了！现如今，全赖上天指引，北衙将士和南衙百官同心协力，要在今天诛杀凶恶的小人，以恢复李氏社稷，愿殿下暂时先到玄武门，以孚众望。"可那个扶不起的阿斗却躲在门后说道："这些小人自然是应当诛杀的，只是母皇圣体违和，这么干必然会惊扰她老人家！各位还是再等等，以后再说吧！"众人一听，心里五味杂陈，想不到李显居然是这么个胆小怕事之人，自己竟然把身家性命托付到这么个人身上，真是可悲可叹！李显还说什么以后,他也不用自己那脑袋瓜子想想,哪里还有什么以后,今天他要是不出去,所有人就都得死。

李湛看王同皎也劝不动,只能硬着头皮上前说道:"诸位将军为了李唐社稷,这才不顾家族生死起事,殿下难道要把我们都放到鼎镬(古代酷刑,以鼎镬煮人)中吗?还请殿下出面阻止祸乱吧!"李显虽然胆小,但不算太笨,眼看众人都是箭在弦上,要是自己再推托,保不齐就被劫持了,这才勉强答应下来。

李显这边刚踉踉跄跄地走出门,王同皎生怕他跑了一样,急忙半扶半抱地把他送上马背,一起前往玄武门,与张柬之等人会合。来到玄武门前,众人斩关而入,直奔女皇住所迎仙宫。有道是冤家路窄,众人一闯进迎仙宫,就在走廊上碰到了张易之、张昌宗二兄弟。没有片刻犹豫,军士们二话不说,直接就把他们乱刀砍死了。

李湛率所部兵长驱直入,来到武则天的住处长生殿,令众卫士环绕以待。武则天正在睡梦中,忽然听到一阵阵嘈杂声,醒来看见身边围绕着一众军士,急忙问道:"是谁作乱?"李湛拱手说道:"臣等奉太子令诛杀逆贼张易之、张昌宗,恐怕漏泄消息,因此没能上奏陛下。臣等在宫禁中布置军队,是臣等死罪。"女皇看着周围一众人等,早已明白了几分,再听了李湛所说的,知道自己大势已去。然而,武则天是什么人,那可是与李显等懦弱

第七章　复唐功臣

之流截然不同，几千年难遇的一代女强人，即使身患重病，军士环伺，也没有丢了皇帝的尊严和气度。她强撑着坐起来，盯着眼前的众人一个个看去。看到太子也在，女皇冷冷地说道："是你吗？逆贼既然已经诛杀，你就回东宫去吧！"

听到武则天问话，李显吓得气也不敢出。桓彦范见状，只得上前说道："太子哪还能再回东宫呢？昔日天皇将爱子托付给陛下您，现太子岁数已长，久居东宫，不管是天意还是人心，大家都思念李氏！众位大臣不敢忘记太宗、天皇的恩德，所以奉迎太子诛杀逆贼。希望陛下能够传位太子，以顺天意人望！"

武则天没有理会桓彦范，接着对李湛说道："你也是诛杀张易之的人吗？我对你们父子俩可不薄啊，你至于如此吗？"李湛是李义府的儿子。李义府在武则天当皇后的事情上出力不少，武则天也投桃报李，让他当上了宰相。后来，李义府因犯罪被流放而死。在武则天掌权后，追赠李义府为扬州大都督，并赐李湛实封300户。李湛听到武则天这么说，羞愧不已，只能低下头不说话了。

当天，袁恕己并没有跟随众人杀进宫去，而是随从相王统率南衙军在宫外策应，以扫清外围反对势力。他把张易之的同党韦承庆、房融及司礼卿崔神庆全部关押入狱，等待革命成功后再处理发落。

狄仁杰：辅周复唐真功臣

二十三日，武则天下制让太子监国，大赦天下；二十四日，武则天宣布传位太子；二十五日，李显即位；二十六日，武则天移居上阳宫。二月四日，李显复国号为唐，武周政权正式宣告结束。

事情演变至此，总算有了一个好的结果。但张柬之等人似乎忘了一个人，一个狄仁杰在遗嘱中就提到过的人，他就是武三思。天授元年（690）武则天登基以后，武三思被封为梁王，后来更是当了宰相，权倾朝野。狄仁杰在去世之前，就已经料想到，要是不能除掉武三思，恐怕事情不会进展得很顺利，所以即使病重，还是特意嘱咐了他们。后来，事实证明，姜还是老的辣，狄仁杰确实是目光如炬，识人入微，料事如神。

张柬之五人虽然遵照狄仁杰的遗愿，在一番惊心动魄后将李显推上皇位，但是他们没有听狄仁杰的建议把武三思一并除掉。这并不是因为当时险乱的局面让他们忘记了这件事情，而是他们压根就没有想这样去做。但其实张柬之也是有苦衷的。一方面，武则天一天比一天病重，张氏兄弟也加快了趁机作乱的步伐，情势危急。另一方面，张柬之担任宰相时间不长，根基浅薄，而武氏一族已浸淫朝堂多年，树大根深，此时若是想要一并除之，怕是不能做到。所以即使可能会造成后患，他也不能冒险为之，只能以图后谋。而且张柬之认为，退一万步说，就算以后武三思还

第七章 复唐功臣

要兴风作浪,那到时候朝堂上有李显在位,皇帝陛下也自会料理他。可张柬之怎么也没预料到,中宗即位以后,武三思反而变得更难对付了。

抛开政治,单从血缘关系来论的话,武三思和李显是姑表兄弟。前面我们也提过李显的女儿李裹儿第一次被许配给了武三思的儿子武崇训。李显因为心疼李裹儿小时候在烟瘴之地受的苦,所以对其宠爱有加,爱屋及乌,对武崇训自然也就差不了。更离谱的是,在上官婉儿的穿针引线之下,武三思竟然和韦后胡搞到了一起,而李显又对韦氏非常依赖,事事顺从。所以亲上加亲的血缘关系,加上乱七八糟的男女关系,再加上李显即位后,对拥护李唐的诸位功臣心生忌惮,使得武三思和李显一家走得越来越近,武三思的权势不减反增。

第一个看透问题本质跳出来劝桓彦范和敬晖杀了武三思的人,是洛州长史薛季昶。薛季昶,绛州龙门县(今山西河津市)人,是名将薛仁贵的侄子,进士出身,因参加神龙政变,被任用为户部侍郎,后来在得知张柬之去世以后,自杀身亡。薛季昶对敬晖说:"昌宗、易之二凶虽然已经铲除,但局面并没有真正得到控制。请趁着兵器未冷之际,诛杀武三思之流,匡正王室,以安天下。"一番话说下来,说得敬晖心里毛毛的,就赶紧跑去跟张柬之说了。可无论他跑去多少次,都被张柬之一句"如今时机尚不成熟"给挡了回来。敬晖嘴皮子都磨破了，可还是一点儿用也没有，也就不再说了。这个结果被薛季昶得知以后，他只感叹了一句："看来我马上就要大祸临头，死无葬身之地了啊！"

除了薛季昶，还有刘幽求。刘幽求，冀州武强（今河北武强县）人，圣历年间中进士，官拜阆中尉。中宗去世之后，韦氏图谋皇位，刘幽求因为与临淄王李隆基关系比较好，所以也参与了唐隆政变，拥立睿宗即位。政变当夜下达的百余道诏令，都是出自刘幽求之手。刘幽求因功官拜中书舍人、参知机务，赐爵中山县男，食实封200户。张柬之他们发动神龙政变以后，刘幽求得知这伙人虽然是把张昌宗、张易之兄弟二人杀掉了，但竟然没有顺道把武三思给收拾掉，就跑去对桓彦范和敬晖说："诸公舍生忘死，灭武归唐，实乃大丈夫也，自然应该名垂千古。可如今武三思还苟存于世，诸位要是不能早做打算，到时候让他缓过神来，事情怕是就要非常难办了，搞不好到时候诸位的性命就都要搭进去了。"刘幽求的话虽然说完了，可无奈桓、敬二人还是没有采取行动。

没过多久，武三思就和韦后二人联手干预政治，祸乱朝纲，刚刚辛辛苦苦用命拼回来的李唐江山又一次陷入摇摇欲坠的境地。当时有好多人都在后面窃窃私语说这件事情是敬晖的责任。敬晖成天被人指指点点，又眼看着心血就要付诸东流，心如刀

第七章　复唐功臣

绞。后来，敬晖等人被武三思排挤构陷，权柄尽失，受制于武三思，差点儿把他气得吐了血。他每次气到想杀人却又无计可施的时候，就举起拳头使劲捶床致手伤流血。

可即便此时的他们再怎么生气，又有什么用呢？在手中有权有兵的时候尚且扳不倒人家，如今更是想都不用想了。张柬之也只能叹息说道："想当初皇帝还是英王的时候，一向以勇烈著称。我之所以当初放诸武一马，就是希望陛下登基后，能够有所历练，亲手除掉诸武等人以稳固统治。现在大势已去，大唐该何去何从，又有谁能够知道呢？"其实，张柬之既然能说出这番话，那他败得就还不算太冤。他对自己要扶植的君主不了解至此，也实在让人难以理解。当初发动政变之际，李显临阵退缩的丑态他已经是选择性地忽略掉了，要不何来勇烈一说？

原本因政变有功封王的五人，后来都在韦后和武三思等人的排挤诬陷下流放各地，并终身禁锢，没能善终，而且族中子弟年16以上者亦配流岭外，桓彦范被流放到瀼州（今广西上思县），敬晖被流放到崖州（今海南海口琼山区），张柬之被流放到泷州（今广东罗定市），袁恕己被流放到环州（今广西环江毛南族自治县），崔玄暐被流放到古州（今广西三江侗族自治县）。被流放的这五个地方，在当时才是真正的烟瘴之地，比中宗当年流放的房州（今湖北竹山县）还要远，也还要惨。

狄仁杰：辅周复唐真功臣

可即便如此，武三思还是不放心，害怕中宗会再次改变主意，将这些人重新起用。为了永绝后患，他就采纳了中书舍人崔湜献上的计策，让崔湜的姨兄嘉州司马周利贞任右台侍御史，到岭外假传圣旨杀了几人。其中，桓彦范、敬晖、袁恕己三人是被周利贞杀害的，手段惨无人道。桓彦范是被施以竹槎之刑，皮开肉绽血肉模糊以后被杖杀；袁恕己是被灌了毒药后发现没死就又杀了一次；敬晖的死法不详，但想必也不会好到哪去。张柬之和崔玄暐相对比较幸运，崔玄暐是在被贬途中因病去世，张柬之是到了泷州以后，因不能接受现实，被自己给活活气死的。这五人为了李唐立有如此大功，最后却落了这么一个下场，令人唏嘘。

中宗即位后，由于他的软弱昏庸，以武三思为代表的武氏集团、韦氏、安乐公主、武则天的女儿太平公主等诸多势力相互勾结、相互掣肘，使得他的统治地位依旧不甚稳固。景龙四年（710），中宗被武氏和安乐公主合谋毒死，16岁的皇太子李重茂即位于灵柩前，皇太后韦氏临朝称制，改元唐隆。韦氏大肆任用韦氏子弟控制禁军及尚书省诸司，并与朝廷内外诸心怀不轨的势力相勾结，密谋君临天下。没过几天，见势不妙的临淄王李隆基联合太平公主发动政变，砍下韦氏、安乐公主、武延秀诸人首级，拥立相王李旦重新即位。后来，李隆基与太平公主之间矛盾加剧，太平公主被赐死于家，社稷至此方平。

第七章 复唐功臣

回头去想，狄仁杰、裴炎等人一生最希望的就是将这社稷重新交回李氏手中。但他们想要的绝对不是像李显这样虽说身上流淌着皇族血脉，却软弱无能，置江山社稷于不顾之人。他们要是泉下有知，看到他们毕生所期望的一个结果达成之后，却引来朝局一波三折的动荡，不知又会作何感想。好在最后终于出现了一个李隆基，肩负起了狄仁杰等人的殷切期盼，带着李唐又重回正轨。

所以后来就有史官犀利评论道，清廉之士可以约束一个贪婪之徒，但再贤能的臣子也辅佐不了一个懦弱无能的君主。中宗虽为一代帝王，但奈何没有雄心壮志，不知道创业的艰难，只贪图眼前的享乐，所以这才被贬房州。武则天虽然没有对其痛下杀手，可房州实为崎岖瘴疠之地、幽禁之所，所以他的日子肯定不好过，能平平安安地活下来可能都会是一个问题。虽然他自己懦弱无争，可还是在狄仁杰等人的不断努力下得以回到朝中，再次成为皇太子。张柬之等人更是再次将其推上宝座，可他不仅没有反思原先的错处，反而仍是昏庸无道，纵妻女无度，视江山社稷黎民百姓为儿戏。最后落了一个虽贵为九五之尊，却被自己枕边人所背叛残害的下场，令人不胜唏嘘。

可事情我们还是要一分为二地看，李显的软弱无能固然是导致社稷不稳的一个重要因素。但不可否认，也不全是他的责

狄仁杰：辅周复唐真功臣

任，归根结底还是出在武则天身上。从古代人们根深蒂固的正统观念出发，武则天登基为帝本就是一个怪胎。正是因为有了她为先例，这才引来太平公主、韦后、安乐公主、上官婉儿等人的争相效仿；也正是因为武则天的成功，才导致本来应该是外戚的武承嗣、武三思等人也有了能够争夺皇位的资格，所以关于立武还是立李这个话题才会需要经过那么多次的讨论甚至辩论；也正是因为武则天违背传统，所以在集权路上才会特别需要用一些特殊手段将李唐宗室及其支持者剪除殆尽，这也是李显登基后羽翼不满，难以对局面进行有效控制的一个重要原因。

还有一点就是，就算狄仁杰等人没有主张迎回庐陵王，当时备选的太子也就只有武承嗣了。那这个武承嗣就不是可以用软弱怯懦这个词来形容的了，他人品卑劣，做事不择手段，江山要是到了他手里，那才是真正的要走向危亡了。所以狄仁杰他们的选择和做法还是正确的。

第八章
身后哀荣

久视元年（700）九月，狄仁杰在内史任上病故，一代名相就这样遽归道山。虽然狄仁杰去世了，但是他不畏权贵、仁政爱民的精神将永远流传下去，继续激励着后来者。

一、荣誉满身

听闻狄仁杰去世的消息后，武则天一时间难以置信，愣了一会，才哭着说："现在朝堂空了啊！"当即宣布废朝三日，赠狄仁杰为文昌右相，谥号为文惠。后来，每当碰上朝中有大事，众

狄仁杰：辅周复唐真功臣

大臣决断不了的时候，武则天就会叹息道："为何老天爷要早早地夺走我的国老呢！"

在狄仁杰晚年的时候，武则天非常信任和尊敬他，所以狄仁杰常常享受着其他大臣们没有的待遇。武则天经常不叫狄仁杰的名字，而是亲切地称他为"国老"，取对国之忠臣的无限尊敬之义。在朝堂上，只要狄仁杰有不同意见，从来都是当面进谏，不给武则天留面子，武则天也不以为忤，常常能听从。狄仁杰以年老多病，屡次要告老还乡，武则天都不同意。

其他大臣面见女皇，都要跪拜请安。唯独狄仁杰入见的时候，还没等狄仁杰下跪，武则天就急忙出言制止，不让狄仁杰跪拜，说："每次见您下拜，朕的身上就痛。"狄仁杰身为内史，隔几天就要值一次班，武则天都给免掉了，还告诫其他大臣说："不是军国大事，你们就不要去打扰狄国老了，让他好好休息。"

有一次，狄仁杰跟武则天在宫苑游玩。突然一阵风吹来，把狄仁杰的头巾给吹掉了。头巾掉了不要紧，狄仁杰的坐骑却受惊了，前蹄乱蹬，嘶鸣不已，眼看就快要把狄仁杰从马背上掀下来了。武则天看到情况紧急，连忙呼喊跟在后面的李显，让他上前帮狄仁杰拉住马。李显纵马上前，一把抓住了缰绳，这才把狄仁杰的坐骑给控制住。按说这种事情武则天叫个卫士干就好了，可她偏偏叫太子给狄仁杰牵马，可见在武则天的心目中狄仁杰的地

第八章 身后哀荣

位是非常高的。

久视元年（700）四月，武则天准备到三阳宫去避暑，路上碰到一个胡僧邀请她去观看埋葬舍利，武则天就答应下来。狄仁杰听到后，急忙从人群中走出来，跪下说道："佛祖是夷狄之人的神，不值得天子您屈尊去看。这个胡僧是个狡猾的人，邀请您去是为了增加他的名声，好迷惑百姓，使百姓们都信奉他的邪说。再者说，山路崎岖险阻，都容不下两个侍卫并排行走，不适合您去。"武则天听了后，点点头说道："朕听您的，以成吾直臣之气！"武则天就这样身体力行地尊敬、爱护着她的"国老"，一直到狄仁杰去世。

狄仁杰去世了，但是他身上的荣誉却没有因此减少，反而还在不断增加。神龙政变后，中宗李显即位，追赠狄仁杰为司空；睿宗即位后，又追封狄仁杰为梁国公；唐玄宗天宝六载，追加狄仁杰配享中宗庙。对古代官员来说，死后能够配享太庙，那可是至高无上的荣耀，是国家对自己一生功业的认可。

建中元年（780）十二月，唐德宗下令将李唐建立以来的将相和功臣依据功劳大小划分等级，狄仁杰与房玄龄、杜如晦、魏徵、姚崇、张九龄等36人并列宰臣中的第一等。元和二年（807）七月，唐宪宗下令征求功臣之后，让狄仁杰的曾孙狄玄范当了左拾遗。大和二年（828）六月，唐文宗下诏征求功臣后裔，在诏

狄仁杰：辅周复唐真功臣

书中表扬狄仁杰"恢复庙社，事形先觉"，并提拔狄仁杰另一个曾孙狄元封为怀州修武县尉。

唐朝之后，历朝历代的统治者也都对狄仁杰加以褒扬。南宋绍兴七年（1137），江州知州上奏说："本州辖区彭泽县中有狄梁公祠，人们只要去庙里祈福，那是有求必应。每次县里大旱，人们一去求雨，大雨就瓢泼而下，所以说狄梁公祠有大功于人们。县里经常有土匪出没，烧杀抢掠，无恶不作，把人们的屋子都烧光了，唯独狄梁公祠好好的，没有损坏。"宋高宗一听，还有这样的奇事，立马御赐给狄梁公祠一块匾额，大书"显正"二字。

明朝嘉靖十一年（1532），明世宗下诏在大名府给狄仁杰、寇准建立庙宇，四时烧香拜祭。明代的大名府就是唐朝的魏州，之前我们说过魏州有狄仁杰的祠庙，那怎么现在又要新建呢？原来，明朝初年的时候，这里发生过一场大洪水，整个大名府都被掩埋在了泥沙之下，自然也就淹没了狄仁杰、寇准的庙。现在新的大名府早都建立好多年了，所以嘉靖要下令在新的大名府重建二人的庙宇，以纪念二位先贤。

狄仁杰是李唐王朝重新复兴的最大功臣，所以这些皇帝都非常敬仰他。同时，因为狄仁杰忠诚、刚正不阿、爱民如子的品行，他又成为封建时代臣子们的模范。开元年间，北海太守李邕就非常推崇狄仁杰。为了让狄仁杰的光辉事迹广为流传，他亲自

第八章 身后哀荣

写了一本书,名叫《梁公别传》,详细介绍了狄仁杰的生平事迹,并把狄仁杰的奏疏都收录进来。

唐德宗时期有一个名叫吕温的进士,因得到王叔文的推荐,被任命为左拾遗。他非常有才华,柳宗元、刘禹锡、元稹等人都曾给予他非常高的评价。他曾经写了一篇《狄梁公立庐陵王传赞》,文中极富感情地赞扬了狄仁杰恢复李唐的历史功绩。文章最后说:"潜授五龙,夹之以飞。临终指麾,皇业再基。运起身后,功成不知。穆若清风,巍然宏规。凡为臣者,可不度思。"不仅记叙了狄仁杰指点张柬之等五人恢复李唐的历史事迹,还发出了臣子们都应该向其学习的倡导。

唐武宗时的宰相李德裕,也是狄仁杰的粉丝。他在奏疏中说:"我朝贤能的宰相狄仁杰,也曾上疏要放弃安西四镇,立斛瑟罗为可汗,又请放弃安东,立高氏为王。"把狄仁杰视为贤相,把狄仁杰的提议视作国家的施政方针。唐懿宗时期的李蔚,也在奏疏中引用狄仁杰劝谏女皇修佛像时的奏文,用来劝说唐懿宗不要佞佛。

咸通五年(864),著名诗人皮日休在彭泽县挥毫写下《唐狄梁公碑》,由书法家钱雍手书并篆额,在修真观立碑以纪念狄仁杰。碑云:"呜呼!天后革大命,垂二十年,天下晏如,不让贞观之世,是遵何道哉?非以敬任公乎?不然者,来俊臣之酷不能

狄仁杰：辅周复唐真功臣

诬，诸武之猜不能害，房龄之谏不能逆。"说在武则天的统治下，天下安然，不亚于贞观之治，主要就在于武则天信任并重用了狄仁杰。要不然，为什么来俊臣、武三思等人诬陷、打压不了狄仁杰呢？

北宋杰出的政治家、文学家，写出"先天下之忧而忧，后天下之乐而乐"的范仲淹，更是丝毫不掩饰自己对狄仁杰的欣赏与仰慕。宋仁宗时期，范仲淹在被贬途中路过彭泽县，专门去拜访了此地的狄梁公祠。因与狄仁杰有着相同的境遇，所以范仲淹有感而发，不一会就挥毫写下了近2000字的《唐狄梁公碑》。范仲淹文中写道：天地闭合在一起，谁能来开辟呢？日月有亏损的时候，谁能将其扩大复原呢？高楼即将倾倒，谁能扶起来呢？神物坠落，谁能举起来呢？试问整个天下有谁能当此大任呢，唯有狄梁公也。范仲淹写好文章后，又找了当时著名的书法家黄庭坚，让他把文章写了一遍，用来立碑。

范仲淹的文，黄庭坚的字，还写的是狄仁杰，要是这块碑能保存下来，真算是国宝级的文物了。可惜，时间不长，因为党争，朝廷下令禁了苏轼、黄庭坚的字，所以当时很多由苏轼、黄庭坚写的碑刻、字画都被毁坏了。元朝时，当年的禁令早已作废，当地官员又在原地重新立了一块《唐狄梁公碑》，只是黄庭坚的字只能使用模板来刻了。

第八章　身后哀荣

范仲淹与狄仁杰身上有着一个共同点，那就是心系百姓。范仲淹对狄仁杰拯救豫州的无辜百姓一事发出感叹："古谓民之父母，公则过焉。斯人也，死而生之，岂父母之能乎？"意思是说，古人把官员称作百姓的父母官，狄仁杰则是比父母官还要再进一步，因为狄仁杰让他们死里逃生，拯救了他们的生命，那是他们父母也做不到的事情。

正因为狄仁杰心系百姓，所以只要是狄仁杰做过官的地方，当地百姓都会给他刻石立碑或是立庙，以纪念他的恩德。我们前文也写了，宁州百姓给狄仁杰立了功德碑，豫州获救的百姓在到达流放地丰州后也给狄仁杰立了碑。宁州的那块碑到明代的时候，字迹漫漶，已经难以识读了，现已不知所终。

有意思的是，后来宁州百姓还嫌自己立的碑不足以表达对狄仁杰的感激之情，于是把范仲淹的文章拿来，再刻了一块碑。更有意思的是，因为范仲淹在文中交代了写作碑文的地点，可能宁州人也不太好意思，于是就把那句话，"某贬守鄱阳，移丹徒郡，道过彭泽，谒公之祠而述焉"给删掉了。这块碑具体不知道是什么时候立起来的，后来还散失了一回。明朝初年，刘纲担任宁州知州时，一日骑马外出，在野外碰到一块大石头挡在路上，马吓得不敢跨过去。刘纲下马查看，发现是一块石碑，再仔细一看，居然是范仲淹所写的狄仁杰碑文。刘纲高兴地叫人把碑抬回去，

狄仁杰：辅周复唐真功臣

重新立在了狄仁杰祠前面。

明代著名才子李梦阳也在宁州参观过狄仁杰的祠堂，看过这块碑，并写了一首诗．《狄梁公宁州有庙》："狄相昔为州刺史，于今伏腊土人思。向来伊水瞻遗墓，此处羌民拜古祠。鹦鹉梦中天地转，太行山上斾旌迟。稔知忠孝平生事，更读希文万古碑。"诗中说，宁州的人们现在还很怀念狄仁杰，在伏日、腊日都要祭祀他。还说了狄仁杰给武则天解见鹦鹉的梦，促使武则天迎回了李显，最终复兴李唐以及狄仁杰白云思亲的故事，高度赞扬狄仁杰的忠孝双全，并提议要是想要了解狄仁杰的生平事迹的话，就要认真读一读范仲淹（字希文）给狄仁杰所写的碑文。这块碑直到现在还存放在宁县博物馆中。

彭泽县百姓给狄仁杰立了生祠，魏州百姓也给狄仁杰立了生祠。后来因为狄仁杰儿子在魏州做官，残虐百姓，于是人们把生祠给捣毁了。但是时间不长，开元十年（722）十一月，魏人在魏州又立了一通由李邕撰、张廷珪以八分体刻写的《唐魏州刺史狄仁杰生祠碑》。可见，魏州人们还是对狄仁杰有很深的感情的。经过安史之乱，狄仁杰的生祠再一次被毁坏。宪宗元和六年（811）十一月，魏博节度使田弘正为狄仁杰重建祠堂，并立《唐狄梁公祠堂碑》。碑文由冯宿撰写、胡证正书并篆额，其中有云"岩岩梁公，惠此一方"。该碑历经千年，还依然矗立在魏州大地

第八章 身后哀荣

上,向人们诉说着狄仁杰的事迹。

就连狄仁杰在任时间不长的地方,也都给狄仁杰立了庙。元代诗人陈刚中在游览昌平县的狄梁公庙后,写了一首诗。诗名《昌平县狄梁公庙》,诗云:"七尺衣冠俨古祠,一生身佩国安危。至今辽海残霞外,犹有虞渊取日时。"高度赞扬了狄仁杰复兴李唐的丰功伟绩。尽管历代的文人士子都喜欢从狄仁杰复兴李唐的政绩出发来称赞狄仁杰,但是我们知道,一个地方能建立纪念某人的庙宇,多数情况下一定是某人在当地有政绩,给当地百姓带来了好处。昌平县在唐朝属于幽州,狄仁杰在安抚河朔时,曾短暂出任过幽州都督一职,短到不足四个月的时间。就是在这么短的时间内,昌平百姓都有感于狄仁杰的恩德,给他立了庙,可见狄仁杰是多么地心系百姓。

元朝大臣程钜夫在看到昌平县有狄仁杰的庙宇后,简直不敢相信自己的眼睛,在《昌平县新治记》中写道:唐朝有大臣名叫狄仁杰,万岁通天年间由魏州刺史转任幽州都督。昌平县是幽州的属县,县里的人们至今都在庙里祭祀狄仁杰。跟百姓关系比较近的官员,莫过于县令了。从古至今,有多人曾在这里当过县令,也没听说过百姓祭祀过谁,而狄梁公在此地当官时间并不长,并且还不是县令,居然能这么得民心,难道不是因为他忠于李唐吗?要我说,程钜夫的看法一定不对。为何这么说呢?狄仁

狄仁杰：辅周复唐真功臣

杰忠于李唐的事迹天下所共知，除了皇帝褒扬之外，并没有看到其他地方的人们因此而给狄仁杰建庙刻碑。给狄仁杰建庙刻碑的地方，无一不是当地人们感念于狄仁杰的恩情，昌平自然也不会例外。

除了上述所说的，现在能考证出来的纪念狄仁杰的碑刻还有许多。如贞元三年（787），豫州曾立过一通由元通礼撰、党复书的《唐豫州刺史狄梁公碑》；元大德四年（1300），昌平州立宋渤所撰《元重修狄梁公祠碑》；元代山西榆社县有通元观，观中有《唐狄仁杰碑记》；清代山西阳曲县中建有狄梁公祠，当时的县令为了能更好地祭祀狄仁杰，召人共同出资买了300亩土地，以供祭祀之用，并撰写了《阳曲县狄梁公谱系祀田碑记》。

狄仁杰深受统治者和文人士子的敬仰与尊崇，是可以想象到的。因为狄仁杰犯颜直谏、不畏强权、忠心耿耿的品行是皇帝和大臣们以及文人士子心目中的理想臣子所要拥有的品行，是众人追求的模范臣子，更何况狄仁杰在复兴李氏中又确实立了大功。然而各地林立的狄仁杰庙宇与碑刻，无一不在提醒着我们，历经千余年，狄仁杰还深受百姓们的爱戴与敬仰，这正是狄仁杰心系百姓、爱民安民的真实写照。当然，人们越怀念什么，就证明越缺乏什么。在封建时代，满目所望，几乎都是一些欺上瞒下、贪赃枉法之徒，像这样能为百姓干实事的官员少之又少，不怪乎人们都怀念他!

二、子孙事迹

根据《新唐书·宰相世系表》的记载,狄仁杰一共有三个儿子,长子名叫光嗣,次子叫光远,三子叫光昭。狄光嗣我们前文说过,就是武则天让宰相们各自推荐一个可以当尚书郎的人,狄仁杰就推荐了自己的儿子狄光嗣。狄光嗣在地官员外郎的位置上干得很不错,人们交口称赞,于是武则天还为此特别表扬狄仁杰"内举不避亲"。

睿宗时期,狄光嗣的母亲过世,古代官员有"丁忧"的相关制度规定。即家里如有双亲去世,应辞官待在家中,暂停一切娱乐活动,饮食清淡,以示追悼。所以狄光嗣便上书睿宗,请求辞掉工作,在家服丧。睿宗考虑他是功臣之后,就打算夺情重新起用他为太府少卿。"夺情"是与"丁忧"相对立的一种情形。家中父母去世,官员们出于孝道,要回家丁忧;而夺情就是在这位官员请辞回家的时候,由于他担任的职务过于重要,一时半会儿离不开,皇帝就可以命其免于丁忧,继续为国家尽忠。

睿宗说可以让他继续任职,可狄光嗣却始终坚持要回家,这一点让睿宗对其非常欣赏,认为他孝心可嘉,为此还专门嘱咐他说："朕念及爱卿一家忠于王室，本来打算让爱卿你免于此礼。可你为了尽孝心，言辞恳切，朕也就不便强人所难。现在爱卿你就安心守孝，等到你孝期满了之后，朕再对你委以重任。"

要是狄光嗣一直能以父亲为榜样，严格要求自己，那他日后就一定差不了。可让所有人都意外的是，开元七年（719），狄光嗣从汴州刺史转任扬州大都督府长史，成为一方大员之后，很快就因为贪污受贿，被贬为歙州别驾而死。

老二狄光远当过袁州司马，狄仁杰身陷囹圄之际，就是他从监狱里拿到狄仁杰藏在棉被中的密信，去跟武则天告变的。要是没有他，那狄仁杰想必也已经成了刀下冤魂，至于后来的辅周复唐更是无从谈起，所以他间接也为匡复李唐做出过贡献。

老三狄光昭，字子亮，和我们之前说的害得狄仁杰在魏州的祠堂被百姓砸了的那个狄景晖是同一个人。他贪婪残暴，为官以后干了很多伤天害理的事情，百姓们对他痛恨至极。他也成为狄仁杰一生中为数不多的败笔之一。

卓越伟大如狄仁杰，与他最为亲近的儿子们能拿得出手的并不多，后辈子孙中倒还是有几个不错的。

狄光嗣的孙子，也就是狄仁杰的曾孙，一个叫博通，另一个叫博济，这两人品行为人、为官政绩如何没有能被记录流传下来。但他俩分别在别人的文学作品中出现过，这两个别人就是唐

第八章 身后哀荣

朝大诗人李白和杜甫。狄博通跟李白关系不错。李白《东鲁见狄博通》云:"去年别我向何处,有人传道游江东。"狄博通跟李白分别后去了江南,后两人又在山东相遇之后,李白便作了这首诗赠送给他,好友重逢后的喜悦之情溢于言表。杜甫有《寄狄明府博济》,诗云:"梁公曾孙我姨弟,不见十年官济济。"可见,狄博济跟杜甫是亲戚,是杜甫的姨弟。狄博济当过利州刺史,贞元九年(793)的时候,唐德宗下诏说:"你曾祖父辅助武后,襄助中宗复兴李氏,立有大功。你作为他的后代,理应得到庇护。"让狄博济当了卫尉少卿。

狄博通的儿子叫狄玄范,元和二年(807)七月,唐宪宗下令征求功臣之后,让狄玄范当了左拾遗。大和二年(828)六月,唐文宗下诏征求功臣后裔,提拔狄仁杰另一个曾孙狄元封为怀州修武县尉。这两人的其他事迹,史书上就没有记载了。

狄仁杰有个族曾孙,叫狄兼谟。他的祖父狄郊、父亲狄迈,都是个小官,没什么名气。狄兼谟聪明好学,年纪轻轻就中了进士,在元和末年当了襄阳推官(幕府),试校书郎。因为他言行正直出了名,于是唐宪宗召他为左拾遗,专门负责上书言事。长庆、太和中,狄兼谟又当了郑州刺史,治理有方,又被召入朝中成为给事中。

开成年间,掌管度支(掌管国家财物)左藏库(贮藏国家财

狄仁杰：辅周复唐真功臣

物的仓库）的官员私自使用已经脏污的缣帛，犯了贪赃罪。唐文宗认为这件事情发生在大赦之前，不准备再追究了，于是饶了一干官员。狄兼谟颇有狄仁杰的风范，直接把皇帝的敕书给封还了。虽说给事中确实有封还诏书的权力，但是很少有人这样直接跟皇帝顶着干的。唐文宗一看自己的诏敕居然被封还了，感到颇为意外，又想着有人能进谏确是好事，因此并没有生气，反而把狄兼谟叫来，跟他说道："爱卿能够恪守本职，朕感到非常高兴。但是朕已经下令原谅那些官员了，下面的小吏也不应该再追究了。虽说这件事情朕不能听你的，但是你还要继续好好干，不要觉得封还敕书是很难的事情。"此后把他升为了御史中丞。

唐代官员升迁后，都要拜谢皇帝。狄兼谟拜谢的时候，唐文宗语重心长地对他说道："御史台代表着朝廷的纲纪，只要御史台中风气正，那么就表示朝廷治理得好；朝廷中风气正，就表示国家治理得好。现在的执法者，一般都不愿意指出别人的错误，害怕得罪人，所以不能尽心尽职。爱卿是梁公（狄仁杰）的后人，自有家法，必然不会像那些人一样！"狄兼谟郑重地说道："朝廷中只要有违反法律的事情发生，臣下必然尽心弹劾上奏，请陛下放心！"

时间不长，江西观察使吴士矩为了收买人心，不遵守规矩，多给军士发放财物，以致损失官钱数十万贯。狄兼谟上奏说："观

第八章　身后哀荣

察使守卫的是陛下的土地，宣布的是陛下的命令，给军士赏赐的财物每个州都有定数。然而吴士矩却不遵守规定，自己私自决定奖励还是处罚军士，奖赏财物的数量多少也任凭他做主，不仅危害一方，还会导致其他节度使效仿。恳请陛下治他的罪，以正朝典。"吴士矩因此被贬为蔡州别驾。

随即，狄兼谟转任兵部侍郎。第二年，狄兼谟任检校工部尚书、太原尹，充河东节度使，成为主政一方的大员。会昌年间，狄兼谟历任数个方镇的节度使，也都干得很不错，在任上去世。

在《剧谈录》中还记载了一个狄仁杰的后代。他的名字叫狄惟谦，在唐武宗会昌年间时，担任晋阳县令。狄惟谦跟他祖先狄仁杰一样，不仅为官清廉，还恪尽职守，不畏强权。有一年，从春天一直到夏天，晋阳县境内天天都是炎炎烈日，连一滴雨都不下。长时间的干旱，让境内数百里的庄稼都快要旱死了。当时，人们大都迷信，一旦出现旱情就到庙里去求雨。这次，人们早到晋祠里祈祷了多次了，谁知道老天爷就是不开恩，丝毫没有要下雨的迹象。

当时并州有个女巫，名叫郭天师。她从小就专门学习道教中的符箓之术，经常用符咒来骗人。此前，一个监军使颇为信奉她的法术，就把她带到京城，推荐给达官贵人。由于她技术高超，又会巴结权贵，所以能经常出没于皇宫，还被皇帝赐给了"天师"的称号。不久之后,她又回到了并州老家。

晋阳的老百姓实在无法忍耐下去了,就传言说:"如果能请天师来晋祠求雨,一定会成功的!"狄惟谦,本来并不相信这些旁门左道,但是旱情严重急得跟热锅上的蚂蚁一样,听说传闻后,只能死马当活马医,急忙去求自己的顶头上司亲自出面去请天师。上司一听也很为难,毕竟自己跟天师的关系不算很熟,但架不住狄惟谦的软磨硬泡,只好答应了。

女巫看到并州长官亲自来请,立马高兴地一口应承下来。狄惟谦安排好精美的车马,带上仪仗队,自己亲自给女巫驾马,向晋阳奔驰而来。来到晋祠后,女巫隆重地摆设祭礼用的供品与帐幔等物,狄惟谦等人则在院子里弯腰致敬,恭恭敬敬地侍候。

第二天,女巫胸有成竹地对狄惟谦说:"我已经飞了一道符到天上去请雨,现在我接到了天帝的旨意,如果你们是真心实意的请雨,那么三天之后就会降下足够的雨来。"于是,附近的士人和百姓都聚集过来虔诚地祈祷。三天过去了,天上毫无降雨的迹象甚至连一片乌云也没有。天师又严肃地对人们说道:"这次天灾之所以发生,实在是因为你们的县令没有良好的品德,触犯了天帝。我为你们再一次禀告天帝,七天之后才应当有雨。"

狄惟谦听闻女巫这么说,感到颇为疑惑,因为自己一直都是尽心为民,从来没做过什么坏事,怎么就会得罪老天爷呢?但是

第八章 身后哀荣

为了求下雨来,狄惟谦只能归罪于自己,更加恭谨地供奉天师。七天过去了,晋阳还是没有要下雨的迹象。

女巫担心自己再待下去就要露馅了,于是提出自己要回并州了。狄惟谦再三挽留,恳切地说道:"天师为了万民百姓,已经来了这里,恳求您再一次为我们尽心祈雨。"女巫勃然大怒,怒声骂道:"好你个平庸无知的官人,根本不懂天道。天帝不肯下雨,把我留在这里还有什么用呢?"狄惟谦眼见女巫求雨无效,早对她产生了不满,现在她还敢出言不逊,就决定要给她点儿颜色看看。狄惟谦强忍着怒气,拜谢说:"实在不敢再劳烦天师了,只是想等到明天,以便为您饯行而已。"女巫只好答应再留一天。

当天晚上,狄惟谦神情严肃地对手下人说道:"我被女巫所羞辱,哪还能再提当官的事呢?明天早上我有所安排,你们都必须服从。是对是错,是好是坏,由我自己来承担。"

等到天亮,城门还没打开的时候,郭天师早已经备好了回并州的车马,但是却没看到狄惟谦给她准备的酒肴饭菜。郭天师气愤不已,坐在堂屋里大肆呵斥责备。狄惟谦怒声说道:"好你个邪道女巫!妖言惑众这么长时间,理当死在今天,怎么还敢说要回去!"他喝令手下人把女巫绑起来,拉到神像面前。狄惟谦命人用鞭子狠狠地抽了女巫20下,也不顾女巫的求饶,就让人把她扔到河里去了。

狄仁杰：辅周复唐真功臣

随后，狄惟谦来到晋祠后面的那座山上。那座山有十丈来高。他即刻令人设供烧香，又将跟随他的吏卒全部打发回家，自己穿上官服手持笏板站立在山上。手下人回去后，狄惟谦打死了天师的消息立刻传遍了全城，众人都感到很震惊，不敢相信。民众们奔走相告，纷纷来到山上，来看狄惟谦求雨。不一会儿，山上就挤满了人，人多得像一堵大墙。

只见砂石飞滚，大风呼啸，一片乌云突然出现在天空中，大小犹如车篷。这片乌云先遮在狄惟谦的上方，随后又与四面的云彩汇合到一起，连成了一大片。几声雷响之后，人们渴望已久的雨水从天而降，人们大声欢呼着。随后，几千名官绅百姓簇拥着狄惟谦从山上走了下来。

州府长官一开始听到狄惟谦杀死了女巫，感到非常愤怒，准备派人把他抓捕归案。随后，又听说他求下了雨，为他的精诚所感动，大加赞赏，就把这件事上报给了朝廷。皇帝听说后，也感到很惊奇，就下诏褒奖狄惟谦。诏书中说："狄惟谦是治理县邑的良才，忠臣贵族的后代。眼见如此严重的旱灾即将残害百姓，就去晋祠祈祷求雨；他又效法西门豹在邺县把女巫投入河中的做法，也把女巫投入河中。他站在山顶忍受烈日的曝晒，相当于在火中焚身；求来乌云降雨，就像商汤剪爪求雨而感动上天一样。就这样，让干旱的热风潜踪平息，让润泽万物的甘霖顿时流下。

第八章 身后哀荣

苍天犹能体察他的精诚,我又怎能忘记褒奖他的善举。赐给他大红色的官服,以给他增添光彩。不许革除他县令的名分,更要表彰他非凡的业绩。"除此之外,皇帝还赐给狄惟谦50万钱。

狄惟谦的生平事迹仅此一件,所以他到底是狄仁杰的第几代后人,还干过什么事情,我们无从得知。这则故事中的狄惟谦,与我们的主人公狄仁杰非常相似,不仅爱护百姓,还不迷信女巫,深有其祖先的风范。

古语有言:"君子之泽,五世而斩。"说一个人的功业、恩泽传承五代以后就要断绝了。狄仁杰所创下的功业,不仅让他自己流芳百世,也让自己的子孙后代能长久地享受恩荫(如狄玄范、狄元封),甚至在改朝换代后,也能继续享受恩泽。

宋仁宗庆历三年(1043),朝中发生一件小事情。当时华州有个读书人,名叫狄国宾,岁数也算不小了,专攻"明法"科,但是却没能获得什么功名,还是白身一个。狄国宾来历不小,他是狄仁杰的十二世孙,家里还收藏着狄仁杰做官的告身呢。当时朝中有个湘潭人也姓狄,名叫狄棐,是枢密直学士,也自称是狄仁杰的后代。狄国宾不知怎么就联系上了狄棐,还把家里收藏的狄仁杰告身分了数通给他。狄棐一看告身,确实是真的,立马高兴地奏请皇帝,要皇帝给狄国宾一个官做。

宋仁宗看到恢复李唐基业的大功臣狄仁杰的后人,屡次折戟

狄仁杰：辅周复唐真功臣

科场，心生触动，就下令让狄国宾当了华州的助教。助教是当时比较低阶的官职，一般皇帝会授予地方耆老，也可以通过纳粟来获取。虽说助教官小位卑，但也算吃上官家饭了，狄国宾自然是很高兴。

狄棐呢，他也很高兴，史书中是这样描述这件事的。"有狄国宾者，仁杰之后，分仁杰告身与棐，棐奏录国宾一官，而自称仁杰十四世孙。"史书虽没有明白地说出来，但是表达的意思也很明显了，就是说狄棐正是靠着狄国宾分给他的狄仁杰告身，而自称狄仁杰十四世孙的，就差直接说，他是个骗子，居然还敢乱认祖宗，真不要脸。古人这种事情，不算少见，好多修族谱的都把自己的家世往历史上的名人身上扯。

同时期还有一位姓狄的官员，他也遇到同样的事情，但他的做法就很让人敬佩了。有人跟狄国宾一样，拿着狄仁杰的画像以及一些告身去求见大名鼎鼎的狄青，跟狄青说："我听说狄梁公是您的远祖，我这里正好有一些狄梁公的故物，就献给大人您吧。"狄青哪能不知道怎么回事，只能笑着说："在下也就靠着命好，才有了这一官半职，哪里敢自称是梁公的后人呢！"说完就赐给这个人很多财物，把他打发了。要不说狄青是个厚道人，不愿意攀附狄仁杰的名声就算了，还赐给那个人许多钱。

时间来到宋神宗熙宁元年（1068），20多年过去了，狄国宾

第八章　身后哀荣

已经是白发苍苍的老人了，从助教升为邠州节度使推官，又从节度推官任上退了下来，准备颐养天年了。这年六月，判永兴军韩琦忽然上奏神宗，要朝廷征求唐魏徵、狄仁杰的后人。狄国宾怎么也想不到，同样的好事居然又一次降临在自己身上。神宗下令，让主管官员在陇州给狄国宾找个官做，具体是什么官，我们也不清楚。

按说，给前代先贤的子孙封官也是较为常见的事情，不至于引起多大的关注，正如前面仁宗让狄国宾当助教一样。然而，这次就有些与众不同了。不知是谁开的头，北宋的一帮重臣、文士开始争先恐后地作诗赞美狄仁杰和狄国宾，以抒发自己情感。

司马光《赠狄节推》云："天马云孙在，终然骨相奇。泥涂辱虽久，霜雪志难移。白发无嗟老，青衫莫厌卑。为山已九仞，高节肯中衰？"

梅尧臣《赠狄梁公十二代孙国宾》："雄雉飞上天，牝雉白日鸣。驱逐凤皇雏，百鸟不出声。岂无雕与鹗，至死莫得争。孤鹤独不惧，使风羽翼成。鹤性本君子，嘹唳通太清。至今有其孙，跉跰田中行。明时与稻粱，重节亦贵名。尔无冲天力，且与鹜鹬并。慎勿啄泥秽，坐使白鹭轻。"

梅尧臣自己作诗还不够，还要拉上王安石、刘敞一起。王安石《圣俞为狄梁公孙作诗要予同作》："虎豹不食子，鸱枭不乘雄。

狄仁杰：辅周复唐真功臣

人恶甚鸟兽，吾能与成功。爱有以计留，去有势不容。吾谋适合意，几亦齿奸锋。时恩沦九泉，褒取异代忠。堂堂社稷臣，近世孰如公？空使苗斋孙，称扬得诗翁。一读亦使我，慨然想余风。"

刘敞《同介甫和圣俞赠狄梁公裔孙》："陈平智有余，周勃勇无敌。两人相提衡，终复汉社稷。梁公柱石姿，独立谢群力。匡君多直言，荐士有深画。既扶将颓运，复起未然策。事业兼二子，皓然雪霜白。偏材戒独往，特达见令德。谁谓十世远，风义犹不隔。末孙何支离，畎亩有饿色。明诏问乐乡，布衣列士籍。名垂天壤间，气使懦夫激。闻君商声歌，更若出金石。"

作为奏请此事的韩琦，自然不能落后，在看完诸人的诗作后，也写了一首诗。《览诸人赠狄国宾察推诗》："凛凛梁公万世尊，复唐功业并乾坤。为臣所守能忠义，异代犹思录子孙。老嗣寂寥虽未振，大名瞻仰只如存。后人真有希贤志，岂特孤风擅一门？"

韩琦、王安石、司马光都是北宋的一代名相，梅尧臣、刘敞也是当朝重臣，这么一批人全都写诗赞美狄仁杰的忠义，不可谓不壮观。距离狄仁杰去世已经368年了，王朝更替也换了好几姓了，狄国宾居然还能享受到自己先祖狄仁杰的荫庇，可见后人是如何尊崇狄仁杰。

第八章 身后哀荣

三、形象演变

根据史籍的记载来推断和总结，狄仁杰是一个勤奋好学、刚正不阿、心系百姓、知人善任、仁义孝友、不避子卯、幽默戏谑、宽容大度的人，他的这些优秀品格以及光辉事迹，不仅得到了当时人们的交口称赞和顶礼膜拜，也让无数后人为之倾倒。狄仁杰去世后，朴素的中国人民用他们特有的一种方式纪念了这位优秀的人物，用他们的想象把狄仁杰神化，借以表达对他的怀念与敬仰。这种方式，是古代传统的中国百姓为了追思那些替他们做出突出贡献的这一类人的最高礼遇。狄仁杰虽然很多事情都做得接近于完美，但还是有一部分人并不看好狄仁杰。相同的是，这两类人都用自己的想象编纂出许多故事，让狄仁杰的形象有了一个多元化的发展，也被蒙上了一层神秘的面纱。

狄仁杰不相信封建迷信，他不避妒女祠，力阻并州长史重修御道；他不畏鬼神，在江南破除淫祠1000余所。因此后人就在这些真实发生的事件基础上，增加一些与鬼神有关的元素，无限夸大了狄仁杰与鬼神战斗的能力。比如，唐代人戴孚在《广异记》中就记载了这样的故事：

武则天时期，狄仁杰奉命出任宁州刺史。狄仁杰刚到宁州，

狄仁杰：辅周复唐真功臣

下面就有人神秘兮兮地对狄仁杰说："大人，卑职有一句话不知道当讲不当讲。但一想，这件事情毕竟关乎刺史大人您的生命安全，也就顾不得其他了。事情就是，您即将要去住的那所宅院，都是由官府统一分配给历任刺史居住的，截至目前，先后已经有十多位刺史莫名其妙地都死在了那里，现在已经没人再敢住那儿了，而且那院子很长时间没人住过，经久失修，杂草丛生，也不再适合居住，请您住在别处吧！"没想到狄仁杰听了竟然不以为然地摇了摇头，坦然说道："刺史不住在自己的住处，因为一些怪力乱神之事迁居别处，说出去难道不怕别人取笑吗？"

说完，狄仁杰不顾众人阻拦，强行命令底下的人打开门锁，一门心思地去搞房屋的装修和改造了。由于狄仁杰对这些身外物的要求并不高，所以压根没花费多少时间，房屋就整理好了。这边一停工，那边狄仁杰就毫不犹豫地住了进去。可说来也怪，就在他住进去的连续几个晚上，都会发生一些奇异诡怪的事。狄仁杰倒也不觉得害怕，就是发生的次数太过频繁，让他不胜其扰。一天晚上，他终于忍无可忍，就对着空中愤怒地大声喊道："我既然是刺史，那这就是朝廷分给本大人的房子，你来我的地盘那就是你理亏。你如此不懂道理，还胆敢以邪犯正。你如果是神仙，还请现身快来听我说的道理；如果是鬼魅的话，那我就要知道是谁给你的胆子竟敢前来冒犯于我！我并没有害怕你的意思，

第八章　身后哀荣

你也不必以你的千变万化来吓人,根本一点儿用也没有。如果你一定要跟我相见的话,为什么不大大方方地走出来呢?"

不一会儿,就凭空出现了一个穿戴整齐的人,只见他走上前来,缓缓说道:"我是某朝代的官员,葬在大堂石阶西边的那棵树下,因为尸体被树根穿过,一直疼痛难忍。之前,我也想告诉前任的几位刺史,哪知道刚想要说,那些人就都死了。现在我去不了冥界,才落到今天这样地步。您若能将我改葬,我万万不敢再来打扰您。"话音未落,那个人就消失不见了。第二天一早,狄仁杰就立马命人挖开大树,没想到果然跟夜里那个人所说的一样。于是,狄仁杰就把他改葬到另外一个地方。从此以后,刺史宅院里就再也没有发生过任何闹鬼的事了。

这本书的作者戴孚是唐肃宗年间的进士,大概去世于建中年间,即公元780年至783年之间,享年57岁。而狄仁杰去世的时间为久视元年,即公元700年。也就是说,这两个人生存的时间相差不到30年。我们如今已经搞不清楚戴孚是通过哪种途径听到的这个故事,但是我们可以肯定,戴孚把这件事记载到自己的书中,必然是对这个奇异事件中的某个观点,或者说狄仁杰的某种形象反映是有所认同的。高科技迅速发展的今天,我们都是唯物主义者,当然知道这个故事纯属无稽之谈,但也不能否定当时人们对狄仁杰的看法和认识。这本书中还有一个故事,是根据

狄仁杰：辅周复唐真功臣

狄仁杰在江南焚毁淫祠的事迹而编造的：

唐高宗时，就在狄仁杰出任监察御史时，江岭一带的庙宇，几乎快要被他烧光了。有一次，狄仁杰来到端州（现广东省肇庆市端州区），看见这里有一座蛮神庙，便想烧毁它。狄仁杰就派人进庙，可没想到人才刚一进去就倒地死了。于是，狄仁杰便广贴告示悬赏100贯钱，招募能烧毁此庙的人。没过多长时间，就有两个人前来应召。狄仁杰问道："你们烧庙需要一些什么工具呢？"两人已经有所准备，想都没想就直接回答说："大人，我们想用一下皇帝给您的敕书，还请您能够允许。"狄仁杰看着两个人胸有成竹的样子，便把敕书交给了他们。

他们二人拿着敕书，来到庙门口。站在门前，二人口中念念有词，大概意思就是说皇帝有敕令，说着就把敕书打开走了进去。庙中站定之后，二人对着神像就当即宣读起了敕令。宣读结束后，那神还一动不动，于是二人就下令放火，整座庙随即被烧毁了。后来，狄仁杰回到汴州之后，遇到一个能看见鬼的人。这个人对狄仁杰说："在您身后有一个蛮神，说他的房舍被您给烧了，想要寻找机会报复您。"狄仁杰毫不在意地笑着敷衍问道："那现在这个事情我应该如何应对呢？"那位能看见鬼的人说："您是御史，而且马上就要当宰相了，所以您身后还有20多个鬼神一直在跟随保护您，他也没有别的办法能够加害于您。"过了

第八章　身后哀荣

一段时间，那个蛮神就回岭南去了。

狄仁杰当监察御史的时候并没有去过岭南，他去江南一带焚毁淫祠是在武则天时期，以江南巡抚使的身份去的。虽然时间完全对不上，但无论是第一则故事中的宁州刺史，还是后面去岭南烧毁蛮神庙，戴孚所写的狄仁杰故事也不算是完全凭空虚构，而是有一点儿事实根据的，从这个角度的分析可见，狄仁杰不畏鬼神的形象已经深入人心了。

宋代人编著的《太平广记》中，还收录了狄仁杰勇救雷公的事情。在代州西面十多里的地方，有一株异常高大粗壮的大槐树。有一次在下大暴雨的时候被雷劈中，所以树中间就裂开了好几丈长的口子。由于树干太粗了，所以就在雷打下来的时候，大树的裂缝就刚好把雷公给夹住了。雷公被夹得动弹不得，疼得是吱哇乱叫。由于夹住的时候还在下雨，所以就算雷公喊叫的声音再大，当时也没有引起人们的注意。但等到雨过天晴之后，人们就感觉到不对劲了，怎么雨都已经停了好久了，雷却还一直在打。但由于声音确实听起来有些诡异恐怖，所以一时也没有人敢前去查看。

当时狄仁杰正好出任该地都督，就带着一些胆子比较大的宾客和随从前去查看。等快到地方的时候，大家都被雷声吓得纷纷惊退，再也不敢往前走了。狄仁杰只好独自骑马前行。狄仁杰

狄仁杰：辅周复唐真功臣

强忍着震耳欲聋的雷声，勉强靠近大树后，问雷公是怎么回事。雷公回答说："这棵槐树里有一条孽龙，今日我奉上司之命要把它赶走；但因为我一时大意，选错了劈的位置，这才被树给夹住了。如果您能够将我救出，我一定重重地报答你的恩德。"于是，狄仁杰让雷公忍住剧痛，不再哀号。令人恐惧的雷声消失后，狄仁杰就找来木匠，让他把树从裂缝处锯开，雷公这才得以解脱。从那以后，凡有吉凶祸福之类的事情，雷公出于感恩都预先向狄仁杰报告。

狄仁杰与武氏作斗争，兴复李唐的事迹尽人皆知，后人无不仰慕狄仁杰的忠诚，于是也编排了一些神话传说，用来突出狄仁杰的忠勇和李氏再兴的必然性。唐代人袁郊的《甘泽谣》中记载：

当初，武三思得到一个姓乔的丫鬟，名叫窈娘，不仅人长得漂亮，还能歌善舞。而武三思也精通音乐，所以对这个窈娘是非常喜爱。在他看来，窈娘的歌舞，是天下最好的艺术。可是就在他每日沉浸在艺术欣赏中没多久，窈娘就意外淹死在洛水中。窈娘死了以后，武三思就像失去了最喜欢的玩偶一样，心里整天都不是很畅快，于是就在一怒之下，把窈娘全族都给诛戮殆尽了。底下的这些个谄媚宵小之徒为了献媚，就向武三思推荐说："相州凤阳门那里住着一个姓宋的老太太，她有一个女儿，名字叫素

第八章　身后哀荣

娥,她不仅善于弹琴,而且还长得非常漂亮,可以称得上是人间极品。"

武三思听了,非常高兴,立马派人用300段帛把她聘娶了回来。素娥到了之后,武三思发现她琴确实弹得很好,而且人还漂亮,就对她宠爱有加,为此还特地举办了一场盛大的宴会让素娥出来亮相。宴会当天,公卿大夫们全都来了,只有纳言狄仁杰托病没来。武三思知道,生病肯定是借口,狄仁杰绝对是故意不想来。于是就很是生气,他也没有对自己的不满稍加掩饰,当着宴会众人的面就说了一些狄仁杰的坏话。

宴会结束之后,有人就把这件事告诉了狄仁杰。狄仁杰本不想理会,但后来仔细一想,罢了,宁得罪君子,莫得罪小人。于是就在第二天,登门拜见武三思,向他道歉说:"我昨天老病突然发作,因此不能到会。很遗憾没能见到美人,也是我没有这福分。如果以后您还设宴,我一定早早地来!"素娥听说了这件事,颇为忧愁地对武三思说道:"狄仁杰这个人,是个刚毅的人,不是轻薄狎狭之流,大人何必一定要压抑他的性情呢?如果再办宴会的话,请大人不要再邀请他了。"武三思满目狰狞,恨恨地说道:"如果他敢拒绝我的宴请,我一定杀他全家!"

几天之后,武三思也是想再试试狄仁杰的态度,就又办了一场宴会。这次,客人们都还没到,狄仁杰早早就来了。武三思特

狄仁杰：辅周复唐真功臣

意把狄仁杰迎进内室，慢慢地饮酒，等待众宾客。小酌几杯之后，狄仁杰就对武三思说，上次没有欣赏到素娥姑娘的琴技，今天既然自己来得早，不如让素娥先出来弹奏一番。于是武三思就放下酒杯，摆好坐榻，叫素娥出来。可是等了好长时间，都不见人出来。就在武三思马上就要发火的时候，有个奴仆看见风头不对，就赶紧禀报说："素娥藏起来了，到处都找不到人。"武三思很是奇怪，就起身亲自跑去内堂找她。可把屋子里都找遍了，还是没找见。

正疑惑间，武三思忽然闻到不知道从哪里飘来一股隐隐的香气，很是特别。他就顺着香气一路找，竟然发现这股香味是从堂屋深处的墙缝里传来的。隐隐地还有声响发出，他就把耳朵附到墙上去听，没想到传来的正是素娥的声音。她说话的声音像丝一样细，勉强可以听清。武三思听见她幽幽地说道："我已经请求过你不要再让狄仁杰来，你非不听。现在把他请来了，我也不能再活了。"一头雾水的武三思不明所以，只听得墙里的素娥又说道："我不是别的什么精怪，而是花月之妖，上天派我来，是要我来迷惑你的心志，好让李唐复兴。如今，狄仁杰是当代的刚正之人，他浑身正气，以我的道行根本就不敢见他。

我曾经做过你的侍妾，也不能对你太过无情，所以有一些话要忠告于你。希望你好好对待狄仁杰，不要萌生别的想法。不

第八章　身后哀荣

然,你们武家就要绝种了。"素娥说完后,武三思还想再问一些,墙里却没有声音了。武三思出来,跟狄仁杰说:"不好意思,狄大人。素娥突然病了,不能出来尽礼,还望大人海涵。"狄仁杰丈二和尚摸不着头脑,也就告辞了。第二天,武三思秘密地向武则天奏明此事。武则天感叹道:"这是上天的安排,人不能改变啊!"

狄仁杰的公正勤劳,是百姓们理想中的父母官应该有的样子。人们迫切地想让这样的官员多一点儿,再多一点儿。然而,像狄仁杰这样的官员总是少之又少的,不能如人所愿。所以后来人们干脆把自己的殷切希望编纂到了故事中,在他们的想象中,狄国老就算已然身死,但在地府中也能当官,也仍然在为这人间的繁杂之事操劳。《广异记》中还记载了一则故事:

开元末年,有一个地方的刺史名叫段崇简,他利用手中的权力尽干一些欺下媚上的事儿,手底下的人都很怕他。有一次,段崇简在刺史府设宴款待客人,这一天正好轮到汲县县尉霍有邻当值。宴会开始后,有个太监突发奇想地要吃羊肾,段崇简连忙吩咐霍有邻去办。霍有邻一看刺史发话了,哪里敢怠慢,急忙催促下人去杀羊。杀羊人也跟着着急,没等羊完全死透,就生生剥开羊肋骨取出了羊肾。话说这只羊也不简单,它估计是死得太痛苦,于是就在下了地府以后,到阎王爷那告了霍有邻一状。

狄仁杰：辅周复唐真功臣

要说地府的工作效率就是高，当天晚上，睡梦中霍有邻就看见一个差役朝着他走过来，对他说道："阎王爷叫我来抓你。"霍有邻哆哆嗦嗦地跟着差役来到地府，面见阎王。到了地方以后，霍有邻头也不敢抬。随即就听见阎王冷冷地说道："有只羊告你的状。说你不等把它杀死，就活生生的取出它的肾。你为什么如此残酷呢？"霍有邻吓得出了一身冷汗，只好解释说："这是段刺史让杀的羊，我本来就不愿意杀的。"

于是，阎王让差役把段崇简的食谱拿了上来。阎王看完后，对羊说："你确实应该被段使君吃，为什么妄告别人呢？"说完，就让差役把羊赶出去了。随后，阎王让差役送霍有邻回去。霍有邻在回去的时候，路过一座院落，名叫御史大夫院。霍有邻问差役："这里住的什么官？"差役回答说："好多官员都在这里办差，并非只有一个。"霍有邻接着问："那御史大夫是谁呢？"差役回答说："狄仁杰。"霍有邻惊讶地说："狄公是我已经故去的舅舅，我想跟他见上一面。"于是差役叫守门的人前去通报。

不一会儿，门人出来叫霍有邻进去。狄仁杰看见霍有邻走进来，非常意外。很久没有见过亲人的他连忙站起来，一边往霍有邻跟前走，一边情难自禁地放声大哭起来。过了一会儿冷静下来后，狄仁杰一边问："你是被放还了吗？"一边招呼他到上边坐。这时候，有佐史拿过一卷案卷请狄仁杰批示。狄仁杰顺便就问佐

第八章　身后哀荣

史是什么人的案卷,佐史说:"李适之将要做宰相的事项。"狄仁杰又问:"天曹批了没有?"佐史回答说:"所有官员都通过了,已给了五年期限。"狄仁杰又批了案卷,回头对霍有邻说:"由于你已经来了这好长时间,现实中的肉身想必也已经损坏了。"说完就叫差役拿出两丸药给霍有邻,继续说道:"拿回去,可以磨成粉末,身上坏了的地方擦上它,就可以恢复原样。"霍有邻于是赶紧拜谢告辞。

霍有邻出门走了十多里,来到了一个大坑前,差役把他朝坑里推了一把,霍有邻就从阴曹地府回到了人间。当时正值炎热的夏季,霍有邻死后经过七天才又重新活过来,虽然心微微有点儿暖气,但是身体却有多处损坏。于是霍有邻把手中的药制成粉末,擦在损坏的地方,药到之处便好了。不过数日,霍有邻就能起来下地走动了。而且一个多月以后,李适之果然当上了宰相。

虽说大多数人都认为狄仁杰在复唐事业中确实是立下了汗马功劳,对他给予了很高的评价。但也有一小部分人认为,狄仁杰在高宗薨逝后就一直都在武则天手下做官。而且在武则天活着的时候,他也没有对武则天的篡唐行为提出明显的反对意见。他们觉得从这一点来说,狄仁杰品格有亏。李濬,是著名诗人李绅(就是那个写"粒粒皆辛苦"的人)的儿子,他在《松窗杂录》中记载:

狄仁杰：辅周复唐真功臣

狄仁杰有个堂姨，住在和他同城的午桥南面的庄园里，两家相距并不算远。虽然关系很近，但自从弘道元年后，堂姨一家对狄仁杰就逐渐变得冷淡起来。尤其是在狄仁杰当了宰相之后，堂姨家的儿子更是一次也没有去过狄仁杰的宰相府邸。尽管如此，狄仁杰还是每逢节日就殷勤地拿上礼品去堂姨家问候拜访。有一次下大雪的时候，正好赶上狄仁杰休假，便去庄园看望堂姨。狄仁杰刚进门，就看见表弟腋下挟着弓箭，手里拎着山鸡、野兔等战利品正好从外面打猎回来。看见狄仁杰在，他甚至连眼皮都没有抬，随意地点了下头就算打过了招呼。

不一会儿，就到了吃饭的时间。表弟也不管狄仁杰是不是有位置坐下，就一门心思地去侍奉他母亲吃饭了，一点儿也不把这位当朝宰相放在心上。狄仁杰见没人愿意理他，便讨好地跟堂姨说道："我现在是朝廷的宰相，表弟喜欢干什么，不妨说出来，我一定尽力给他谋个差事。"可没想到这句话竟然直接惹怒了堂姨，她夹枪带棒地说道："宰相的权势自然是极为显贵的。可奈何老身只有这么个独生儿子，我不想叫他去侍候女皇。"狄仁杰听了后，感觉十分羞愧，就告辞离去了。

李濬在序文中说，他书中所记都是自己小时候听当朝公卿讲的，这个故事自然也不例外。然而，只要我们仔细想一想，便知道这个故事确实太假了。狄仁杰是公正无私的人，他绝对不会拿

第八章 身后哀荣

着朝廷赋予他的权力去讨好自己的堂姨，干这种封官许愿，为人走后门的事情。再者说，狄仁杰第一次当宰相的时候，都已经年过60岁了，他堂姨那时候还在不在世都要打个问号。但从这个故事中我们可以知道，在后世的公卿权贵中，确实还有人不认可狄仁杰，认为他没能匡扶李唐社稷，而是选择在女皇手下当官，不算是李唐的忠臣。

狄仁杰不仅是一位好官，还是一位知人善任的伯乐。狄仁杰从官多年，向女皇推荐了不少贤才，甚至包括自己的儿子，可谓是"内举不避亲"。后人不甘落后，居然又编撰了他"外举不避仇"的事迹。天宝年间的秘书监赵自勤，他写了一本书，名叫《定命录》，书中主要通过一些事例说明了每个人的生死祸福都是上天注定的观点。其中一个事例，就与狄仁杰有关：

狄仁杰在贬官途中路过汴州，想要在这里待半天治病。可没想到开封县令霍献可，一点儿人情也不讲，竟然要求他必须当日离开，狄仁杰也因此恨他恨得咬牙切齿。等到狄仁杰又回朝当了宰相，霍献可也已经当上了郎中。狄仁杰有好多次都想诬陷打压霍献可，但都没成功。有一次，武则天让狄仁杰负责遴选御史中丞的人选，而且前后给他说了两次，但狄仁杰因为事情较多就都给忘了。后来有一次上朝的时候，武则天又问起了这件事，仓促之间，狄仁杰回答不上来，而心里只记得霍献可，就只能上奏说霍献可这个人可以。于是，武则天就下旨让霍献可当了御史中丞。后来，狄仁杰对霍献可说："我当初恨你，现在却推荐你，这才知道是天命啊，怎么能由人呢！"

这个故事的槽点可太多了。狄仁杰一生一共有过两次贬官经历：一次是被来俊臣等人陷害，从当朝宰相被贬到彭泽当县令；一次是在豫州刺史任上与张光辅起冲突，被贬到复州当刺史。在狄仁杰第一次被贬时，霍献可正在朝中当殿中侍御史。当时，狄仁杰一等人已经洗刷了冤屈，武则天也并不准备杀狄仁杰等人，只要将他们贬官。与狄仁杰一同被贬的人中间，有个叫裴行本的，是霍献可的表舅。霍献可呢，为了表示自己对女皇的忠诚，显示自己可以大义灭亲，在武则天已经明确拒绝要杀狄仁杰等人以后，还上奏要杀他们。甚至用头去撞台阶，撞得鲜血直流，嘴里还喊着："如果陛下不杀他们，我今天就撞死在这里。"非要武则天杀掉狄仁杰等人不可。

更为可笑的是，因为唐代的官员都要戴官帽，霍献可想着如果自己戴上帽子的话，女皇就看不到自己的伤口了。于是，他用绿帛头巾把自己伤口缠上，再经常性地让绿色头巾微微露出一点，好让武则天可以看到，让她知道自己的忠诚。霍献可"大义灭亲"的举动成为大家茶余饭后的谈资，人们看着他小丑一般的扮相，戏谑地把他比作李子慎。李子慎是个什么人呢？李子慎曾

第八章　身后哀荣

诬告自己的舅舅，因此被授予游击将军的官衔。李子慎的母亲看见他穿上红色官服（唐代官员按品阶穿紫、绯、绿、青四色官服），把脸埋在床上，痛哭流涕喊道："这红袍是用你舅舅的血染成的啊！"

言归正传，狄仁杰第一次被贬，霍献可不是开封县令。狄仁杰第二次被贬，从豫州到复州，也不需要经过汴州。即使说狄仁杰经过汴州了，霍献可一个开封县令，怎么着也不敢为难一个刺史吧？再者说，狄仁杰一个大公无私的人，推荐人才往往是急不可耐的，不会出现皇帝已经说过两次了，他自己还给忘记的事情。再者说，像霍献可这种无耻小人，狄仁杰无论如何也没有理由去推荐。所以我们就知道这个故事必然是虚构出来的，是故意为了抹黑狄仁杰才编造出来的。

狄仁杰不畏权贵的精神，也一直是人们所赞扬的，他与武则天的男宠张昌宗之间还有一则故事。《集异记》中记载：

武则天在位执政的时候，南海郡为了哄武则天高兴，就上贡了一件极其罕见的披风，价值连城，名为集翠裘。当时张昌宗正好在皇帝跟前伺候，武则天看他喜欢，顺手就把这件集翠裘赐给了他。看见张昌宗高兴得爱不释手，武则天就让他直接披在身上，一起玩一种叫作"双陆"的赌博游戏。两人正玩得开心，就有人进来禀告说宰相狄仁杰求见。狄仁杰进来以后，武则天也没

狄仁杰：辅周复唐真功臣

有停下的意思，还令人给狄仁杰拿了一把椅子，让狄仁杰和张昌宗一起玩。

狄仁杰拜恩就座后，武则天问道："你们两个赌点儿什么东西呢？"狄仁杰一进门早都看见张昌宗身上披着的那件精美披风了，所以还没等张昌宗说话，就立马回答说："三局两胜，赌张昌宗身上穿的这件披风。"武则天饶有兴致地又问道："那狄爱卿，你用什么东西相抵呢？"狄仁杰指了指自己身上穿的紫袍，说："我用这个。"武则天笑道："狄国老，你还不知道吧，他身上这件衣服可是价值超过千金呢！你那件，怕是不能与昌宗身上的这件相提并论吧！"

听到皇帝这么说，狄仁杰不以为然地蹙了蹙眉，然后直接站起来说道："我这件袍子，是大臣朝见天子的衣服，高贵无价；而张昌宗的这件，只不过是因受到宠幸而穿的衣服。两件相对，我还吃着亏呢！"武则天一看狄仁杰一脸义正辞严，就知道狄仁杰的话里已包含着劝谏的意思了，只好依了狄仁杰。而张昌宗听了狄仁杰的话，刚才的满心欢喜早已烟消云散。他刚想生气地说些什么，可皇上看起来似乎也没有半点儿责怪狄仁杰的意思，也就只好作罢。比赛开始后，张昌宗沉默无语，气势不振，连连败北。狄仁杰也不客气，直接上手，一把就从张昌宗的身上把集翠裘揪了下来，对着武则天谢了恩，径直就走了。狄仁杰走到光范

第八章 身后哀荣

门,就把集翠裘送给自己的家奴穿上,然后策马而去。

狄仁杰在女皇面前,直言说张昌宗是宠臣,既不怕得罪武则天,也没给张昌宗一点儿面子。而且事后又随意地把价值千金的衣服给了自己的仆人,这个意思就是要说你们所认为珍贵的东西,也就能配得上我的仆人。

狄仁杰身上除了刚正不阿、不畏鬼神、知人善任等标签外,他还有着幽默的一面。一天,狄仁杰跟一个叫卢献的同僚开玩笑说:"给足下您配一匹马,您就变成驴了。"卢字加上马字,正是驴字(繁体字),说完以后就自顾自地笑了起来。卢献也知道狄仁杰的为人,并不生气,略一思索就说道:"把您的姓从中间劈开,就变成两只狗了。"狄仁杰听了哈哈大笑,说:"狄字分开的话,一边是犬,一边是火呀,哪里来的两只狗?"卢献这时已经快要抑制不住自己的笑声了,笑着说道:"犬旁边有火,那就是一只煮熟了的狗。"狄仁杰也忍俊不禁,跟着笑了起来。

狄仁杰不光调侃同事,就连上司的玩笑也照开不误。在他担任司农员外卿的时候,每次遇到点儿什么事情需要拿主意的时候,正卿的意见总跟他不一样。因为狄仁杰是员外卿,他也只能听从正卿的意见,所以心里多少有点儿不平。于是就随口说道:"员外卿就相当于妾室,正卿相当于正妻。不管妾室如何伺候女主人,终究难以看到笑脸。"上司听了狄仁杰的戏谑之词,也颇

狄仁杰：辅周复唐真功臣

有点儿难为情。

在武则天宣布任命王及善、豆卢钦望二人为左、右相的时候，狄仁杰的才能和名望已经为人们所公认，他自己也颇为自得，所以对这个结果狄仁杰还颇有些不服气。所以每次戏弄王及善、豆卢钦望二人，都颇有点儿故意而为之的意思了（其实在王及善、豆卢钦望当上左右相的时候，狄仁杰已经是宰相了）。二人拜相之后，很多朝中大臣都走到他们跟前来贺喜。这俩人就客气地对他们说："我们才行浅薄，实在是难堪大任呀。"按说二人这样说只是谦辞而已，做不得真。没承想，狄仁杰颇为认真地对他俩说道："你们二人都很擅长长行，又怎么能说没有才行呢？"原来是王及善和豆卢钦望二人都很擅长"长行"这种赌博游戏，两人一听，就哭笑不得地回家去了。

面对繁杂的各种事情，两位宰相在职责划分的时候，有人说："这是左相的事。"又有人说："刚才已经跟右相禀报过了。"狄仁杰听到之后就对他们说："不应该叫作右相，应该叫作有相。"王及善、豆卢钦望颇为不解，疑惑地问为什么。狄仁杰笑着回答说："你们没听说吗？聪明儿不如有相子，你们二人可以说是有相子。""有相"是说人外貌长得好看，狄仁杰实际上是在嘲讽两位大人徒有其表而不聪明。二人听完，勉强笑了笑，心里却不高兴。

第八章　身后哀荣

狄仁杰在史书中几乎没有什么负面消息，唯一的一条被记载在《御史台记》中，书中说狄仁杰在司农寺的时候，主管往太原运输粮食的相关事项。整个过程都相对比较顺利，没想到最后一对账，却发现有些数据对不上，竟然欠下朝廷几万斛的米。高宗得知后生气地说道："狄仁杰偷了我的米。"盛怒之下就下令要杀了狄仁杰。吏部侍郎魏玄同见状赶紧向皇帝求情说："陛下息怒，狄仁杰是个刚健而粗疏的人，他只是一时管理不当，并没有偷米，臣愿意拿自己的官帽来给他担保。"过了一会儿，高宗的气消了，这才没有惩罚狄仁杰。因为《旧唐书·狄仁杰传》中并没有记载狄仁杰在司农寺任过职，所以这条记载也不一定是准确的。

有道是"金无足赤，人无完人"。所以就算狄仁杰真的犯过错误，那也不影响他是一个非常优秀的宰相，是值得我们敬佩和思念的人物。

总的来说，从狄仁杰去世以后，到开元年间，一些人就开始把狄仁杰作为一个故事的主角写入自己的书中。他们在描述狄仁杰的时候，一般都是有所根据，不完全是胡编乱造。在刻画人物形象上，也是有意地放大了狄仁杰不畏鬼神、不畏强权的一面。

在唐宋时期，狄仁杰一直都以忠臣良相的形象出现于诗人文士的笔下。元朝时，随着俗文学的逐渐发展，狄仁杰开始在元杂剧中担当主人公。著名文学家关汉卿创作过《风雪狄梁公》，可

狄仁杰：辅周复唐真功臣

惜其剧本已经散佚，我们无从得知该剧中狄仁杰到底是什么形象。

明清时期，随着通俗演义小说的兴盛，一些作品中也有了对狄仁杰的描写。《隋唐演义》《薛刚反唐》等小说中都刻画了一个忠心耿耿、为国为民的狄仁杰，但狄仁杰并不是主人公，在书中所占分量不大。清末，无名氏所撰的《狄公案》，影响很大，与《包公案》《施公案》《刘公案》一起并称为四大公案小说（说法之一）。《狄公案》是第一部以狄仁杰为主人公的断案小说，把"狄仁杰"与"断案"牢牢地绑在了一起。

20世纪中叶，一位中文名叫高罗佩的荷兰汉学家罗伯特·汉斯·梵·古立克，把狄仁杰作为主人公，创作了一系列的侦探小说，汇总为《大唐狄仁杰断案传奇》，共140余万字。《大唐狄仁杰断案传奇》又称《狄公案》，与之前的公案小说完全不一样。他把中国古代法官的智慧、逻辑推理能力和西方侦探小说的技巧结合起来，刻画了一个个性鲜明、富有同情心和幽默感的"神探"狄仁杰。《大唐狄仁杰断案传奇》在世界上的风靡，带动了更多的人认识狄仁杰、了解狄仁杰，也将狄仁杰神探的形象发扬光大。改革开放后，诸多影视作品开始将狄仁杰搬上荧幕，创造了诸如《护国良相狄仁杰》《神探狄仁杰》《狄仁杰之通天帝国》《狄仁杰之神都龙王》等优秀作品，"神探"与"狄仁杰"深度绑

第八章 身后哀荣

定,也让狄仁杰的名声达到了家喻户晓的地步。

现如今,关于狄仁杰的影视作品还在继续增加,并且还是继续与"神探"绑定在一起,可见人们对于狄仁杰这个探案形象的喜爱。当然,在影视剧带给狄仁杰名声的同时,也带来了一些不好的影响。比如在一些作品里面,有许多低俗、糟粕的成分存在,会对青少年造成不利影响;比如一些作品制作差,史事错误频出,给人们带来错误的认知;再比如狄仁杰形象的固化,也让多数人以为历史上的狄仁杰就是那样的神探,不再去深入了解真实的狄仁杰。

学术研究总是曲高和寡的,但是我们同样需要思考学术研究的目的何在。我们考证清楚了历史人物的生平,我们论证了历史人物在历史事件中的作用,我们对历史人物作出了恰如其分的评价,然后呢?我们辛辛苦苦的劳动成果就只能在小范围内供专业人士参考使用吗?

我们一方面对市场上充斥的满是错误的历史通俗读物不屑一顾,一方面又不愿意放下身段,把自己的研究成果跟历史普及结合起来,不愿意主动融入市场,以提高历史通俗读物的准确性。难道这样不矛盾吗?把历史研究与传播历史文化结合起来确实是一个很好的出路。现在,我们能做一些科普历史的工作,写一些通俗历史读物,这不失为一个好办法。

尾 声

狄仁杰的一生是波澜壮阔的。

他的出身不算低，但也不算高，只是比较一般的官宦人家，但相比于普通百姓又要好上不少。他自小勤学好思，年纪轻轻就高中明经科，从此走向仕途。40年的宦海沉浮，他什么都经历过，既有初登台辅的欣喜，又有锒铛入狱的惊险，有被贬偏远的无奈，也有被称为"国老"的欣慰。

在唐朝，从不缺乏贤相，我们耳熟能详的就有：房玄龄、杜如晦、魏徵、长孙无忌、姚崇、张九龄、刘晏、陆贽、李德裕等等。可是要说在现代的知名度，狄仁杰可以算是当仁不让的第一

尾　声

名了。当然，这与文学小说和影视剧等通俗文化作品对狄仁杰的传播有着巨大的关系。但是，我们转过头去想，为什么文学作品、影视剧不以其他人为主人公呢？

要说才华，狄仁杰不要说跟李杜、韩柳、元白等文学大家相比了，就是次一等的苏味道、李峤等人，狄仁杰也是比不过的。退一步说，即使是在这些宰相里，狄仁杰的才华也远远算不上头等，张九龄、陆贽、李德裕等人都有文集存世，魏徵虽没有文集，但是留下的奏疏不在少数，还有不少名篇。狄仁杰呢？留下的文章只有寥寥数篇奏疏，不要说达到脍炙人口的地步，就是在各种古文选篇中也很少有收录的。

再说政治能力，魏徵、房玄龄、杜如晦等人是跟着唐太宗李世民打天下的谋臣。平定天下后，又都能下马治天下，治理出一个贞观之治来，还分别留下了"以铜为镜""房谋杜断"等耳熟能详的故事。姚崇是唐玄宗开元盛世的最大功臣，陆贽辅佐唐德宗平定了四王之乱，李德裕辅佐唐武宗破回纥、平泽潞，被人称作"万世良相"，他们都有很强的政治能力。当然，这不是说狄仁杰没有出众的政治才能，只是说狄仁杰跟他们相比，并没有更出色。

然而，就是这样并没有很出众的狄仁杰，却能在一众人才中脱颖而出，成为更受人们关注和喜爱的一代名相。这又是为什么

狄仁杰：辅周复唐真功臣

呢？因为狄仁杰的身上有着几乎所有的优秀品质，接近一个完美的人。

狄仁杰，为人子，孝顺父母，有白云望亲的典故；为人友，义薄云天，有替友出使的故事；为人臣，忠言直谏、刚正不阿，既能面陈君主过失，又能弹劾权佞。性格上，既有宁折不弯的刚强，身陷囹圄也不愿意诬陷别人，又有委曲求全的灵活，为免受皮肉之苦而主动承认"谋反"；既有幽默风趣的一面，又有正气凛然、不可侵犯的一面。

当然，在他的众多优秀品质中，最让人印象深刻的就是他心系百姓。狄仁杰在九死一生的处境下，可以从容地承认自己"谋反"，坦然面对可能到来的死亡，只是为了避免受到酷吏的严刑拷打。后来，他又使用计谋，逃出囹圄，重获生机。可见，狄仁杰不是一个宁折不弯、不知变通的人。他很聪明，知道自己在什么形势下要说什么话、干什么事。所以，即使他心向李唐，他也没有直接跳出来反对武则天，因为他知道他自己不能去以卵击石。

然而，在事关百姓利益的时候，他从来没有违心地去当一个"聪明人"，而是屡屡选择成为那颗撞击石头的鸡蛋。在魏州，面对可能来到的契丹强敌，他毅然把修缮城池的百姓放归田里，让他们去收获粮食，不顾自己的乌纱帽会不会掉；面对被契丹掳走

尾 声

又逃归的老百姓,他上疏奏免他们的"罪过",不惜与女皇的侄子武懿宗对着干;他一个小小的刺史,面对宰相张光辅——一个率领数十万大军刚刚平定叛乱的大功臣,直接破口大骂,抵制他杀害无辜的百姓,随后又上疏武则天,请求免去这所谓"反贼"的罪名,拯救了这些百姓的生命。

狄仁杰难道不知道自己的所作所为会带来什么样的后果吗?狄仁杰难道不怕张光辅把他也当作反贼同党,一刀给砍了吗?狄仁杰难道不知道留得青山在不怕没柴烧吗?他太知道了!他知道自己可以置身事外,可以不去管那些无辜百姓的死活,毕竟跟他也没什么关系。甚至,他可以等事后上一封奏疏,这样也能显示出他的不畏强权、爱民如子。

但是,狄仁杰就是狄仁杰,他没有愧对多年来饱读过的诗书,毅然站了出来,他根本顾不得自己的前途,甚至是生命,他不能容忍无辜百姓的性命就这样被一个"刽子手"给夺去。他怒喊着:"如得尚方斩马剑加于君颈,虽死如归!"这是怎样的胆气,这是何等的豪迈!一个年过花甲的老人,发出了"虽死如归"的豪言壮语。狄仁杰喊出了自己的心声,喊出了那个时代的最强音!这样的官员,跟那些只知道蝇营狗苟,以欺压百姓为能的贪官污吏比起来,不啻于天壤之别。

历朝历代的统治者,也都褒扬狄仁杰,那是因为狄仁杰忠于

狄仁杰：辅周复唐真功臣

李唐，为李唐的重新复兴立了大功。身为统治者，谁又会不喜欢这样的忠臣呢？谁又会不褒扬这样的忠臣呢？诚然，狄仁杰是忠于李唐的。可是，谁当皇帝，对狄仁杰来说有那么重要吗？重要，但是也没那么重要！武则天当皇帝时，狄仁杰也一样兢兢业业干工作，并没有立马要为李家出头，去"造反"，也没有要为李家王朝去殉葬的意思。狄仁杰在武则天手下干了好多年，立了许多功劳，也在一定程度上维护了武周的统治。所以我们说，在狄仁杰的心里，最重要的永远是百姓！为了百姓，他可以直面危险；为了百姓，他可以不顾生死！

这样心系百姓、造福一方的人，又如何能不受世人的敬仰和喜爱呢！大名县的狄梁公碑，历经千年，还依然矗立在那里，矗立在人们的心里；彭泽县的狄梁公祠，历经焚毁，又多次重修，现在还是人们瞻仰的圣地；宁州狄仁杰的祠庙、碑刻以及人们口耳相传的狄仁杰故事，无一不在告诉我们：真心热爱百姓的人，百姓不会忘记他！

后　记

　　行文至此,《狄仁杰：辅周复唐真功臣》的写作也要告一段落了。对我来说,能够写自己家乡的历史人物,尤其是这个人还是一位孝友无双、不畏强权、忠心耿耿、心系百姓的人,是非常值得高兴的事情。

　　2023年,我的老师牛继清教授打电话说,河南大学历史文化学院耿元骊教授想找研究隋唐史方向的年轻人写通俗读物,问我愿不愿意加入。我其实是愿意的。因为自己没有这方面的经验,有机会的话,尝试一些新鲜事物总是好的。可是,人贵有自知之明,我知道自己文笔不行,写文章下手还慢,再加上参加工作的时间不长，杂事比较多，所以常常感到时间不够用。

当时恰逢手头还有其他事情，所以面对耿老师的询问不免有些迟疑。害怕时间上来不及，怕到时候完不成任务，自己面子不好看还是小事，要是牵连到老师、耽误了整个任务的进程就不太好了。但我又知道，老师能给我说的事情，总是百利而无一害的。况且，我自己做事慢，有一定的惰性，总是需要有人来督促。像这种严格规定完成期限的任务，逼一逼自己应该也是能够完成的。思考了不长时间，我下定决心，决定接受这个任务。

就这样我加上了耿老师的微信。耿老师开门见山，一连串的信息就把事情说得一清二楚，要求是什么，什么时间要完成，等等。因为"唐朝往事系列丛书"的其他题目已经被别人选过了，只留下了"狄仁杰"，我也就被动又主动地接受这个命题了。之所以说还有主动的成分，是因为狄仁杰我还算比较熟悉，他也是山西人，所以读《旧唐书》时，对他颇为注意。也看过几部与他有关的影视作品，但也仅限于此了。

我这边是答应了，但此时并没有最终确定就是由我来担任这本传记的撰写工作。耿老师治学严谨，管理也有一套方法。他先是让我们每个人都写了一千字的内容简介；后又通知让把全书的框架立出来；最后每人要再写八千字的样稿；每一关都成功通过之后，这才吩咐说让赶紧开始正式写作。

后 记

随即，我就开始投入到紧张的写作中了。在耿老师不断地"夺命催促"下，文章字数渐渐增加，书稿渐渐成形。这本书是我所写的第一本通俗读物，也是我所写的第一本书。长期的学术训练让本来就不善写作的我，面对这种类型的写作总有种难以下笔的感觉。我总算体会到，想要写出通俗易懂、流畅可读的作品来，也是需要极大的天分的。如果说，本书还是不够好的话，那不是我没有努力，只是努力得还不够，只能请读者朋友原谅了。

这本书能如期完成，要感谢牛老师对我的教导和推荐，感谢耿老师给我的这次机会以及督促，感谢我的妻子赵甜叶对我的帮助。她帮我收集了部分史料，也是本书的第一个读者，提出了很多很好的意见与建议并被纳入书中。也正是因为她对家庭的付出，才使得我能够专心致志地投入到写作中。在此，对她表示诚挚的感谢！

本书写作参考学术界已有成果并受惠良多，限于本书体例，不能——标注，在此谨致谢忱！

原 康

2023 年 6 月 30 日